跨国经营管理人才培训教材系列丛书

中外企业跨文化管理与企业社会责任比较

商务部跨国经营管理人才培训教材编写组　编

本书执笔　何曼青

中国商务出版社
CHINA COMMERCE AND TRADE PRESS

图书在版编目（CIP）数据

中外企业跨文化管理与企业社会责任比较／商务部跨国经营
管理人才培训教材编写组编. —北京：中国商务出版社，2018.8
（跨国经营管理人才培训教材系列丛书）
ISBN 978-7-5103-2600-4

Ⅰ.①中… Ⅱ.①商… Ⅲ.①跨国公司—企业经营管
理—对比研究—中国、国外②跨国公司—企业责任—社会
责任—对比研究—中国、国外 Ⅳ.①F276.7

中国版本图书馆 CIP 数据核字（2018）第 196475 号

跨国经营管理人才培训教材系列丛书

中外企业跨文化管理与企业社会责任比较

ZHONGWAI QIYE KUAWENHUA GUANLI YU QIYE SHEHUI ZEREN BIJIAO

商务部跨国经营管理人才培训教材编写组 编
本书执笔 何曼青

出　　版：中国商务出版社
地　　址：北京市东城区安定门外大街东后巷 28 号　邮　　编：100710
责任部门：商务与法律事业部（010-64245686　cctpress@163.com）
责任编辑：陈红雷

总 发 行：中国商务出版社发行部（010-64208388　64515150）
网购零售：中国商务出版社淘宝店（010-64286917）
直销客服：010-64245686
网　　址：http://www.cctpress.com
网　　店：http://shop162373850.taobao.com
邮　　箱：cctp@cctpress.com

印　　刷：北京密兴印刷有限公司
开　　本：787 毫米×1092 毫米　1/16
印　　张：16.25　　　　　　字　　数：284 千字
版　　次：2018 年 12 月第 1 版　印　　次：2018 年 12 月第 1 次印刷
书　　号：ISBN 978-7-5103-2600-4
定　　价：68.00 元

丛书编委会

名誉主任　钟　山

主任委员　钱克明

委　　员　王胜文　李景龙　邢厚媛　郑　超

　　　　　张幸福　刘民强　韩　勇

执行主编　邢厚媛

序

    党的十九大报告提出，以"一带一路"建设为重点，坚持引进来和走出去并重；创新对外投资方式，促进国际产能合作，形成面向全球的贸易、投融资、生产、服务网络，加快培育国际经济合作和竞争新优势。我们以习近平新时代中国特色社会主义思想为指导，围绕"一带一路"建设，坚持新发展理念，促发展与防风险并重，引导对外投资合作健康有序发展，取得显著成就。截至2017年底，中国在189个国家和地区设立企业近4万家，对外投资存量达1.8万亿美元，居世界第二位，已成为拉动全球对外直接投资增长的重要引擎。

    习近平总书记指出，人才是实现民族振兴、赢得国际竞争主动的战略资源。新时期，做好对外投资合作工作，既需要大量熟悉国际市场、法律规则和投资合作业务的企业家和管理人才，又需要"政治强、业务精、作风实"的商务工作者。为贯彻习近平总书记重要指示精神，努力培养跨国经营企业人才，推动对外投资合作高质量发展，商务部委托中国服务外包研究中心对2009年出版的《跨国经营管理人才培训教材系列丛书》进行了增补修订。

    本次增补修订后的《跨国经营管理人才培训教材系列丛书》共10本，涵盖领域广，内容丰富，注重政策性、理论性、知识性、实用性相结合，具有很强的可读性和操作性。希望商务主管部门、从事对外投资合作业务的企业家及管理人员利用好此套教材，熟悉跨国经营通行做法，提升合规经营、防范风险的意识，不断提高跨国经营能力和水平，为新时期中国进一步扩大对外开放、推动"一带一路"建设、构建人类命运共同体做出更大贡献。

商务部副部长

2018年11月23日

目 录

第一章 跨国企业迫切需要跨文化管理

文化是跨国经营活动背后的无形之手，是国家繁荣和社会进步内在的、深层的推动力。文化作为人类知识、信仰、伦理、法律、风俗习惯等的总和，就像"社会有机体"中的软件或灵魂，在塑造个人、群体和整个社会（国家）的许多方面都起着重要作用，社会文化决定着人们的所思、所信、所言、所行。跨国经营作为人们从事经济活动的一种运作方式，自然也不可能在没有文化的真空中运作。不仅如此，各国企业跨国经营的有效运作、世界市场的良性运行、经济全球化的持续发展，都需要国际文化对话、国家文化现代化建设以及企业文化品质提升等来共同提供"精神秩序"、社会秩序。否则，市场不可能创造出最大限度的价值。

因此，跨国企业及其经营管理者必须重视文化，懂得文化怎样对公司的经营与管理发生作用。在过去，许多企业对政治、技术、经济等环境因素以及企业内部的方方面面给予了很多的关注，但它们经常忽视文化对企业发展的强大影响。美国学者戴维·A. 利克斯（David A. Ricks）曾指出："大凡跨国公司大的失败，几乎都是仅仅因为忽视了文化差异这一基本的或微妙的理解所招致的结果。这种对文化漠视的态度已经不符合时代的要求了"。[①]

第一节　文化差异：跨国经营的深层无形力量

跨国经营的国别障碍主要表现为文化的差异性。在引起环境差异的众多因素中，物质形态的因素容易测度，政策和法律透明度也日益提高，唯有文化因素难以捉摸却又无处不在、无时不在。文化因素最为根深蒂固，不是短时间内可以改变的。

---

① 转引自薛求知：《无国界经营》，上海译文出版社 1997 年版，第 217 页。

文化因素对跨国经营企业的影响是全方位、全系统和全过程的。不同的文化背景影响着人们的消费方式、需求与欲望的顺序以及工作的价值观和努力程度，决定了供应者、竞争者、顾客与跨国企业发生业务往来的方式和偏好。文化差异的存在，为跨国经营企业筑起了一道无形的进入壁垒。许多案例表明，文化的迟钝以及缺乏跨文化背景知识，是导致跨国公司在新文化环境中失败的主要原因之一。

因此，跨国经营者（特别是高层管理人员）必须具备广博良好文化素养以及跨文化处理各项业务和管理工作的能力。在国内经营的企业管理者也需要对他国的文化及经营环境十分熟悉。因为，传统意义上的国内国外市场界限正在消失，任何公司和企业都不可避免地面临着外来的竞争。

一、文化的界定与特质

在人类社会各式各样的生活圈层，文化现象千姿百态，文化字眼广为运用而所指不一，文化定义视角多端。

（一）文化的内涵

关于文化的含义，至今仍没有一个统一的理解。文化人类学、社会学、考古学、民族学、管理学等不同学科领域的专家学者，从自身研究的目的出发，从不同的角度给予不同的解释。有人统计，从1871年起往后的80年间，世界知名学者关于文化的定义就有160多种。时至今日，在文化研究热潮中涌现出来的文化定义据说已达1万种以上。[①] 本书无意卷入对各种文化定义的研究，目的是力图使跨国经营管理者明了周围的文化环境对其管理和经营业绩的影响，提高对文化的敏感力，以便能更好地胜任跨文化经营管理工作。

广义的文化意指人所创造的一切文明成果，包括物质、制度和观念或经济、政治和思想资源等，综合地反映了人类社会的进步状态。狭义的文化则指人所创造的一切精神性的成果，其要素包括：

1. 认知体系

指认识论和知识体系，由感知、思维方式、世界观、价值观、信仰、宗教、艺术、伦理道德、审美观念以及其他具体科学等构成，其中世界观和价值观最为重要，是认知体系的核心。

---

① 胡潇：《文化现象学》，湖南出版社1991年4月版，第1页。

2. 规范体系

规范是指社会规范，即人们行为的准则，包括明文规定的准则（如法律条文和群体组织的规章制度等）以及约定俗成的准则（如风俗习惯）。各种规范之间互相联系，互相渗透，互为补充，共同调整着人们的各种社会关系。

3. 语言文字

人们只有借助于语言文字才能沟通，只有沟通和相互活动才能创造文化。而文化的各个方面也只有通过语言和符号才能反映和传授。

这里所讲的文化主要指这种观念形态的文化，但有时也涉及广义的文化。

（二）文化的共同特征

无论哪个国家或民族的文化都具有以下一些共同的特征：

1. 民族性

文化的民族性是指每个民族都有自己特殊的生活方式、思维方式、价值尺度、情感意向和心理素质等。如我们所说的古老的马亚文化、埃及文化、印度文化、爱琴海文化、罗马文化、阿拉伯文化、华夏文化等都形成了各自的民族特色。这样众多的文化体系，共同构成了人类社会千百年来多彩的文明景观。当然，民族性并不是说文化都只是本土文化。各民族之间的文化是可以相互交流和传播的，但文化的民族性并不会因为文化的融合或吸收而消失。

2. 共享性

文化的价值观、准则和信仰等必须为一个群体、一个社会的人们所共同接受和遵循，才能成为文化。纯属个人私有的东西，例如，个人的怪癖等，不为社会成员所理解和接受，则不能称为文化。文化的共享性意味着，尽管人们的行为方式并非总是相同的，但文化在大多数情况下使行为可以预期。以交通规则为例，美国和欧洲的车辆是靠右边行使的，但在英国、日本和澳大利亚则靠左边行使。虽然这些交通规则不同，但每个社会的绝大多数人在绝大多数情况下都遵守它们而顺行其道。不过，文化仅仅是提供了行为的大致方向，并没有准确地确定每个人的行为、思考、行动和感受的正确方式。

3. 后天习得性

文化不是先天的遗传本能。文化的一切方面，从语言、习惯、风俗、道德一直到科学知识、技术等都是后天习得的。一般来说，只有人类个体才能学习并创造文化。因此，文化作为一种手段可以替代"本能"对环境做出反应，其作用远大于"本能"。

4. 积累性

即文化是人们在数百年或上千年的时间里一代一代传下来的，每一代都会增添一些新东西，也会抛弃一些旧东西。

5. 相对稳定性

文化是可变的，但这并不妨碍它在特定的时空范围内形成相对稳定的特质和状态。

二、跨文化差异与冲突

不同的社会群体存在文化上的差异。产生文化差异的一个重要因素是地理环境的差异，并且由于历史传统、法律制度、教育方式、宗教等文化要素的积淀，形成了以地域划分的不同文化体系。如西方的欧美文化圈，东方的中华文化圈，佛教文化圈，还有阿拉伯文化圈，拉美文化圈，等等。每种文化都有其内在价值。当一种文化跨越了不同的价值观、宗教、信仰、精神、原则、沟通模式和规章典范等文化时，我们称其为跨文化。

（一）跨文化差异三个层次

一般来说，企业跨国经营中遇到的跨文化差异包括三个层次：国家（民族）文化差异、企业文化差异、个体文化差异。

1. 国家（民族）文化差异

学者们在研究跨文化管理时通常以一国为单位，以合资企业和跨国企业为研究主体。西姆夏·娄嫩（Simcha Ronen）和奥地得·慎佳（Oded Shenkar）曾在跨国文化研究的基础上根据行为准则和价值观的异同性将所研究的国家和地区分为九类：①远东国家和地区；②阿拉伯国家和地区；③近东国家和地区；④北欧；⑤日耳曼国家；⑥盎格鲁国家；⑦拉丁欧洲国家；⑧拉丁美洲国家；⑨不归于以上八类的独立国家和地区。每一内部各国和地区之间文化差异甚小，而不同类国家和地区之间文化差异较大。参见图 1-1。这种分类方法值得借鉴。不过，这种宏观层面上的划分还比较粗糙，需要进一步研究。

有专家指出，"这一层次的跨文化差异还应包括双方母地区、母城市的文化背景差异。最典型的如港资企业、台资企业、中资企业，这些企业中的员工都来自中华民族，可是由于历史的原因，香港、大陆、台湾之间的文化内涵已大有不同。此外，即使同是大陆的员工，由于中华人民共和国的多民族性，幅员广大，土地辽阔，少数民族的员工、东西部的员工……仍然存在程度不等的文化差异，跨文化管理同样成为这些企业的管理者所不得不面对的一大挑战。"[1]

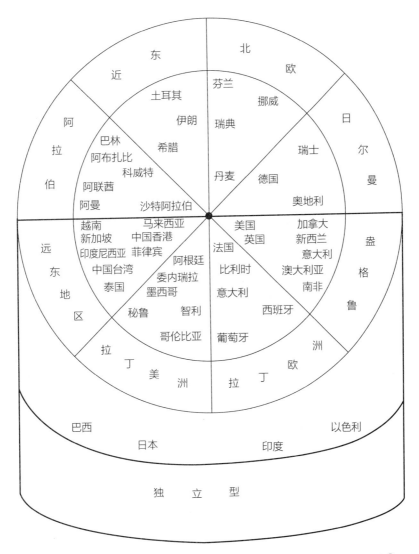

图1-1 西姆夏·娄嫩与奥地得·慎佳对文化的国家和地区综合分类[2]

2. 企业文化差异

企业文化是指在一定的历史条件下，企业及其员工在生产经营的实践中，逐

---

① 闻兴华，"跨文化人力资源管理"，《市场论坛》，2006年12期。

② Simcha Ronen and Oded Shenkar, "Clustering Countries on Attitudial Dimensions: A Review and Synthesis", Academy of Management Review, Vol. 10, No. 3, 1985, p. 449.

渐形成的共同思想、作风、价值观念和行为准则等。当两种不同的企业文化要进行整合时，由于管理层之间、员工之间的价值观和行为方式的巨大差异就会引发冲突。

3. 个体文化差异

现实生活中，年长者与年轻者、男性与女性、上级与下级、不同部门的员工之间……任何不同的两个人身上都可能存在跨文化差异。企业管理者应善于了解并总结每个员工身上的文化差异，然后认真分析，对症下药，更好地实施跨文化人力资源管理。

三、文化差异带来问题与挑战

文化差异（多元文化）给跨国企业经营管理带来的问题和困难主要表现在以下几个方面。

（一）沟通问题：不精确、误会、速度慢、效率低

所有的国际性商务活动都离不开沟通。然而，跨文化沟通比起在相同文化背景中的沟通要困难得多。在不同的文化中，人们感知世界和编辑信息的方式不同，人们的语言、心态、习惯、生活经验、价值标准、行为方式等也有很大差异，因而在交流过程中，人们难以准确解释和评价从另一种文化中传来的信息，难以准确理解对方的意图，常常无意识地用自己文化的种种标准去衡量和评判对方的行为。这就势必增加了跨文化交流的难度和误会，降低了沟通的速度和效率。

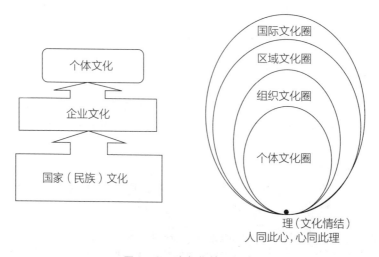

图 1-2　跨文化差异层次

表1-1　西方、伊斯兰、东亚和非洲文化比较

西方文化	西方文化的核心价值是人与物质的关系，这导致了西方国家物质发展上的成功、技术进步、对工作和竞争的重视（特别是信奉新教的国家），形成了线性时间概念、思维的分析模式、结果的衡量方法，以及把生产力作为人类劳动重中之重的观点。许多西方人认为他们的价值观是普遍有效的、客观的
伊斯兰文化	在伊斯兰世界，其核心价值是人与真主的关系。但在今天的西方，宗教作为制度对现代公司的商业行为和道德体现的影响力已经很小。而对一个伊斯兰国家来说，宗教居先，而且提供了商业行为的法则及生活其他方面的准则。在公共事务中，人们以一个真正穆斯林的面貌出现，要比竞争力和表现力更为有用
东亚文化	在东亚，其核心价值是人与集体的关系。研究发现，亚洲四小龙经济上的成功得益于人们心甘情愿地为集体奉献自己。东亚文化的核心价值表现为集体做出决定费时而缓慢，但这些行动迅速且一致，公司雇员终身制取代了专业人员在公司间来回跳槽，以及每天、每周、每年的超长工作时间等等。日本人的管理对世界上那些不理解它是如何从文化的核心价值中发展而来的人来说仍是一个谜
非洲文化	在非洲，其核心价值是人与人的关系。这种观念孕育了对家庭、对亲戚关系的重视，把情感、神灵象征、节奏放在首位，并强调人和灵魂（万物有灵论）的完整结合。在这种概念下，人们对时间极不重视。在招聘员工时，家庭、亲戚关系和所属部落要比竞争能力看重得多。在西方人看来，这是裙带关系，而非洲人而言，西方的做法冷酷而缺乏人情味。在非洲，即使是"正式"组织也受亲戚关系的影响
上述四种文化特色鲜明，可以窥见文化价值的巨大差异	

资料来源：［芬］雷莫·W.纽尔密（Raimo W. Nurmi）等著，周林生等译：《国际管理与领导》，机械工业出版社，2000年版。

（二）跨文化冲突的表现、成因及其影响

文化是与生俱来的根深蒂固埋藏于潜意识中的。一旦这种本质的规定性受到挑战，人们便会产生有文化冲击带来的排斥心理。

1. 跨文化冲突的含义及其表现

冲突是指不同事物不同因素之间的相互对立和相互排斥，因此，"跨文化冲突"就是指不同形态的文化或者其文化因素之间相互对立、相互排斥的过程。它既指跨国企业在他国经营时与东道国的文化观念不同而产生的冲突，又包含了在一个企业内部由于员工分属不同文化背景的国家而产生的冲突。文化冲突亦叫作"文化振荡"。依据不同的标志，文化冲突可划分为以下三类：

从性质上看，文化冲突可划分为破坏性冲突和建设性冲突。并非所有的冲突都是好的或者都是坏的，有些冲突支持组织的目标，它们属于建设性类型，可将其称为功

能正常的冲突；有些冲突则阻碍了组织实现目标，它们是功能失调的冲突，并属于破坏性类型。管理者应激发功能正常的冲突以获得最大收益，但当其成为破坏力量时又要降低冲突水平。

从引起的原因看，表现为心理冲突和行为冲突。

从冲突发生的地点看，分为企业内部的文化冲突（包括企业成员之间的文化冲突和来自企业成员的文化与企业原先文化之间的冲突）和外部冲突（包括与东道国的消费者、供应者、中介机构、政府等直接的文化冲突）。

2. 跨文化冲突的特征

目前，跨文化冲突主要表现出四个方面特征：

一是复杂性。不同质的文化在不同类型的企业中形成不同的企业文化模式、文化背景，常常表现出错综复杂的状态。

二是内在性。文化是以思想观念为核心的，因此，文化的冲突往往表现在思想观念的冲突上，因而这种冲突对于企业讲是内在的、本质的。

三是渐进性。文化冲突一般都在心理、情感、思想观念等精神领域中进行，其结果是人们在不知不觉中发生变化。但是这种变化需要通过较长的时间才表现出来，体现出冲突的发生与演变是渐进性的。

四是交融性。文化冲突与文化交融始终相伴而行，跨文化管理的任务就在于从不同的文化中寻求共同的能体现各种文化精髓的东西，这样才能在各种文化环境中生存。

3. 跨文化冲突的成因

文化冲突产生的原因主要有以下几个方面：

（1）异域知识和文化敏感性差。不了解不同文化背景下成员的行为都受其自身文化的影响和支配，对异域文化的差异视而不见，在触及异文化"禁区"时还浑然不知，文化差异意识淡薄，这往往会引发误解并导致冲突。

（2）以自身文化为参照标准。人们在看待外国文化现象时，总是不自觉地把自身的文化作为参照标准去理解、评价或选择吸收他人的文化，这种现象被称为"自我参照准则"。这种做法的结果是：很难全面、客观地理解来自另一个民族和社会的文化模式，并且会导致交际失误，严重时会带来文化冲突。这也是跨国经营管理人员最常遇到的问题。

（3）定型观念及成见。先入为主，不具体分析某一个人的沟通特征，而用某一文化群体共同的特征来分析沟通者的行为特征。例如，认为法国人浪漫，德国人严谨，美国人随便，日本人工作努力等，这些就是定型观念。定型观念虽然能简化信息处理过程，有时可以有效提高沟通的效率，但这种成见使得人们不能客观地观察另一种文化，失去应有的敏感。在观察异国文化时只注意那些与自己的定型观念吻合的现象，而忽略其他，常常会导致错误的估计和判断。

（4）对等期待。不同文化背景的人们在管理过程中最易犯的一个毛病是误以为对方的思维方式、价值判断与自己没有什么两样。一旦发现对方的行为与自己的预期相差很远，就会困惑、失望，造成跨文化管理的失败。

（5）沟通误会。由于语言、文字的深层内涵及其表达方式上的不同，容易造成沟通中的误会，甚至产生文化冲突。

（6）感性认识的个体差异。感性认识是通过感觉器官对客观事物局部的、现象的和外在的认识。个体独特的感性认识是在特殊文化背景中通过亲身经历获得并发展起来的，存在某种惯性，其变化往往不及环境变化的速度，一旦进入异域文化，这种惯性常常导致错误的估计和判断。

（7）管理方式不当。跨文化管理是一门艺术，而非一种教条。在一国被证明是最好的管理方法，在另一国不一定也是最好的。真正有效的管理应该与当时当地的具体情况相适应，特别是与东道国的文化相适应。如果死守教条，不知变通，势必导致管理上的失败。

（8）缺乏共感。共感是指设身处地体会别人的苦乐和际遇，从而产生情感上的共鸣。而缺乏共感就是指缺乏产生这种共鸣的能力，不能完全了解、评价、接受他人的文化差异。

跨国公司的管理者在异域文化中如果不能很好地解决以上几个方面的问题，必将引发文化冲突。

4. 文化冲突的负面影响

文化冲突若长期存在，势必对跨国企业的经营与发展产生严重的负面影响。

（1）沟通中断。冲突发生后，管理者与员工双方互不理解，彼此对沟通采取回避的态度，双方越走越远。

（2）无协同效应。文化冲突影响了跨国经理与当地员工之间的和谐关系。经理也许会按照呆板的规章制度控制企业的运营，从而更加疏远职工，职工则对工作变得不思进取。其结果是，许多计划实施起来也十分艰难，双方都不会有所作为。

（3）怀恨心理。冲突双方对于发生的冲突结果，如不耐心地从彼此的文化背景中寻求文化"共相",而一味地抱怨对方的鲁莽或保守,结果只会造成普遍的怀恨心理。

(4)非理性反应。经理人员如不能正确对待文化冲突,就会凭感情用事。这种非理性的态度很容易引起员工非理性的报复,结果误会越多,矛盾越深,对立与冲突更趋剧烈,海外公司的管理将陷入困境,当这种文化冲突发展到极端的时候,跨国公司将只好做出撤资的决策。

总之,文化冲突常常导致工作生活失调,工作生活失调又将加剧文化冲突。二者的交互影响,将出现图1-3所示的四种不良结果:

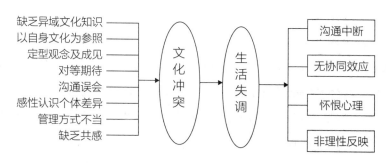

图1-3 文化冲突产生的因果图

【专栏1-1】

文化差异导致的沟通失误

下面的事例简要说明了由于文化差异而导致的沟通失误。①

1.福特公司向一些欠发达的拉美国家推销的一种低价卡车取名为"Feira",而在西班牙,这个词的意思是"丑陋的老妇人。"

2.百事可乐公司在台湾的《读者文摘》杂志上做广告时,使用的口号是"请与百事可乐共度一生",可台湾将它翻译成"百事可乐能使你的祖先起死回生"。

3.奥林匹亚(Olympia)公司的"Roto"牌激光复印机销售不好是因为"roto"在智利意指"末流",在西班牙意指"破碎的"。

① 赵曙明等:①《国际企业:跨文化管理》,南京大学出版社1994出版,第77页。
② [美] Paul A. Herbig:《跨文化营销》,芮建伟等译,机械工业出版社2000年出版,第4页。

4. 麦克唐拉——道格拉斯飞机公司为拓展印度市场制作了一本飞行手册，画了一个缠头的男人。印度人有礼貌地指出，这种头巾是巴基斯坦穆斯林的而不是印度人的。

5. 在佛兰德（Flemish）语中，"捕鱼人的身体"成了"捕鱼人的尸体"。

6. 在东南亚的许多地区，咀嚼槟榔椰子是高贵者的嗜好，而且黑牙齿是显赫的象征，因而，"保您牙齿洁白"的牙膏毫无意义。

7. 在泰国，若在某人面前翘起一条腿或将另一只脚的鞋底冲着他，都意味着侮辱。

（三）内部管理问题：目标和行动难一致，决策困难，低效

在内部管理上，人们不同的价值观、不同的生活目标和行为规范增加了群体进程中不明确性、繁杂性和内部混乱，带来了企业领导、激励、决策方法的复杂化，增大了企业目标整合与组织协调的难度，提高了企业管理运行的成本，降低了组织机构运转效率。例如，不同文化背景的职员们有着不同的工作动机、需求心理和期望，因而人们对相同的刺激方法的反应大不相同，使得激励成为一个非常难以预测的过程。对一些人来说，物质、金钱是重要的刺激因素，可对另一些人来说也许毫无作用；一些人注重荣誉和成就，另一些人却看重安全，"知足常乐"。并且，在不同时期、不同环境下，同样的激励方法却不再具有效果。跨国公司的多文化特点，更使激励问题复杂化。

（四）内聚力问题：民族中心主义，缺乏信任和共感

内聚力使群体成员的个人能力组合起来，需要时，群体成员会以一致的或相似的或互利的方式观察、解释世界和对世界起作用。来自不同国家的职员由于缺乏共同性的文化基础，导致沟通障碍、交流误解、意见分歧、不信任、民族中心主义、缺乏共感等，因而减弱了跨国公司的凝聚力。

许多不信任首先产生于跨文化的错误解释而不是厌恶。此外，在跨国公司中，往往存在着不同程度的民族中心主义。当然，多文化群体也能显示出"一种礼貌而安静的友好气氛"，但这些礼貌和友好实际上是一个群体内聚力微弱的表现。总之，多文化群体成员在创造内聚力和团结方面，要比同类群体的成员花费更多的时间和精力。如果没有有效的管理，文化差异能使一个群体的行为能力瘫痪。

（五）外派人员的文化休克与适应问题

"文化休克"（Culture Shock）这个词最早是由美国文化人类学家奥伯格（Kalvero Oberg）1960年提出的，是指"由于失去了自己熟悉的社会交往信号或符号，对于对方的社会符号不熟悉，而在心理上产生的深度焦虑症。"[①] 文化差异极大地妨碍了海外经理与当地人的沟通与交往，导致他们感情上的孤独、无助和苦恼，对新环境的心态也由刚来时的新鲜、好奇、欣喜、激动转为窘迫、挫折、恐惧甚至敌视，人的生理功能也常常受到影响。

在跨国公司里，由于外派经理或其家属的"文化休克"，不得不终止国外工作任务而回国的例子不胜枚举。这不仅给公司造成巨大的经济损失和时间浪费，同时还给这些失败的外派经理心理和家庭造成难以医治的创伤。美国学者的研究结果表明，海外经理失败的比例一直较高（失败在这里指的是不能完成任务或没有在规定时间内完成任务）。Mendenhall和Oddou认为这一比例为25%~40%。[②] 而Coyle指出1/3的海外经理未能完成任务便提前回国[③]。在发展中国家和相对文化距离较远的国家，失败率更高，Desatnick和Bennett认为这个数字在发展中国家高达70%。Stone把海外经理失败的两个主要原因归结为"适应能力差"与"配偶适应能力差"[④]。

（六）企业并购或合资经营中的文化问题

实践证明，文化差异是世界上许多跨国公司相互合并或合资之后，又不得不再次分手的主要原因。当两种基于不同文化而构建的管理模式用在一起的时候，总有其不相融的方面，必然有排斥现象。

1. 企业并购中的文化冲突困境

据统计，近70%的并购没有实现期望的商业价值，这其中又有近70%失败于并购后的文化整合。因此，并购之后的整合是并购特别是跨国并购成功与否的关键点，坊间称为"三分并购七分整"。如何跨越双方文化的鸿沟，融合双方优秀的企业文化因素，形成新的企业文化，一直是企业在兼并收购中面临的重大挑战。即使行业内实力最强大的跨国公司也往往因文化差异导致整合失败。

例如，日本索尼公司和松下公司分别于1989年和1990年购下了美国哥伦比亚影

---

① 关世杰，《跨文化交流学》，北京大学出版社1995，第340页。

② Mendenhall, M. & Oddon, G. , "The Dimension of Expatriate Acculturation: A Review", Academy of Management Review, Vol. 10, 1985, pp. 39 –47.

③ Coyle, W. , On the Move – Minimising the Stress of Relocation, Hampden Press, 1988, pp. 5 – 6.

④ Stone, R. , "Expatriate Selection and Failure", Hunan Resources Planning, Vol. 14, No. 1, 1989, pp. 9 – 18.

业公司和美国音乐公司。最后，均因双方雇员缺乏文化的认同而告失败。

1998 年 11 月，德国戴姆勒—奔驰公司以 400 亿美元并购美国底特律汽车三巨头之一的克莱斯勒公司，两家企业虽然走到了一起，但不同文化的冲突一直困扰着公司的经营管理者。这两家企业无论是经营理念，还是在组织结构、薪酬制度上都相差非常大。勉强合并约 10 年后，戴姆勒最终还是选择了放弃。2007 年 10 月，戴姆勒与克莱斯勒完成拆分。

2000 年，美国时代华纳和美国在线两家企业并购重组后，因为文化难以融合而使企业困难重重，这桩价值 1660 亿美元的交易最终成了一个世界著名的大企业文化融合的失败案例。

科尔尼管理顾问有限公司经过对交易额均超过 10 亿美元的欧美和亚洲的 115 个并购案例调查表明，仅有 42% 的并购为股东带来了实际回报，而 58% 的并购损害了股东的利益；在并购的 3 年后，新企业的利润率平均降低了 10 个百分点；在并购后的 4 年内，有 50% 的企业联盟被认为是失败的，其中主要原因就是难以消除文化障碍。科尔尼认为，新组建的企业，其人员来自不同的企业文化，因此，文化冲突总会存在，文化冲突带来的经营理念不合，会使企业经营不善直至衰亡。[①]

2. 合资企业之间的文化冲突现象

文化冲突在合资企业中表现得也非常明显。组成合资企业的合资伙伴之间，合资伙伴的母国之间，以及来自不同国家的员工之间，文化冲突差距越大，问题也就越多。合资企业与独资企业的一个实质区别是，合资企业的文化冲突主要产生在管理层，独资企业中的文化冲突主要产生在管理层与下层员工之间。在合资企业中，不同合资伙伴任命的管理人员共同进行管理和决策，双方合作程度高，接触面广，出现问题也就更多一些。尤其是当合资企业双方在管理上的参与度和决策权平分秋色时，在一些基本问题上，如经营目标、市场选择、人事安排、投资方向、管理方式、改革要求等，若持有不同意见，就会严重影响合资企业的正常运营。合资企业失败率较高，一个重要原因是在管理层因文化冲突产生的管理问题难以解决。根据德国学者帕特里希亚·派尔—舍勒（Paticia Peill-Schoeller）的研究归纳，中外合资企业中的跨文化管理问题主要包括七大方面，[②] 参见表 1 - 2。

① 毕磊，"文化贵在融合"，《经济参考报》，2008 年 9 月 4 日。
② ［德］帕特里希亚·派尔·舍勒，《跨文化管理》，中国社会科学出版社 1998 年。

表1-2　中外合资企业中的跨文化管理问题

人事管理中的跨文化问题	难以挑选出合适的外籍雇员；中方员工提升机制中的"枪打出头鸟"问题；对"职位基础"的错误理解；因"裙带关系"引起跨文化冲突；培训和进修体制中的"机会主义"问题；与中国相异的西方领导风格不适用；欧洲的"共同管理"原则引致的跨文化问题；领导中的"压抑效应"导致"自立机制"
积极性管理中的跨文化问题	调动积极性的各种手段提不起人的兴趣；个人创造性难以调动；对中国人的强烈集体归属需求估计不足；人际关系先于劳动与工作质量；工资体制和福利待遇中的跨文化问题；因不同的教育体制产生各种问题；与"外国人"合作不可靠
交际管理中的跨文化问题	语言障碍；交际障碍；交际低效率；内部语言规则不为人知；合作中各行其是，不协调；各部门间协调障碍；会谈结果不令人满意；信息交流中的各种问题；用文字还是用彩图布置工作
目标和计划管理中的跨文化问题	计划问题；效率意识与无时间、无利润观念相抵触；质量保证与目标问题；衡量行动余地需要的不同尺度
决策管理中跨文化问题	决策标准不相一致；决策过程不同；决定过程不同；不愿承担责任；缺乏个人主动性；缺乏参与精神
组织管理中的跨文化问题	非正式等级和团队组成；合作愿望受到抑制；革新愿望缺乏引导；没有充分的冒险准备；团队生产力降低，团队凝聚力欠缺；工作岗位设计问题；人力资源管理鲜为人知
监督管理中的跨文化问题	中国人习惯受到严格监督，因此对监督的需要程度不同；凭感情采取的惩罚手段无用；对质量要求不同，感受也不同；工作任务描述不具体，质量便无保证

　　当然，合资企业中存在的管理摩擦不能完全归因于文化差异，管理者的能力和个性在解决管理问题中也起着很大作用。由于管理者的能力、个性与文化背景搅和在一起，使得合资企业的跨文化管理研究难度增大。

四、多元文化创造竞争优势

　　不同的文化背景，既是跨国经营管理的困难之处，也是跨国公司的潜能所在。自然界有"杂交优势"的说法，在人类社会实践中亦存在"跨文化优势"——多元文化群体知识互补、思维互补、观点互补、方法互补，打开了人们的视野，丰富了人们的思想，因而能够比同类群体产生更好的创意、设想，更多的创新、创造，更多的解决问题的办法和可供选择的行动方案，从而使跨国公司具有更高的效率和竞争力，更强的适应能力和应变能力。文化差异是导致冲突还是创造价值，要看跨国经营者对文化差异的处理。

　　广州本田汽车公司一位总经理曾说："我们企业内部的矛盾颇多，但这也正是本田好的一面。我们在中国选择合作伙伴时，喜欢挑选一些与我们想法不同的合作者，这使我们经常发生意见的碰撞，不同思想的碰撞就会产生新的想法，从而创造出本田新的企业文化。"在广州本田看来，正确对待矛盾和冲突，不仅不会形成障碍，反而会是企业发展的动力，企业创新的源泉。

　　国际油气集团壳牌公司也认为，来自不同地方、有不同文化背景、接受不同教育的人一同工作，才可能保证看待和处理问题时会有不同的角度。壳牌就是要保证在每一个问题上都会有不同的声音出现。"多元化和包容性"是整个壳牌集团的准则。

　　考克斯（Cox）和布莱克（Blake）认为，跨国企业的竞争优势来源于文化的多样性。利用文化的多样性可以在市场、资源获取、成本、创造性和系统灵活等方面获得优势。常见表1-3。[①]

表1-3　跨文化优势

市场方面	可提高公司对于地方市场上文化偏好的应变能力，以及拓宽产品市场的能力
资源获取方面	提高企业从具有不同国家背景的人员中聘用员工、充实当地公司人力资源的能力
成本方面	减少了公司在周转和聘用非当地人士担任经理方面花费的成本
解决问题方面	更广的视角、更严格的分析，提高了制定决策的能力和决策质量
创造性方面	通过视角的多样性和减少一致性的要求，来提高公司的创造力
系统灵活方面	提高了组织在面临多种需求和环境变化时的灵活应变能力

第二节　跨文化差异倾向分析：知己知彼

　　跨国经营管理者要想在交叉文化环境中更好地工作，必须对跨文化差异的基本方面有所涉及和了解。诸如，各国文化在哪些主要方面显示出差异？这些差异又是如何具体影响人们和组织的态度和行为的？跨文化管理的目的和策略何在？等等。国际交流工商协会的统计结果表明：一个没有经过交叉文化训练和准备的跨国经营者在国外失败的比率高达66%，与此相反，经过交叉文化训练的人失败的比率仅

---

　　① T. H. Cox and S. Blake（1991）"Managing culturaldiversity: Implicationsfororganization competitiveness", Academyof Management Executive, 5（3）, pp. 45~56.

占 2%。

一、影响跨国经营的文化环境因素

所谓文化环境，是指存在于人类主体周围并影响主体活动的各种精神文化条件状况的总和。文化环境是一个系统，制约和影响企业跨国经营的主要社会文化环境因素有：语言文字、宗教信仰、政府政策、法律法规、科教状况、风俗习惯、审美观念思维方式等，它们在企业跨国经营活动的不同方面产生着影响。

（一）语言文字

语言文字是文化的产物和重要载体，是接触异国文化的主要通道，也是跨国经营最直接的障碍。由于语言不通，难以正确表达跨国经营者的经营意图，甚至造成误解，都是常有的事。

除了有声语言外，还应特别重视不同文化中身势语的不同含义和作用，包括面部表情、眼神、手势、姿态、衣着打扮、身体接触语等等。例如，在美国，人们谈论问题时点头意味着"是""同意"，而在英国，仅仅表示"我在听着"，并不一定同意对方的说法。美国人用手指比划喉咙意指"杀人"，而在斯威士兰则意味着"我爱你"。美国人无论男女见到陌生人常常给予微笑，以表示友好，而阿拉伯人认为，若一位陌生女子对男子微笑，那么这个女子不是精神有问题就是品行不端。

身势语是人类进行交往的最初形式，一般来说，身势语的真实性大于有声语言。人们说话可以口是心非，人的有声语言不一定都是思维的真实反映，其真实性是与每个人的道德品质或某些需要相关。而身势语具有生物性，它是常人的意志难以控制的下意识行为，特别是人的眼神的流露。一些商人谙熟此道，在做生意时，他们会从顾客眼神的变化来判断顾客对生意的兴趣程度。

【专栏 1-2】

文化差异与语言的翻译问题

在企业的跨国营销活动中，如广告、产品目录和产品说明书、合同、牌号、谈判等，都经常会遇到语言的翻译问题。语言翻译实际上是两种文化的交流，稍有不慎就可能犯错误。美国通用汽车公司的销售商人在波多黎各推销新型雪佛莱·诺瓦牌（Cherrolet Nova）汽车并不受欢迎。其原因是在西班牙的发音中，"Nova"的意思是"不走"。后来，通用汽车公司很快将名称改为"加勒比（Caribe）"。美国的 Coca-Cola 在 20 世纪 20 年代被首次引入中国市场时，根据英语发音，译为"口渴口蜡"。很多人将"口渴口蜡"理解为"口渴时喝一口蜡"。因此，人们难以理解而引不起购买兴趣。一家公司把"芳芳"牌唇膏直译为"Fang Fang Lipstick"向美国出售，而"Fang Fang"在英文里有"狼牙、犬齿"的含义。中国一公司在向外商推销国产"白象"牌电池时，在广告中大肆宣扬"white elephant"的性能如何好，但西方人认为，"white elphant"保管起来既费钱又费事，是个累赘。

因此，企业跨国经营时，应请精通该国语言和文化的人做翻译。做公关的时候，可使用两个翻译人员，先由中方翻译将中文译成外文，再由外方翻译把外文还原为中文。翻译的结果如能体现在原来中文的精神和创意，那么，这个译文是可取的。

另外，在名称的翻译中避免使用生僻的成语和俚语。有的公司在翻译产品牌名或公司名称时，使名字在各国均能发音，但在各国语言中都无具体含义。例如"柯达"（Kodak）和"埃克森"（Exxon）就是这样。据说埃克森的名字是在电脑的协助下进行了长期的调研，发现该名在世界各地都能发音而无具体含义后才被公司接受的。

以上例子说明，在翻译商标和广告时，必须注意了解各种文字在表达上的特点、忌讳、隐喻等，防止在翻译中造成一些不必要的误会。

（二）宗教信仰

宗教和信仰是文化中真正能够持久的基质，凝聚着一个民族的历史和文化，并且深深渗透到个人、家庭、社会群体的方方面面。世界上大多数人都具有对某种宗教的信仰。据 1991 年大英百科年鉴提供的数字，1990 年中期，全世界 252 个国家或地区信仰各种宗教的总人数近 42 亿，约占世界人口总数的 4/5，而无神论者和无宗教信仰者仅有 10 亿多人，仅占世界人口总数的 1/5。我们可以按照宗教力量的大小把全世界的国家分为三类。参见表 1-4。

目前世界三大宗教，均有其主要流行地区。基督教流行于欧洲、美洲和大洋洲，伊斯兰教流行于中东与北非，佛教在亚洲有较大影响。宗教绝不仅仅是一种节日、一种仪式或一种禁忌。它影响着甚至支配着人们认识事物的方式、行为准则和价值观念，是人们日常生活和思想中的一部分。它对企业经营管理的影响是深刻而广泛的。例如，宗教禁忌对于需求和营销手段的限制，宗教节日对于需求季节波动的影响等。因此，对一些广为流传的宗教进行研究，能够帮助跨国公司的经营管理人员更好地理解为什么各国人民的行动不尽相同，并据此做出正确的决策，避免不必要的麻烦。

表1-4　按照宗教力量的大小进行的国家分类

宗教国家	即宗教力量强大的国家，如中东一些国家，人口中的90%以上都极为虔诚地信仰宗教，而且通常是同一种宗教（或仅有不同教派之分）。大多数人以宗教教义为生活目标，宗教领袖的权威胜过国家元首，宗教势力直接参与国家的政治、经济、法律，因而被称为宗教国家 这类国家为数不多 在宗教国家，宗教的影响是全方位的，不可逾越的
普通信教国家	即国家的意识形态和法律政策承认并支持宗教的存在，但并不排斥无神论者，各种宗教及教派之间能和平相处，宗教领袖有很高的社会声望，但并不直接参与国家事务 这类国家目前在世界上占据多数，代表了宗教历史发展的主流，欧美发达国家基本都是如此 在普通信教国家，宗教影响着人们认识事物的方式、行为准则和价值观念
无神论国家	从意识形态和法律法规上不支持宗教发展，宣传无神论，但不可否认社会上仍存在信教者和许多潜在的宗教因素影响，甚至在某些地区宗教仍占据社会文化的主流 在无神论国家通常可以忽略宗教因素

资料来源：梁世彬等，《国际营销》，中国对外经济贸易出版社1997年版，第70页。

宗教还直接影响着人们的消费行为和模式。不同的国家、地区或民族，由于受传统文化的影响，形成了各自独特的风俗习惯，如消费传统、偏好和禁忌。例如，伊斯兰教禁止崇拜偶像，因此工艺品中的人物塑像、玩具娃娃等都不得进入伊斯兰都国家。印度教徒禁食牛肉，因此与牛肉相关的产品就不可能进入印度市场。在伊斯兰国家，宗教是大多数人的全部生活方式，无论多么重要的生意，在斋月里也不能进行，这是阿拉伯人的价值观……在许多国家，宗教势力的强大难以置信。这就要求跨国经营者必须要认真地做到"入门问俗，入国问忌"，以免经营活动与宗教信条相冲突。美国商务部的做法值得借鉴：他们印刷了许多小册子，分国别介绍某个国家的哪些事情是绝对不可做的，哪些事情是一定要做的，指导从事跨国经营的企业做好必要的准备。

【专栏 1-3】

跨国经营行为切不可冒犯东道国宗教信条

宗教对世界各国人们的信仰和行为有着复杂的影响。在宗教发挥作用较小的社会里,人们对外国人所犯的宗教上的错误往往比较宽容;在以宗教为基础的社会里,人们往往不会容忍外国人在宗教上所犯的错误。以下是几个典型例子:

20 世纪 90 年代,在西班牙,可口可乐(Coca-Cola)公司在它的易拉罐上印上国旗;在英国,麦当劳(McDonald)公司在其儿童套餐的便携袋上也印上国旗,这些行动都是努力为 1994 年世界杯足球赛筹集资金。穆斯林很快被这种做法激怒了,沙特阿拉伯绿色国旗上有一句白色的阿拉伯箴言"万物非主,唯有真主,穆罕默德是安拉的使者"。他们觉得这应受到尊敬,而不是被商品化,应把那些亵渎他们的东西扔进垃圾堆。麦当劳公司、可口可乐公司不得不立即调整这些引起麻烦的产品产量。①

日本索尼公司为了在泰国推销收录机,煞费心机地用释迦牟尼做广告。但由于泰国信仰佛教,而释迦牟尼是让人崇拜至极的佛祖,所以泰国当局忍无可忍,最后通过外交途径向索尼公司提出抗议。②

中国的一家鞋厂,其出口到中东地区的皮鞋底上的图案因接近阿拉伯文的"真主",引起了一场轩然大波。

中国某水电公司在马来西亚承建槟城供水项目,开始时,工人经常罢工,严重影响了工程的正常施工。其原因是,工地雇用了 250 多名印度尼西亚劳工,全部信奉伊斯兰教,他们要求每天在工作时间去附近的清真寺做祷告,但工地上浇灌混凝土时,施工过程不可间断。为阻止这些劳工在上班时离开工地,中方现场施工管理人员采取扣发劳工薪金的办法,试图迫使劳工放弃祷告。结果,劳资矛盾日益激化,工地罢工不断,暴力事件时有发生。

---

① [美] Paul A. Herbig:《跨文化营销》,芮建伟等译,机械工业出版社 2000 年,第 26 页。
② 孙天雄,"做好广告创意的五大原则",MBA. 163. COM。

（三）风俗习惯

风俗习惯包括消费习惯、节日习俗、经商习俗、民间习俗等，它是某一社会文化中自发形成的人们普遍遵守的既定行为模式，是不同国家异域风情的典型写照，对跨国公司的生产经营活动有着重要的影响。

不同的消费习俗直接影响对产品的市场需求。如德国人和法国人对意大利式面包的厚爱为意大利商人创造了商机，法国男子有着两倍于女士的化妆品用量，这在某种程度上决定了法国化妆品的市场。

不同国家传统的节日习俗对跨国公司的跨国经营活动有一定的影响。如中国的春节、西方国家的圣诞节都是最为隆重的节日，此时跨国公司的员工一般会有停止工作、放假休息与消遣的要求。

各国的民间习俗也直接影响着跨国公司的产品的市场定位。以色彩为例，日本人忌讳绿色，埃及人不喜欢蓝色，土耳其人不喜欢紫色，法国人讨厌墨绿色，巴西人诅咒棕色，等等。跨国公司在出口的商标设计和产品的包装和广告方面，应充分考虑不同民族对颜色、花卉、图形、数字等的爱好和禁忌的影响。通常情况下，一国的国旗颜色是这个国家的代表颜色。

在送礼方式上，不同文化下的方式有很大不同。如在中东地区做客，客人给主人带去食品或饮料是对主人的一种侮辱，而带去酒则是对伊斯兰宗教习惯的公然侵犯。在一些拉丁美洲国家，给主人送上餐具刀具或手帕是极不礼貌的，因为刀具意指切断关系，而手帕则与极为悲伤的事件有关。

商业习俗作为一国文化的一部分，是在相当长的时期内形成的、为大家所共同接受和遵守的从事商业活动的习惯和风俗。商业习俗虽不像法律法规那样，一旦违犯即遭到追究，但若在商务活动中违反了它，便会造成交流失误和误解，给双方造成不快和遗憾，甚至直接导致商务活动的失败。例如，到中东去的客商会碰到这样的情况，在你约见客人与其谈话期间会有人闯入你的办公室，对此你不必大惊小怪，因为这是一种古老的阿拉伯习俗，希望能"共同听政"。而英国人则把这种随意打扰客人的做法视为非礼和没有教养，即使公务活动结束之后也如此。

当然，跨国经营者也不必一味追求与当地风俗习惯和商业作风相一致，有时保持自己的一些风格也是必要的。我们把国外的商业习惯分为三大类：第一类是必须遵守的，如宗教、伦理道德方面的习俗；第二类是不一定要遵守的，如有些国家待客习惯接吻拥抱，中国人不一定要照做；第三类是不应模仿的，如谈生意时穿着对方的民族服装，反而令人觉得别扭。

（四）政府政策

跨国公司能够缓解东道国资金的紧张局面，并带来技术和管理技能，有利于东道国开拓国际市场，密切东道国与世界经济的联系。另外，跨国公司的进入，也伴随着利润的汇出、转移定价避税和排挤民族工业等不利的一面。因此，无论是发达国家还是发展中国家，对跨国公司很少采取自由放任的政策，而是采取相应的限制政策或鼓励政策，并将负面影响降到最低限度。

东道国政府制定的各种政策，尤其是针对外商投资企业的政策，对跨国经营环境具有决定性影响。在一个政府干预频繁、对外资企业严加限制的国家中，跨国公司的经营很难获得成功。一般地说，跨国公司在进入一个国家之前，必须从以下几个方面考察该国政策是否有利于外商投资[①]：

（1）政府的进口政策，有无配额规定、关税限制或歧视性待遇？

（2）对外资企业的经营范围、产品类型有无限制？

（3）对合资企业的外方控股份额是否有限定？

（4）对产品的国产化程度是否有一定的比例要求？

（5）政府对员工特别是高级职员的雇佣与解雇是否有严格的约束？

（6）政府对劳工组织的态度如何？对工会活动的形式和范围是否有立法规定？

（7）政府是否给予外商税赋优惠以刺激外商的经营？

（8）外资企业可否在当地资本市场融资？融资的形式、规模、时间有无限制？

（9）利润汇回本国有无限制？是否规定必须用于当地的再投资？

涉及上述各方面的政策可能由于执政党指导思想的调整、政府的更迭或民族主义情绪的波动而发生变化，因而对企业跨国经营的影响更为复杂。跨国经营的战略研究人员在了解这些政策特点的同时，还必须注意其稳定性，估计其变化的可能和方向。因此，必须追踪那些可能导致这些变化的信息，例如，政府高层决策人物的讲话、政党首脑对一些事件的反应、大选或立法选举前不同党派发表的纲领和方针以及民意测验所反映的公众态度等，并分析这些变化可能对企业经营带来的机遇或不利影响，尤其要注意分析东道国政策的变化造成的威胁及相应的防范措施，以减少这种变化可能带来的损失。这便是跨国经营中的政治风险及其防范研究。

---

① 陈传明：《国际企业：环境、组织、战略》，南京大学出版社1995年版，第43页。

（五）法律法规

在一个日趋法制化的社会里，法律环境的差异对跨国公司在东道国经营成败的影响举足轻重。企业跨国经营所面临的法律环境主要由三部分构成：母国法律规定、国际公约及目标市场国的法律规定。

要强调的是，东道国的法律体系是影响企业生产活动最直接、最主要的因素，东道国常常从生态环境、雇佣制度、工作保障与社会保障、分配制度等方面，对企业施加影响。有时还会针对外国公司制定一些包括关税、反倾销、进出口许可证等特殊的法规。如，一家美国公司打算大幅度裁减在欧洲的雇员，但在计划即将实施的时候，发现自己精心制订的计划在当地是违法的，最后不得不放弃。

（六）教育水平与结构

教育在一国文化中具有特殊的地位，它既是传延历史文化的手段，也是传授知识、提高整个民族素质的途径。从宏观层面来看，教育影响和决定着一国国民素质、科技水平、价值观念和经济发展状况。从微观层面看，则影响和决定着个人职业、爱好、消费习惯以及企业生产方式、技术与工艺选择、产品类型以及广告促销等诸多方面。跨国经营者对教育水平的关注主要有四点：

第一，在教育普及的社会中，特别是在高等教育比较发达的社会中，居民认识、接受及使用最新模式和仪器时就比较容易，对外来的新观念、新事物的敏感性和吸收力都较强，这为跨国公司的进入和经营创造了有利的条件。因为在这种国家，居民和职工的技能水平、沟通能力都较高，从而有利于跨国公司在该国进行有效的管理，并相对节约其为职工提供再培训的时间和费用，以及产品在当地行销所需的广告宣传力量。不仅如此，跨国公司的管理与操作实现当地化的程度也可以提高，且大部分决策可以由当地的子（分）公司决定，而各公司之间的联络可以采用标准的书面沟通形式达成。如果东道国教育程度低，跨国企业就要派较多的管理和技术人员到该国发展业务，而不能过分依赖当地人才。

第二，一国教育水平的高低，在某种程度上标志着该国宣传媒介的发达程度，从而决定了外资企业借以获得信息来源和进行营销广告的投入。另外，教育水平高的人，对各种宣传媒体（如文字、图画等）也能有较好理解，使得各种宣传效果更好，而没有受教育或教育水平低的人正好相反。

第三，受教育水平的高低，影响到人们对消费品款式、颜色和质量的偏好与选择。受教育水平高的人，谋求改善生活的欲望和能力都较强。

第四，各国实行教育的方法也是不同的。一般而言，在欧洲教育制度下，对于接受高等教育的人，选择较美国严格，欧洲教育比较重视知识和思想传授，美国则比较重视启发和务实。这些对聘用雇员、对企业管理人员的培训都是有影响的。

（七）审美观念

美学观念是一种与美、高雅、舒适有关的文化概念。美学观念之所以对国际营销有特别的意义，就在于它能够解释不同文化背景下各种美表现的象征意义，由此影响消费者对产品的认识偏差。例如，东西方对服装款式设计的看法就不一样。西方人大多希望服装能够新奇、独特、表现个性，而东方人则以端庄典雅为美。由于文化习俗不同，各国对色彩的喜好和禁忌不同。欧美人以白色象征纯洁，美国人崇尚黄色，印度人偏爱红色或橘黄，中国人以红色象征喜庆，东南亚人普遍厌恶绿色，因为它是疾病的象征，中国人及大多数亚洲人将黑、白颜色和丧葬相联系。在美国，人们普遍认为，皮肤略为深色或稍黑是富裕阶层的象征，因为只有富裕者才有较多的时间和金钱享受日光浴，皮肤才较黑。因此，美国人崇尚深色化妆品。日本人属东方皮肤类型，审美中以肤色白为美，因此也就不乐意使用美国的深色化妆品了。同样，对同一种图案、标识，不同文化背景的人理解也不一样。中国的一些产品喜用动物或花卉等作为标识，出口时受阻，就是这个原因。大象深受印度、东南亚人喜爱，法国人则认为大象懒惰。熊猫是中国的国宝，但在伊斯兰国家不受欢迎。日本人厌恶荷花，意大利人、美国人不喜欢菊花，等等。为此，企业必须熟悉并重视目标国家的民族、宗教和阶层的人们的审美标准、审美意识、审美方法和审美习惯，做到有的放矢，使自己的产品、广告和包装符合目标市场消费者的审美需求。特别是在许多国家消费者的收入水平和消费水平日益提高，消费者动机中求美动机占据重要地位的情况下，这一点显得尤其重要。

（八）思维方式

思维方式是指人们的思维习惯或思维的程序、推理的方式和解决问题的途径等。思维模式差异涉及企业理论、企业组织、企业经营、企业观念、企业用人等各个方面，对国际商务影响很大。

在思维方式上，中国人与西方人存在着明显的差别。参见表1-5。通常认为，中国人的特点是顾全大局和围棋逻辑，是一种曲线式的形象思维和定性思维。例如，中国人说话、写文章或讨论问题，习惯于拐弯抹角、绕圈子，关键问题保留到最后或含而不露。一事当前，中国人先就指导原则展开讨论以达成共识，然后以此去指导具体解决问题方案的制定，反映到具体的商务方法与习惯上，就成了先务虚、再务实的解决问题的程序。东方人这种由大到小、由远及近的迂回做法，常使西方人感到扑朔迷离。西方人则相反，他们习惯分析思维和象棋逻辑，喜欢就事论事，开门见山，把话题放在最前面，以引起听话人或读者的重视。当这两种不同思维倾向的人在谈判桌上相遇时，会造成莫大的困难和压力。美国和西北欧国家喜欢"讲重点""你的建议是什么？""我们的生意谈得成吗？""我会把合约的草案传真给你！"没有人愿意浪费时间旁敲侧击，因为"时间就是金钱"。其实，美国人和西北欧人也并非不重视友谊和人际关系，只是那些都该在确定交易做成之后再来谈的事。其他文化的人则认为，美国人那样做事是粗鲁的，甚至是冒犯他人的，对亚洲人尤其如此。而西方人则认为中国人冗长的、泛泛的原则探讨，是"废话与空谈"，是兜圈子，回避对实质问题明确表达，"反映了东方人的圆滑与世故。"其实，中国人的这种思维方式有其优势，完全不谈原则就直接进入事务性的谈判比较容易失控。

表1-5　中西思维方式比较

项目	中国	西方
逻辑特征	总体的	功能——就事论事的
	形象的	抽象的
	综合的	分解的
	曲线的、非线性的	线性的
	围棋逻辑的	象棋逻辑的
等级或团队	注重等级的	团队取向的
人或事	侧重人的方面	侧重事或物的方面
特殊性或原则	因时因地制宜的	忠诚与原则的
整体或个体	注重整体，统一	注重个人，对立

二、制约跨国经营的关键价值观

价值观是人们关于区分事物的是与非、善与恶、优与劣、主与次、可行与不可行的观念。企业跨国经营时，由于人们的不同价值取向，必然导致不同文化背景的人采取不同的行为方式，而在同一公司内部，便会产生文化摩擦。为此，跨国经营管理者必须对各国的基本价值观念有所了解。

在分析文化差异时引用最多的方法，就是美国人类学家克拉克洪—斯托特柏克（Kluckhohn-Strodtbeck）的构架。这一构架确定了 6 项基本的文化维度：与环境的关系，时间取向，人的本质，活动取向，责任中心和空间概念。

对文化差异进行更全面分析的是荷兰学者吉尔特·霍夫斯泰德（Geert Hofstede）。20 世纪 80 年代，他采用问卷的方式，通过对 IBM 公司 40 个国家的 11.6 万名员工进行分析调查，得出了描述和比较国家（民族）文化差异的四个维度：个人主义与集体主义、权利距离、不确定性规避、阳刚倾向与娇柔倾向。后来，在加拿大心理学家迈克尔·哈里斯·邦德集中在远东地区研究的基础上，霍夫斯泰德又补充了第五个维度：长期导向与短期导向。它们对跨文化冲突的产生都有一定程度的影响。

本书在借鉴克拉克洪—斯托特柏克和霍夫斯蒂德等人的研究成果基础上，确定了与跨文化经营管理密切相关的描述价值观差异的九个文化维度：环境观、人性观、人际观、权力观、风险观、工作观、性别角色观、时间观、空间观。我们可以通过这九种基本尺度来大致描述各种社会的文化倾向。

（一）环境观

即对人与各种有关的外部环境关系的看法。是人支配环境，或与环境和谐共处，还是人被环境决定？对这些问题的不同看法会影响到个人和企业的实践活动。

例如，有关人与环境关系的文化价值观方面存在的差异，会影响企业的目标设置与计划安排、管理人员解决战略和经营问题的方式，以及职员的工作态度与活动取向等。在相信自然支配人的文化中，管理人员和员工很可能是宿命论者，他们相信必须接受现实、安于天命，并做出相应的反应，而不是去改变它。在这种文化中，目标的设置并不普遍，人们不强调时间安排与计划，追求轻松和享乐的生活。因为，如果你相信人们在实现目标的过程中不可能做很多事，那有什么必要设定和安排它呢？例如，从利比亚、土耳其到印度尼西亚的一些伊斯兰国家，真主的意愿对人们生活产生重大影响。许多人认为，对未来进行规划有悖于宗教原则。因此，人们不相信自己的努力会影响未来。在东南亚的一些信仰佛教的国家，人们认为存有私心杂念将会受到折磨，一切都得听从命运的安排。相比之下，当文化价值观赞同人支配自然时，管理人员倾向于采取事先行动，通过行动来解决问题。他们相信现状是可以改变的，战略计划和战略经营反映了障碍可以被征服这种信念。组织团体强调有助于提出解决问题最好方法的具体数据。他们广泛地应用着目标，人们希望实现这些目标，并对未能达到目标的惩罚也是较严重的。

（二）人性观

即对人的本性的看法。人的本性是善良？邪恶？还是两者的混合物？人性有多大的可塑性？对此，不同的文化有着不同的看法。

有关人性的文化假定会影响一些管理职能，但具体而言，主要是与领导风格、激励和控制机制、职员甄选和培训等相关的管理职能。在大多数企业中，激励和控制制度都是建立在对人性假设的基础之上。如果管理人员认为人的本性是邪恶的、懒惰的、不可信的，员工一有机会，就会在公司混日子甚至怠工，那么他们就会采用很多规则和制度来控制和保证员工的纪律性，公司信息对下属保密，领导是独裁的并依赖严密的监控。而在强调信任价值观的文化中，参与、甚至自由放任的领导风格占主流。在混合型文化中，领导风格可能会重视参与，但同时拥有严格的控制手段以迅速识别违规行为。在员工甄选和培训方面，那些相信人能够改变自己的企业，强调教育、训练和发展，他们相信人能够通过艰苦的努力或坚定的信念，克服自己的不良习性而自救。而那些相信人是"天生的而不是塑造的"的企业，则强调人员选择机制。如果人们天生就是不可信的，那么最好的员工是家庭成员或密友，密友和家庭彼此忠诚于对方，因而是唯一可以安全地信赖并可以接触重要信息的人们。

从某种意义上说，到目前为止的管理理论与实践，包括 X 理论、Y 理论、Z 理论，大多数是建立在关于人性的假设基础上的。持 X 理论的认为，人是懒惰的，因此，需要激励和督促；持 Y 理论的人则认为人基本上是自我激励的，所以只需要给予挑战性的工作和正确的引导，不必加以控制；持 Z 理论的认为，人性是复杂的和可塑的，对人性不能作普遍性说明，强调根据不同情况，针对不同的人和人群采取灵活多样的管理方式。

（三）人际观

即对人与人、人与组织之间的关系的看法。个人与集体的关系应该是怎样的？个人的幸福最重要还是集体的利益更有价值？据此，可以大致把国家分为个人倾向与集体倾向两大类。

个人倾向与集体倾向的文化在行为方式以及很多组织和管理问题上有很大的不同。

首先，两种倾向对待人际关系的态度不同。在个人本位竞争观点统治地位的美国、加拿大等国家，人们强调个人的自由，员工希望按自己的兴趣行事，很少注意外界对自己的评价，义无反顾地奔向目标，常常将友谊与生意分开。美国一著名管理机构的统计工作表明：美国人为了达到工作目的，有99％的人不考虑是否得罪人。在他们看来，争执是有意义的，不同观点的争论可以产生更成熟的真理，直言表达自己的感受和意愿是一个人诚恳、真实的体现，是一种美德。而在群体本位和谐观盛行的中国、日本和亚洲"四小龙"，由于受儒家人伦本位和家族观念的影响，非常重视人际的和谐，正面与别人冲突被视为粗鲁之举，"不"字较少使用，"也许你是对的"或"我们将对此予以考虑"就是回绝他人的礼貌用语。同样，"是"也不一定就是表示赞成，而是使谈话继续下去的口头语。日语的"是，听见了"就是这个意思。

在人际问题上的不同态度给国际商业活动带来了不少麻烦和误解。例如，美国商人在谈判时，态度比较干脆，一听到不同意的意见，就立即表示反对，并提出自己的看法。自己提的意见，若对方当时没有提出异议，就认为对方是认可了。而中国商人又常常习惯于不同意对方意见时，认为当面表示反对似乎不礼貌，愿意在过后适当的时机才提出不同的意见。结果经常产生误解。美国商人认为中方出尔反尔，当时未反对，过后却反悔；中国商人则认为美方太横蛮、盛气凌人。又如，在中东伊斯兰教国家，伊斯兰教告诫人们，只应该与朋友做生意。因此，在做生意之前，需要花大力气和他们建立联系、交朋友，只有赢得他们的信任和友谊才可能和他们从事交易活动。而他们一旦信任了你，在生意上宁可吃一点亏也是愿意的。

其次，在对待个人与组织的关系上也有较大区别。个人倾向者崇尚个人英雄主义，认为个人幸福比集体幸福更有价值，都只关心自己密友和家庭成员。不必动情地依靠组织和群体，追求个人利益和利润最大化是天经地义的事。把他们与组织的关系看成是算计的和个体性的，个人对企业的义务比较脆弱。少有永久的人际关系或工作伙伴关系，独立性强。集体倾向则以紧密的社会组织为依托，个人的身份以所属的团体（如亲戚、家属、组织）与其他团体相区别，以群体照顾和保护个人来换取个人对集体的忠诚。他们往往从道德方面来解释他们的组织关系，对企业具有精神上的义务和忠诚。他们十分看重集体的力量，主张"国而忘家"、"公而忘私"，以国家利益和社会利益为重，个人要服从组织安排。在许多日本人眼里，"事主不二"是一种美德，愿意与企业同舟共济、荣辱与共。世界上绝大多数国家生活在集体利益高于个人利益的社会之中。

最后，在组织的人事制度上，个人倾向与集体倾向也表现出明显的区别。美国奉行能力主义，企业对职工的唯一要求就是不犯法。企业不介入社会价值观之间的争论，以及职工个人价值观和生活方式的选择。他们认为只要业务好、工作能力强的员工就是好员工，优秀的员工应该委以重任、给予优厚报酬。工作中的家庭关系是不适宜的，因为它可能导致裙带关系和利害关系冲突。有些公司规定，如果一个员工与另一个员工结婚的话，那么其中的一方就必须调离本单位。而中国和日本的人事经理比较关注的素质是员工的可信、忠诚以及与同事的协调合作能力，他们倾向于选择那些已为本组织工作过的人的朋友或亲戚，工作场所可能变成一个感情意义的大家庭或集体。

（四）权力观

这里主要指对社会和组织机构中权利分配不平等的事实的看法。

任何社会都存在不平等，不同之点就在于对待不平等的方式不同。按照霍夫斯坦德的观点，一个试图把财富和权力上的不平等降低到尽可能低限度的社会，可以被看作是低权力差距社会。一个把社会与财富上的不平等制度化和认为是理所当然的社会可以被认为是高权力差距的社会。一个国家或地区的权力差距接受度会对组织和企业的集权程度、领导和决策方式、人际交往等产生很大的影响。

在权力差距较大的国家，上下级认为彼此天生就是不平等的。各组织机构尽可能把权力集中到少数人手里，上司是独裁的或家长式的；越级被认为是一种不服从的行为，并且对组织和任务是个威胁，经常性的越级说明组织缺乏计划。上级能享受特权（"私法"）。一般来说，年老的上司比年轻的上司更受尊敬。上下级的联系是上对下的。下级眼中理想的上司是"开明的专制君主""仁慈的独裁者"和"善良的父亲"。下属对上司的依赖很大，在这种情况下，往往是上司做出决策，下属按上司的要求办事。他们要么偏好这种依赖性（独裁或家长制上司），要么完全反对（心理上称为反依赖）。职工们希望管理者来领导，若给他们自主权，他们反而茫然无措。

在权力差距小的国家，上下级认为彼此天生是平等的；所谓等级制度不过是所任职务的不同而已，之所以建立这种制度是为了工作上的方便；并且大家的职务可以变换。所以，今天还是我的下属说不定明天就成了我的顶头上司。组织的行政权相当分散。职员们把越级看作是在复杂和不断变化中职员工作时采取的一种自然的、合乎情理的和应受赞赏的方法，他们经常希望能越过老板以便做好工作。上级人物享受特权基本上不受欢迎，大家都使用同样的停车场、洗手间和餐厅。上级应当经常与下级联系。理想的上司是足智多谋（因此受到尊敬）的开明人。年轻的上司一般比年老的上司更受夸奖。下属对上司的依赖是有限度的，并且偏好商量，即下属与上司是相互依赖的。他们之间感情差距小，下属很容易接近并敢于反驳他们的上司，员工参与决策的程度很高。民主社会中很少出现暴力行动，政府通常多元化。工会是独立的，思想和政治倾向较小，注重的是帮助会员解决实际问题。[①]

还有一点值得提醒跨国经营者：在高权距的国家谈判时，派出的谈判代表具有与他们的谈判对手相同或略高的头衔很重要；而在低权距的国家，头衔、身份、地位和正式控制权利则不怎么重要。

（五）风险观

这里主要指对社会中不确定性和模糊性情景的看法。应当鼓励变革或冒险，还是提倡稳定或安分守己？怎样看待异常的观点和行为？如何减少不确定性带来紧张和焦虑？

任何一个社会，对于不确定的、含糊的、前途未卜的情境，都会感到是一种威胁，极端不确定的事物会产生不能忍受的焦虑和紧张，从而总是试图加以防止。但是，不同的国家和地区对于防止不确定性的迫切程度是不一样的。一个教育其成员接受风险、学会忍耐、接受不同行为的社会文化可被视为不确定性规避弱的文化。而那些鼓励其成员战胜与开辟未来的社会文化，可被视为不确定性规避高的社会文化。

在一个不确定性规避强的社会中，寻求建立那些命令与可预期性至上的社会体制（政治的、教育的和商业的），其中法律条文又多又细，规章制度严格刻板，安全需要占优势地位。人们普遍相信政府、权威和家长通常是正确的，喜欢明确要求和指示，接受绝对真理和上级目标，排斥非正统思想，避免发生冲突。人们不愿跟那些与自己观点不同的人们为伍，对不同于自己文化的现象加以排斥，认为那是危险的。对年轻人比较怀疑，认为他们成事不足，败事有余。感情上对变革的抵触较大，害怕失败，不怎么敢冒风险，人们力图避免诸如变换工作这样的行为。例如，日本、葡萄牙和希腊这些属于不确定性规避高的国家，企业终身雇佣十分普遍。

而在一个不确定性规避弱的社会中，就很少强调控制。标准、规范是泛泛的，不那么严格，如要诚实、有礼貌等，人们可以按自己的理解方式为这些社会规范赋予相应的意义。这些规范可以按不太出格的各种方式表现。人们的穿着、发式、言谈则随个人爱好而异，无拘无束。对未知的情境、思想，人们并不一概排斥或猜疑。对异于自己文化的现象感到很好奇。这种社会鼓励其成员接受事物的多样性，很少注意去发展那些对个人创造性严格限制的政策、实践及程序。

---

① 参阅［荷］G. Hofstede：《跨越合作的障碍——多元文化与管理》，毅夫等译，科学出版社1996年版，第37—38页。

在不确定性规避低的新加坡、中国香港、丹麦、印度、美国等，工作变动经常发生。例如，与日本的长期甚至终身雇佣制相对立，美国则是短期雇佣，实行干净利索的"适者生存"的原则。在最好的企业中也不可以有高枕无忧的安全感，甚至人们也不把工作的安定当成一回事儿，特别是经理阶层，其流动性已越来越高，年轻经理跳槽已成为一种风气。美国经理在不同企业、不同行业、甚至不同国家之间游历着，在世界各地寻找着薪资、福利更高的职位，向头脑里种植着形形色色的机能，既然企业对他没有多大的义务，他对企业也无道义上的责任，不过是雇佣关系，老板和员工在"炒鱿鱼"方面只有同等权益，大家各干自己喜欢的事，这就是美国人。

（六）性别角色观

性别角色观主要指对男人与女人的社会角色划分的看法。男人与女人以近似相等的数量构成了人类社会。男人与女人在生理方面的差别是普遍存在的，并不因地域不同而有所不同。但他们的社会角色却因文化、地域不同而有所差别，也因传统的或现代的看法不同而有所不同。每个社会都崇尚一些行为，这些行为不一定直接与生育有关，而是与性别有关，有的适宜男性，有的适宜女性。

在"性别角色概念"中，认为男性更注重取得家庭外的成就和社会生活，主要从事狩猎、经济、政治和战斗活动，主要考虑整个家庭的生计。男人是自信的、刚毅的、角逐竞争的与恃强的。假定女人更关注家庭、抚育子女、照应他人，女性的角色是亲切的、温柔的、恭顺的。

社会角色的划分或多或少是任意专断的。一个社会性别角色的划分有相当大的不同。社会也可以按照其对性别角色的区分是扩大还是缩小划分为男性化（阳刚倾向）社会与女性化（娇柔倾向）社会。

在阳刚倾向的社会，工作有明确的性别区分，将工作分为男人的工作与女人的工作。男人通常选择与长期职业生涯相关的工作，而女人通常选择结婚生小孩之前的短期雇佣的工作。[①] 在他们看来，男人应表现得自信、恃强、雄心勃勃；女人应表现得谦逊、温柔、注意人际关系。在同类岗位上，男女间的价值差异较大。工作一般是人们，特别是男人生活非常重要的核心，宁肯增加薪水而不缩短工作时间，工作压力大。强调公平、同侪竞争、注重工作绩效，追求卓越，追求金钱、物质和社会地位，赞同强者，X 理论有一定支持。管理英雄都是自信的、行动果断的、富于进取心的。

---

① 然而，家庭规模趋小，生育年龄推迟、夫妻双职工收入的压力以及国家文化价值观的变化正在侵蚀着传统的男性主义观念。

公司干预个人生活可以接受。倾向于或试图用一决雌雄的方式解决冲突和国际争端。

在娇柔倾向的社会，社会中两性的社会角色互相重叠，男人与女人大多表现得谦逊、恭顺、安分，注重人际关系。在同类岗位上，男女之间没有或较少有价值观差异。相对而言，工作并不是人们生活的核心，人们享受更多的闲暇和较长时间的休假，关注生活质量，人们宁肯缩短工作时间而不增加薪水。工作压力小。过于自信的行为或争强好胜会受到讥笑和嘲弄。有什么杰出、独到之处也不要张扬，自己知道就行了。公司干预个人生活遭抵制反对。X 理论遭强烈反对。管理英雄不那么咄咄逼人，惹人注目，他们的文化习惯于寻求决策集体的一致意见。同情弱者，强调平等、团结，致力于建设福利社会。倾向于用和解与谈判的方式解决冲突和国际争端。

（七）工作观

即对工作的目的、价值及工作在一个人的一生中（同其他活动如闲暇、家庭、社团和宗教相比）的重要性的看法。

从普遍的意义上说，人们之所以工作主要是基于工作三方面的职能：工作完成后组织给予的各种形式的报酬，如工资、奖金等物质报酬，表扬、赞赏、尊重、理解等精神报酬，提升、重用等复合报酬；工作提供了一种有兴趣的活动以及与他人沟通的机会。但是，不同国家的人们并没有为这些工作职能分配相同程度的重要性。美国的一项名为"工作意义"（MOW）的调查课题研究，调查了几个国家的 8000 名不同职业的员工。调查人员考虑了几个目的，其中有 5 个目的在人们的回答中占据主要地位，包括丰厚的薪金、工作兴趣（人们真正喜爱的工作）、良好的工作保证、和谐的人际关系和自主权（人们自己决定如何工作）。[①] 在大多数国家工作目的的重要性中，工作兴趣的价值占主要地位，高于其他潜在的价值，例如，高于薪金和工作保证，但对德国人来说，丰厚的薪金更为重要。

不仅不同国家人们的工作目的不尽相同，其工作中心性（即一个人在其一生中任何给定的时间内工作总体的重要程度）也有区别。7 个国家在工作中心性的差异由强到弱依次为日本、以色列、美国、比利时、荷兰、德国、英国。在工作中心性高的国家，工作非常重要而且占用了一个人一生中的大部分时间。例如，日本比大多数其他国家的人工作时间更长。高水平的工作中心性会造就献身事业的员工和高效率的组织，然而，长期如此则会损害员工身心健康。

---

① Adapted from Harpaz 1990, 75 - 90, Table 2; and Greenberg and Baron 1995, 128.

员工对工作目的的认识和评价，是我们预测工作结果和选择激励手段的指示器，因为人们是按照他们对工作目的的认识来行动的。深刻地理解员工的工作价值系统和他们的期望在近年变得越来越重要。特别是对那些跨国企业的管理者来说，深刻地理解国家之间在工作职能、工作中心性和工作目的的优先级的差异，就可以在交叉文化背景中更好地设计激励战略和奖酬系统以及组织机构，制定管理政策和训练计划，合理安排决策过程。例如，在以色列，工作的兴趣性以及工作是与人交往的手段这两个指标的结合就远比工作所带来的收入更为重要。在这种国家，如果仅仅以金钱的刺激激励职工可能是十分危险的。

（八）时间观

即对人们时间取向、时间的价值、准时等问题的看法。人们生活的时间焦点是什么？是倾向于过去、现在，还是未来？各种社会是如何使用时间的？

时间观在很大程度上受历史传统、宗教信仰和经济发展水平等因素的影响。即便在同一国家，发达地区和落后地区也存在类似的时间观差异。

中国悠久的历史和光辉灿烂的文化遗产，使中国文化比西方更重视过去，这在祭祖的习俗、对年长者的尊重、对传统文化的维护方面表现出来。过去取向的文化强调传统、炫耀过去，评估计划时主要看它是否符合社会的习俗和传统，人们依据过去的经验进行革新和变革。在伊斯兰传统的文化中，人们相信未来的事属于真主阿拉，所以在时间观念上有重视现在的倾向。土耳其的一句谚语很能说明这一点："今日的鸡蛋要比明日的母鸡强"。现在取向的人们倾向于只争朝夕地生活，不大在乎明天的打算。美国的历史只有200多年，美国人的西进开拓精神使他们更看重将来，他们受到的是向将来看的教育。他们根据方案未来的收益来评估计划，用未来经济收益为革新与变化辩解，而很少顾及社会或组织的习俗与传统。佛教和印度教也有将来的时间取向，把希望寄托在来世。

一般来说，在经济发达的国家，时间观念较强，视时间为金钱、为生命，人人都感到时间紧迫，尤其对于追求高成就的人。而发展中国家特别是落后国家，生活节奏缓慢，人们对准时、对时间效率的态度较差，持一种宿命论态度。爱德华·霍尔把世界各国使用时间的习惯概括为单向时间习惯和多向时间习惯。单向时间习惯是一种强调日程、阶段性和准时性的时间观念。为了利用好时间，人们精心安排好一天、一周、一个月的工作日程，制定时间表，确立优先考虑的问题。他们守时，说话直截了当，认为任何一种社会活动都应事先通知，关心解决问题的最后期限。北美、西欧、北欧都是单向时间习惯。多向时间习惯对于工作安排不那么固定，时间限制不那么死，时间安排更为随便，更讲人情味。亚洲大部分国家，拉美、阿拉伯国家，非洲国家都属于多向时间习惯。

时间观的差异往往会带来不同的商业行为，并在跨国经营中常常引起误解和挫折。例如，在美国，时间在他们眼中是一种特别珍贵和有限的资源。谈生意安排很紧，见面后，相互之间一般只简单寒暄几句，就进入主题，在交流中说话直截了当、简明扼要。这在阿拉伯国家却可能被视为傲慢无礼、不尊重人，他们喜欢慢慢来。美国人喜欢准时，喜欢在既定的时间安排内完成工作，认为多次迟到是对对方的不尊重，是难以信任的。而在中东，访问者可能要等了又等，双方坐下来后半天还在扯闲话。一旦谈起生意来又没完没了。在世界上其他许多地方，人们赴约迟到甚至不赴约的现象司空见惯。所以，与欧美人做生意可望速战速决，而与中东人谈判要多预备一些时间。

时间观的差异也是一种商机。在节奏快的国家进行营销，必须争分夺秒，有紧迫感、效率观。在这里，那些节省时间的产品，如快餐、快速摄影、成衣、电动剃刀、速溶咖啡等都很受欢迎。但在另一些国家，家庭主妇宁愿煮普通咖啡，而不喝速溶咖啡，以证实她们的勤劳、贤惠。

（九）空间观

空间观指对人们之间的各种空间关系及其象征意义的看法。显然，不同的文化对人们之间的各种空间关系，如高低、前后、左右、密疏、远近、中心、两旁，甚至东南西北的方向等，所表达的信息和包含的意义是有区别的。这里仅涉及两个方面：

一是固定空间（这里主要指办公室的空间）。美国公司中，管理者地位越高，办公室面积越大，层次越高，位置也越显赫。阿拉伯国家的公司中，办公室的大小和位置并无特别关系。此外，空间的屏障作用在不同的文化中也有不同的含义。例如，德国人欣赏个人的幽静，因而人们认为关上房门是很自然的事情。在美国，在办公室关上房门就有在里面干什么秘密事之嫌。进入对外办公的办公室不必先敲门，否则反而讨嫌。因为办公室的人认为自己在那里做的都是正大光明的事，没有什么秘密。

二是人际活动空间。像一个国家拥有自己的领土主权似的，每个人都需要拥有自己的领域，都有一个无形的，不允许陌生人侵入的，自己身体周围的空间范围。这个范围圈就是他感到必须与他人保持的间隔距离。

不同文化背景的人对交际时相互的间隔距离，有不同的偏好。例如，在相互交谈时，英国人、白种美国人和瑞典人彼此站得最远，意大利人和希腊人站得比较近，南美人、阿拉伯人和巴基斯坦人站得最近。交际时距离过近，会被认为是过于放肆和轻率；距离过远，会被认为是对议题的冷漠和缺乏信任。这些细节性动作对于商务活动十分重要。

【专栏1-4】

国际商务活动中的跨文化差异与冲突现象

随着全球化进程的深入发展，各种不同文化的国家和地区间的各种交流越来越活跃。不同文化的摩擦给商务活动的开展增加了麻烦，甚至直接导致商务活动的失败。所以，了解一些常见的跨文化差异现象显得非常重要和迫切。

一、称谓语的跨文化差异

称谓语的恰当使用是影响交际成功的重要因素。如果直接把汉语称谓语移植到英语中，往往会引起意想不到的文化困惑甚至震惊。在中国，由于几千年封建宗法、等级思想的影响，称呼语中所体现出来的血亲关系、权势色彩较浓。如，亲属称谓对直系与旁系、血亲与姻亲、长辈与晚辈、年长与年幼、男性与女性、近亲与远亲等都严加规范。在社会交际称谓中尤其表现出头衔性称谓的偏好，习惯用"姓氏＋职位"的结构，如王局长、李经理等。而源于古希腊罗马的英语文化中，长期以来在经济上重视商业，加之经常移民和殖民，人们早已摆脱了以血缘为基础的宗法制而代之以财产关系为基础的社会契约制，社会组织结构不再以等级身份为核心，取而代之的是人与人的平等和契约关系，因此，人们偏爱对等式称呼模式，人们对于职业尊卑、官职大小、辈分、年龄并不敏感，习惯用 Mr/Mrs/Miss/Ms + Surname（姓氏）来称呼。现代西方，人们更喜欢直呼其名，使人与人之间的关系显得亲近、平等。有些不了解这一差异的往往会生搬硬套中文的习惯，称呼外商为 manager + surname，误以为这显示了对对方的尊敬，其实会让对方感到一头雾水。又如，在汉语中，出于礼貌或表示亲近，常用表示血亲关系的名词称呼朋友和陌生人等（如大爷、叔叔等），而套用在其他国家就不太适合，如英语的亲属称谓一般只限于家庭内部。再如，汉语称谓语中有"长幼之分"，对年幼者称呼"小 X"，如小李；而对年长者常称呼"老 X"以示尊重，如老师傅、老王等。在西方，称呼他人"小 X"是不太礼貌的行为，而称他人为"老 X"则更会令人不高兴，因为"老"似乎与不中用密切相连。

二、数字上的跨文化差异

不同的民族对数字的选择性和不同的偏爱，都有着深刻的民族文化的烙印。由于汉文化崇尚偶数，所以"二"除了用作数字以外，还是一种吉祥象征，具有"好事成双"的象征意义。但在英美文化中，"二"不是吉数，曾"被古希腊哲学家毕达哥拉斯视为"劣根、邪恶之源"。相反，奇数（13 除外）却为吉祥数字，比如"3"被看成"完美的数字""造物主的象征"。在中国、日本和朝鲜，对于"四"，人们会联想到"死"。中国人喜欢"6"，它象征顺利、吉祥，在使用电话号码或汽车车牌号时，人们尤其钟爱尾数为"66""666""6666"这几组数字。但英语中人们视 6 为大凶数或野兽数，一些美国人对"666"是避而远之，他们认为"666"代表魔鬼。"七"在汉语中却是被人们常常忌讳的数字，人们在挑选吉日良辰时不挑七、十七或二十七。而在西方"seven"却是个神圣的数字。西方人讲究七种美德，七次圣餐。在生活中有"lucky seven"的说法，即"幸运之七"。

三、用餐文化差异

商业活动中很重要的一个环节就是招待客人用餐。在用餐方式上，中国人喜欢"合"，无论什么宴席，中国人都喜欢团团围坐，美味佳肴放在桌子中央，它们既是一桌人享用的对象，也是大家交流感情的媒介。在餐桌上，中国人喜欢互相劝酒和夹菜，举杯共欢，"无酒不成宴"，显得非常和睦。而西方人喜欢"分"，在用餐时通常都是坐在长桌两侧，大家把喜欢吃的食物放到自己的盘子里，各人吃各人的，这体现了西方文化尊重个人独立的特点。餐桌上，一般没有相互夹菜的习惯，也不互相劝酒，因为西方大多数人对于过量饮酒持一种否定态度，认为属于酒精上瘾，甚至有很多帮助人们戒酒瘾的专业机构。因此，对于中国商人在饭桌上过度频繁的敬酒会有一定程度的反感，严重的甚至会影响到对对方诚意的怀疑。此外，吃东西时，也不要发出响声，但客人要注意赞赏主人准备的饭菜。若与人谈话，只能与邻座的交谈，不要与距离远的交谈。

四、行为和行为语的跨文化差异

表示问候的方式，如点头、鞠躬、握手、拥抱、亲吻或眉毛一竖等，在不同的文化环境中，表达着不同的情感和意义。美国人表示问候的方式是热情使劲地握手；法国人却是轻轻碰触式的握手；日本的问候方式是鞠躬，弯腰程度和时间长短与对方相同；在澳大利亚，男士之间可热情握手，男女之间的握手，必须是女方先伸出手来；在印度，双手手臂在嘴巴下合拢，拇指贴胸，并轻微点头，千万不要主动向妇女伸手，因为与女人进行身体接触被认为是十分无礼的；泰国人是把双手放在胸前做祈祷姿势，然后稍稍鞠躬；希腊人是拥抱，并在双颊上吻一下或握手；在拉丁美洲，热烈的拥抱问候在男性和异性中间都很普遍，男人在拥抱后还常常友好地拍拍对方的后背。在中国、日本、朝鲜等东亚国家，人们交谈时比较注重坐势，女子跷起二郎腿是举止轻浮或教养不良的表现。在英语国家，女士在不太正式场合跷起二郎腿也无不可，男士可随便将双脚放在桌上，这种行为绝无失礼。一般来说，中国女士在面对别人介绍时应站起来，而英语国家女士可坐着与他人握手或问候，这也是一种西方遵守女士优先的规则行为。不同文化的人交谈时的眼势也不一样，西方人目视对方参与交谈，表示对对方的尊重、专注、感兴趣，而很多东方人，特别是女士，则尽量避免与对方目光相遇。[1]

五、对人际关系理解的跨文化差异

中国人一般会把建立关系放在商业目的之前，认为有了关系才能达到商业的目的；甚至暂时没有商业目的也必须重视建立和维护关系，因为这种关系神通广大，凭借它可以创造出若干商业机会来。西方大多数企业对中国人及公司如此重视关系甚为不解。他们认为，关系和人缘是次要的，公司的商业目的和完成商业的计划才是主要的。许多西方合资企业的董事长，对中方

① 王勇剑，"现代商务中跨文化冲突现象探讨"，《现代商贸工业》，2008年第6期。

总经理每月报销大量餐饮娱乐费用大为不满，认为是花公家的钱办私人的事，是不正当的行为。中方经理则叫苦连天，声称这是业务的重要内容，没有这项开支，公司的业务就要停止运行。对这类事情，中西方经营者冲突频起，很难达到认同。

三、跨文化管理的兴起与价值

跨文化管理并不是一个新的事物，它起源于古老的国际间的商贸往来。早在古代，古埃及人、腓尼基人、古希腊人就开始了海外贸易，并懂得了如何与不同文化背景下的人们做生意。

但跨文化管理真正作为一门科学，是在 20 世纪 70 年代后期的美国逐步形成和发展起来的。这一研究兴起的直接原因主要有两个：一是"二战"后美国公司在跨国经营过程中照搬照抄美国本土的管理理论与方法到其他国家屡屡受挫，美国人不得不去研究别国的管理经验，从文化差异的角度来探讨失败的原因。二是日本在 20 世纪 60 年代末和 70 年代初企业管理的成功，使美国感到了明显的压力，产生了研究和学习日本的要求。研究结果表明，日本人并没有仿照美国的管理系统进行管理，而是建立了更适合于本民族文化和环境的管理系统。这个系统远比美国已有的管理系统成功。这也使得人们对文化以及不同文化下管理行为的研究变得更加风行。这一时期，代表性成果主要有：美国著名人类文化学家霍尔（Edward T. Hall）1976 提出了高情景文化语言和低情景文化语言分析框架；荷兰霍夫斯泰德（G. Hofstede）1998 年提出国家文化五维度模型：权力距离、不确定性回避、阳刚倾向与娇柔倾向、个人主义与集体主义、长期导向与短期导向，至今仍被接受和广泛运用，影响很大。此外，影响比较大的研究成果还有：1979 年埃兹拉·沃格尔（Ezra F. Vogel）发表的《独占鳌头的日本——美国的教训》，理查德·帕斯卡尔（Richard Pascale）和安东尼·阿索斯（Anthony Susnjara）合写的《日本企业的管理艺术》，1981 年，威廉·大内（William G. Ouchi）撰写的《Z 理论——美国企业如何迎接日本的挑战》等。

主要成果主要集中三方面：一是探讨文化差异对跨国企业内部的产品研发、市场营销、人力资源等管理职能的影响与对策。二是探讨企业如何在跨国商务谈判、投资、并购、合作与交流中实现跨文化有效沟通，消除文化冲突，促进文化融合，达成企业间国际合作的问题。三是探讨不同国家文化差异对风险意识、风险偏好的影响，对越来越多跨国经营企业制订风险管理战略计划提供理论指导。

20 世纪 90 年代中期以后，跨文化管理理论传入中国，被翻译成教材或学术著作，逐渐得到理论界的重视。国内学者借鉴国外关于跨文化管理研究的理论成果和分析框架，结合中国的实际，对跨文化比较管理领域的诸多课题进行了广泛的研究，研究成果比较丰富，但实践中，随着中国企业在国际经济舞台上扮演越来越重要的角色，在跨文化经营中如何进行有效管理的问题也日益引起国内企业界的重视。

【专栏 1–5】

美日企业文化的融合趋势与启示

企业文化的融合，指不同形态的企业相互结合、相互吸收的过程，它以文化的同化或相互感应为标志。20 世纪 70 年代末，美日有些管理学家就指出，日本企业文化向美国企业"扩散"，美国企业文化向日本企业"渗透"。进入 80 年代，美国的理性主义企业文化与日本的灵性企业文化融合的步伐日益加快，并不断向深层推进。

一、价值规范趋向互补

美国企业正设法将团体主义价值观注入自己的文化中。许多企业在尊重个人价值、满足个人需要、发挥个人才能的基础上，极力倡导团结、合作、利他的献身精神，倡导人们之间的理解、沟通和友情。日本企业的团体主义价值规范中，也渗透着重视个人价值，专业选择，扩大职工参与权利，多方进行"情感投资"，开展公平竞争，推行以"投入"定产出的分配制度，强调职工培训，充分发挥职工的作用。

二、管理理念相互渗透

美国企业改变了原来单纯追求利润和雇主与员工之间的纯粹契约关系，将改善职工生活、改善劳动条件，与职工平等相处放在重要地位。加强了组织的"人情味"。许多企业意识到，单纯依靠制度容易造成人际关系的冷淡。因此，"集体决策""大众参与""公开办公"等民主管理手段不断翻新。日本企业的管理也加强了雇主与员工的契约关系，规章制度不断完善。日本企业认为，企业与职工的关系是多重的，人情关系与契约关系同等重要。在这种情况下，日本企业员工的终身雇佣关系比例下降，合同制职工的比例激增。

三、领导方式相互借鉴

美国人的思维方式是根据事物发展的逻辑进行分析、判断和推理，这就决定了美国企业领导的决策方式必然缺乏民主性。现在，美国企业领导的权威以转向个人人格魅力的影响力，而不是单纯依靠行政手段。日本企业采用"家庭主义"的管理方式，强调企业是一个大家庭。雇员、管理人员、经理之间有一种亲属关系，使雇员把自己的命运和企业捆在一起，增强了对"家庭"的责任心。在此基础上，日本企业不断吸收西方管理的合理因素，既重权利，又重个人人格，既强调个人威信，又突出集体决策，既强调上下级的差别，又强调工人的自由度。

四、用人之道相互效仿

美国企业认为，日本的终身雇佣制，不仅有利于保持和增强职工的安全感，而且有利于形成和增强职工对企业的认同感。他们效仿日本企业延长合同期限，增加终身雇佣的成分。而日本企业对美国企业的个人主义和能力至上的方法也非常赞赏，鼓励员工的出类拔萃，并实行能力与薪酬挂钩的政策。

（资料来源：杨宜苗："美日企业文化融合及其启示"，《中外企业文化》杂志2001年第6期。）

第二章

西方国家企业跨文化管理借鉴

早在 19 世纪下半叶，为了争夺市场和获得原材料，一些西方国家的公司开始进行对外直接投资。但跨国公司真正地勃兴，却是在冷战结束以后。根据联合国贸发会议跨国公司与投资司《2017 年世界投资报告》，世界上共有跨国公司 10 万家，其分支机构约有 86 万多家，遍布全球，其生产总值已占工业国家总产值的 40%，控制世界贸易额的 50%。跨国公司凭借其先进的技术、雄厚的资本等优势，到许多国家进行直接投资，兴办工厂或子公司，实现着利用全球资源、占领全球市场、分享世界财富的计划。总体上看，西方跨国公司在跨文化管理领域已经比较成熟了，美国和欧洲一流的商学院非常重视培训学生的跨文化能力，为中国企业"走出去"提供了很多值得学习借鉴的经验。

第一节　跨文化管理发展的三阶段

企业在跨国经营的过程中，往往会遇到母公司与子公司的利益冲突、在东道国的子公司负责人国籍选择等问题。世界主要跨国公司的跨文化管理大多经历了三个不同的发展阶段。

一、母国（民族）中心导向

跨国公司起步时属于"母国（民族）中心主义"。企业赴海外活动，主要目的在于谋求母公司的利益，决策的制定高度集中在母公司，即使分权给国外子公司，子公司制定的决策也必须与母公司的要求一致。为了保证母公司决策得到执行，国外子公司中的重要职务通常由母公司在母国选派管理人员担任。

民族中心导向反映的文化观念是种族优越论，认为母国人力资源的素质要高于东道国人力资源的素质，因而从母公司派到国外子公司的管理人员，其工资待遇要明显高于东道国当地的管理人员。这种民族中心的文化观念也体现在生产经营活动的其他方面。例如，产品主要根据母国市场需求设计，研究与开发活动集中在母公司。宝洁公司（PG.com）、菲利浦和松下等公司都曾采用这种做法。

这一模式的优点是：能够克服东道国缺乏合格管理者和高级技术人才的困难；有助于保持公司文化的统一，母国雇员更大的可控性和忠诚度，统一的文化有助于传递核心优势。

缺点：①限制了东道国职员的发展机会，这会引起不满、低生产率和职员更换的高频率。②外派人员的成本通常很高，常常需要大量的培训投资；母国外派经理的报酬远远高于东道国的经理。③导致"文化近视"。即公司难以理解东道国的文化差异及其对公司采用不同的营销和管理方式的要求。外派经理需要一段很长的时间来适应东道国的文化差异，在这期间，他们可能会有严重的过失。例如，外派经理可能不知道如何调整产品特性、分销策略、交流策略和定价方法，可能造成代价高昂的失误。

二、多元中心（本土化）导向

跨国公司进入越来越多的国家后，不能再以母国的利益为重，必须转向"多元中心主义"。多元中心方式以东道国的特点为基础，对每个国家区别对待，以国外子公司的权益为中心进行决策。在这类跨国公司中，国外子公司享有高度决策自主权，能对东道国政治、经济环境或市场需求变化做出灵活、及时的反应。

多元中心导向反映的文化观念是认为母国与每个东道国在政治、经济、法律和文化等方面有较大差异，由母国派到国外子公司的管理员很难完全适应这种差异。因此，当地化管理即挑选和培训当地管理人员，依靠当地管理人员经营国外子公司，是这类跨国公司人事管理的基本指导思想。母公司通过财务控制协调各子公司的生产经营活动。与民族中心导向的人力资源策略一样，高层管理职位和技术职位上通常使用母国公民，运用母国经理控制海外经营，或将技术转让给海外生产机构，对母国外派人员的人力资源管理仍保留在总部。

这种模式的优点是：更省钱；大量使用东道国经理和雇员，为公司了解当地情况奠定了基础；公司陷入文化近视的可能性减少，东道国经理不大可能由于文化误解而犯错误。

主要缺点：①语言障碍、对本国的忠诚和文化差异可能带来各东道国子公司与总部如何沟通和协调的问题。此外，东道国经理可能对当地子公司比对母公司更忠诚。②东道国经理的职业生涯发展的机会有限。与采用母国中心方式的公司情况类似，东道国经理在晋升时遇到无形的限制，他们的晋升与发展可能被限制在一国或地区内。

三、全球导向

在第三阶段，跨国公司开始进入"全球导向"阶段，公司以全球战略目标和全球利益来制定决策。在这类跨国公司中，生产经营活动的决策权既不完全集中在母公司手中，也不全部分散于各国外子公司。与全球范围协调和控制有关的决策由母公司制定，如生产布局、销售网点建立、广告和促销活动策划等；与适应东道国经营环境有关的决策则由国外子公司制定，如招聘雇员、购买原材料等。具有真正全球国际人力资源管理导向的跨国公司将其最优秀的经理委以国际任职，并在世界范围内任何可能发现优秀合格雇员的国家开展招聘和选拔，这些经理通常精通两种或多种语言。

全球中心导向反映的文化观念是全球经营战略思想，在全球发展战略目标下，各国、各区域的市场和经济资源都纳入公司的统一规划之中。分布在各国的子公司虽然独立核算，可以独立发展，但是，子公司的经营行为必须保障跨国公司整体在全球范围内的利益最大化。为此，根据各国的生产要素价格、成本、税率等因素，母公司要在一定程度上牺牲某些子公司的利润，从全球发展的角度安排生产经营，协调生产要素在国际间的移动。

优点：使公司在全球范围最有效地利用人力资源；有助于建立跨国组织文化，减轻文化近视，并提高对地方需求的反应能力。

缺点：①有时难以引进管理和技术人员：东道国都制定了移民法，限制外籍雇员的使用或增加了使用成本。②培训和重新分配的成本很高。在全球导向的公司中需要花费大笔经费来选拔和培训经理以适应公司内外的文化差异。

总之，每一种管理模式都有其优缺点，跨国公司对跨文化管理导向的选择在很大程度上取决其跨国战略。广义地讲，母国（民族）中心导向是与国际战略相容的，多元中心适合于多国战略，而全球导向同时适合于全球和跨国的战略。

第二节　跨文化营销方略

中国有一句俗语："入国问禁，入境问俗，入门问讳。"跨文化营销就是在跨国经营中，对不同种族、不同文化类型、不同文化发展阶段的所在国子公司的营销活动，采取不同的营销方式。其研究的是在跨文化条件下，如何克服异质文化冲突的方法，并据此创造出公司特有的营销策略，从而形成卓越有效的营销管理过程。其目的在于，如何在不同形态的文化氛围中设计出切实可行的营销策略，从而增强企业对不同文化环境的应变能力。

一、文化的个性与差别化营销

如前所述，世界各国由于经济发展水平以及语言文字、宗教信仰、法律、审美、传统观念、社会文化心理等方面的不同，因而存在着形形色色的文化差异。这些差异极大地影响着消费者的消费习惯、消费方式、购买行为、对商品和服务的感知方式，以及商业习俗与惯例，以致形成人们各具特色的生活方式、消费偏好和文化品位。企业必须重视这些差异，实行差别化营销。

（一）差别化营销的特点及其应用

差别化营销策略强调的是各国市场的个性，淡化各国市场的共性。当公司将其产品推向一个新的文化环境时，为了增大成功的可能性，应该了解和遵守所有的关于产品的种类、结构、性能、造型、包装、颜色、图案、商标、说明书、卫生安全和技术标准以及广告方式、广告媒体，销售渠道与定价、服务等相关内容，并应有适应异国文化的经营观念及必要的准备。

【专栏 2 –1】

麦当劳等食品公司的差异化营销策略[①]

"金色拱门"已成功跨越了文化鸿沟几十年。麦当劳（McDonald）的原则，即仅仅有很小的改变，看起来在世界各地都奏效。当麦当劳20世纪90年代在印度尼西亚雅加达开办第一个分店时，看不到汉堡包的字样，只有巨无霸牛肉饼。原来，在世界上最大的伊斯兰国家，任何有关"火腿"的字样

---

① ［丹麦］理查德·R. 盖斯特兰德著，李东等译，"跨文化商业行为——40 国商务风格"，企业管理出版社 2004 出版。

都可能会冒犯一些顾客。

在印度的麦当劳，汉堡一词也不存在。因为大多数印度人信仰印度教，该教崇拜牛，并且不能够容忍把牛肉作为菜肴，也不允许早餐食用猪肉香肠。因此，暂时能够食用的就只有羊肉汉堡。今天，印度的麦当劳餐馆中最普遍的术语就是素食汉堡，一种主要是西红柿的汉堡。这些产品与牛肉产品有些不同，并且分放在厨房的单独位置，以免沾上猪肉。而且，印度的蛋黄汉堡也不是用鸡蛋做成的，菜饭已经很好地与当地习俗接轨。

在新加坡，麦当劳早餐是辛辣鸡肉香肠而不是猪肉。狮城15%的人口是穆斯林。

在日本，第一家金色拱门不像在美国靠近超市，而是在靠近火车站和汽车站的小星级饭店附近，满足顾客打包带走的需求。为满足日本人的传统口味，肯德基汉堡经常出现在麦当劳汉堡的旁边。为了打败当地强劲的竞争对手，他们不时地增加温和咖喱酱和米饭、米团等花色。

在莫斯科，饭店雇员必须经过专门培训，展示麦当劳特有的微笑。因为，对陌生人微笑，俄罗斯人会觉得不舒服。

在以色列，提供犹太教允许的食品。

在沙特阿拉伯的麦加，只提供伊斯兰教允许的食品，还要按当地法律进行屠宰。

……

除了麦当劳以外，其他美国的全球食品公司也为了迎合当地人的习惯进行了改革。例如：

● 印度的意大利多米诺比萨提供香腊蔬菜调料。目前，印度出售的60%的比萨是蔬菜的，世界其他地方仅占15%。

● 汉堡王国调整了他们的新加坡菜单，加入了咖喱酱鸡肉和冷当（Rendang）肉饼（就是将切成薄片的牛肉在热汤中炖）。

● 温迪公司给日本顾客提供夹有烤猪肉片的三明治和一碗米饭。

● 日本的肯德基店减少了捣碎的番茄汁和肉汁的量，增加米饭中法式油煎和鸡肉酱的用量，而把蔬菜沙拉中醋的用量减少一半。

● 新加坡：比萨店提供几种特殊的浇头。新加坡的浇头是牛肉加洋葱和辣椒片、克隆沙丁鱼或洋葱和鲜椒，而鱼尾狮的浇头则使用羊肉加辣椒。泰国人用菠萝汁做浇头，并在桌上配一小碗热调料。

（二）差别化营销的优势、劣势及适用条件

差别化营销策略的优点是，针对性强，能够更好地满足国际市场不同文化背景顾客的需求或偏好，有利于培育顾客对企业和品牌的忠诚，从而使企业产品在世界各国的销售额增加，经营效益提高，取得差别竞争优势。

但过于强调对各个当地市场的适应性，将导致生产、分销和广告等方面规模经济的损失，使成本增加，削弱企业的竞争力。如，调整每一种产品适应当地的要求，如不同的包装规格和色彩，会导致额外的成本支出。当然，差别化营销策略的高成本可以通过酌情索取较高的价格来抵补，总利润额仍可能会增加。美国学者保罗 A. 郝比格（Paul A. Herbig）的研究表明，在以下几种情形下，可酌情使用这一战略。

表 2 -1　差别化战略适用条件

1	技术标准存在差异
2	主要用于消费者产品和个人用品
3	消费者的需求是不同的
4	使用条件是变化的
5	人们的购买力不同，收入水平也有差别
6	使用者的技巧水平和技术熟练程度存在不同
7	存在较大的文化差异
8	当地环境诱发适应战略，原材料的可用性、政府的法规和制度存在差异
9	竞争者采用这一策略
10	各国人民的习俗不同（比如，在美国，人们洗衣服的时间间隔要长一些，在欧洲的一些国家，人们用蒸汽洗浴）
11	在标的国文化开放性弱，变动性小，文化的对应性差及跨文化营销企业较弱小的情况下多采用此种模式

资料来源：［美］Paul A. Herbig：《跨文化营销》，芮建伟等译，机械工业出版社 2000 年，第42 页。

二、文化的共性与标准化营销

20 世纪 90 年代以来，很多跨国公司由产品差异化策略转向产品标准化策略。究其原因，一方面是由于实行产品差异化策略的跨国公司需要针对每个东道国市场采取

不同的策略方针，使公司疲于应付各国市场上的竞争者；另一方面，随着国家之间经济联系的加强，文化交流活动也日益频繁，各国文化呈现出逐渐趋同的发展态势。

（一）标准化营销的文化依据

人类文化也有其共性的一面，如各种文化背景的人都喜爱音乐，都有对美的追求、对健康的向往，所有的文化都包括厨艺、舞蹈、年历、体育运动、求婚、社会等级、遗产规矩、析梦、滑稽、化妆等。这些文化特征是超越民族、宗教和国界的。

随着国与国之间的经济、通信、交通、旅游的发展，文化相互影响、吸收和借鉴，人类共有的东西越来越多。国际教育的发展，使得语言文字、传统习惯的隔阂也在缩小。世界正经历着一个全球化的过程，有通用规范的世界文化逐步形成，在总体上人们的许多需求也变得一致起来。如，世界上几大经济区域（西欧、北美、中国和日本）的消费者正变得越来越相像（有着大致相同的收入、教育背景、生活方式和渴望）。社会学家和营销学家们认为，青少年是世界各国最具有消费共性的群体，牛仔裤、T恤衫、运动鞋、太阳镜、可口可乐、智能手机、山地车等，成为他们的统一标志。

正是由于这种共性，许多产品才有可能直接或略加改变就卖到国外市场。如，全世界的电脑软件、钻石、金饰，几乎是无国界、无文化之分的。

1983年，现代营销学的奠基人之一，美国西奥多·莱维特（Theodore Levitt）写了一篇里程碑式的论文，他明确提出了"全球营销"的概念。他呼吁跨国公司向全世界提供一种统一的产品，采用统一的沟通手段。"世界上人们的偏好结构已被无情同化了，世界各地的事情正变得越来越相像……公司必须学会将世界看作一个大市场并在其中运作，忽视各个国家和地区在表面上的差异，并在整个世界上按相同方式出售相同产品……公司应该在其运作市场寻找相似点而不是相异点。"[①]

（二）标准化营销的特点与优越性

标准化营销的特点是，强调国际市场基本需求的共性，忽视各国市场的个性。具体说来，在产品的开发上，公司拨出专门的科研经费，抽出专门的科技人员组成一个研究与开发部门，根据市场需求信息，集中力量开发出一种未来市场需求巨大的产品；在产品的生产上，公司选择一个或少数几个原料丰富、工资水平较低，并且离最终市场较近的最佳生产地点，组织大规模的生产；在产品的定价上，公司或以成本为

---

① ［美］Paul A. Herbig：《跨文化营销》，芮建伟等译，机械工业出版社2000年，第42页。

导向，或以市场需求为导向，对产品进行统一定价，然后从公司已建立的分销渠道流向市场；在产品的促销上，公司可以在各国市场同时组织相同的促销活动，以求整体市场的销售额和占有率提高。实践证明，产品标准化策略的实施，能极大地增强跨国公司在国际市场上的竞争优势。

1. 实现规模经济，降低成本

创造全球通用、全球喜爱的产品，无须为每个市场设置独特的制造基地，设计独特的产品和广告。可以无限复制，在全球成本最低廉的地方，生产能卖给最多人的产品。譬如，"宝丽来公司（Polaroid）宣称，通过扩展国外市场已经达到规模经济。McCam-Erikson 公司宣布，20 多年来，在为可口可乐公司制作广告节目过程中，通过将节约的某些元素建立在全球范围内，节约了上亿美元的制作成本。高露洁公司（Colgate）在 40 多个国家推广其高露洁牙垢抑制牙膏时，在每一个国家只使用两个广告中的一个。由于每个国家的商业运作是相同的，高露洁公司就生产成本一项就节约100 多万美元。这家公司还通过标准化某个品牌的外形与包装又节约数百万美元。"①

2. 提高产品和计划的质量，增强客户的印象和忠诚度

标准化营销要求产品的品种较少，这种生产线数目的减少使公司可以就"如何使产品更好"进行有效的专业化研究，有利于公司整体促销目标的制定、实施和控制，有助于企业和产品在各国建立起一致的形象，提高消费者对产品的印象和喜爱。特别是对那些流动用户、旅游者和商人有吸引力的产品，标准化是有优势的。当这些顾客在国与国之间往来时，他们可以享受诸如吉列（Gillette）、柯达（Kodak）、希尔顿（Hilton）等公司生产的标准化商品带来的一致性。同时，一个高度标准、一致的形象对公司开拓海外市场及采用标准化战略也是有好处的。这种情况的例子包括：莱维（Levi's）、肯德基（KFC）、麦当劳、可口可乐、汉堡王（Burger King）和必胜客（Pizza Hut）。这类公司的营销运作基本是相同的。当然由于环境的不同，也会有一些细小的差别。

3. 满足技术跨国流动的要求

随着跨国公司在电子、通信、航空、汽车等领域的国际竞争日趋激烈，对其产品与各国市场相关机器、设备的兼容性要求也越来越高，因此，具有关键性技术规格的产品一般都趋向标准化。

---

① ［美］Paul A. Herbig：《跨文化营销》，芮建伟等译，机械工业出版社 2000 年，第 45—46 页。

"美国辉煌的经济成就，基本上可以归因于美国对标准化与分析的极端重视。""创造全球通用的产品是美国的理想，这种产品可以分析到最细微的零件，可以无限复制。""这种极端法制化的方式曾经让它大出风头，但也是其根本弱点所在。追求全球通用产品、自动化工厂和效率化办公室的美式作风，使美国人忽略特殊的人物、特有的关系、特别的环境与例外的要求。另外，习惯于把任何事物分解至最小单元的做法，也让美国人丧失欣赏整体、和谐、设计、美感，以及进行高层次连接的能力。"① 对法国人而言，为特定顾客缝制特殊场合穿着的高级礼服，就像美国人产销大众化的李维牛仔裤那般自然。当然，这两种不同的做法都曾经缔造惊人的经济成就。然而，未来成功的企业，必定是兼具不同价值，并能有效调和对立价值的企业。

（三）标准化营销的局限性及其适用条件

虽然标准化可以显著地提高公司的产量和利润，然而，标准化过程不能正确完成时所带来的危害将大于这些好处。在所有地方按一种方式营销一种产品有可能吓跑顾客，疏远雇员，并会使公司无视顾客的需要。忽略特殊的人物、特有的关系、特别的环境与例外的要求，会降低对当地行为的适应能力，并常常在当地丧失了竞争力。特

表 2 - 2　标准化战略适用条件

1	跨文化适应的成本高
2	主要用于工业化产品、高档耐用消费品（如宝马车、奔驰车）、廉价产品（如麦当劳的汉堡包）、具有较好形象的非耐用品（如 Perrier 矿泉水）、新产品
3	高层次全球服务（美国运通金卡）、服务社会精英的全球零售商（如 Tiffany 珠宝）
4	不同国家的市场有相同或相似的口味
5	集中式管理
6	生产、研究与开发、市场营销中采用规模经济
7	当竞争者也生产标准化的产品时，能应付竞争
8	消费者具有流动性
9	有积极的宗主国（起源国）效应存在

资料来源：［美］Paul A. Herbig：《跨文化营销》，芮建伟等译，机械工业出版社 2000 年，第50 页。

---

① ［荷］查尔斯·汉普登·特纳等：《国家竞争力》海南出版社 1997 年版，第 22 页。

别是，当市场越来越细分、越来越需要反映特殊需求时，企业的处境就会愈来愈困难。美国学者保罗·A. 郝比格指出，标准化营销只可应用于某些品牌、某些地方和某些时候。

三、文化的演进与主导型营销

文化从一种状态到另一种状态的变化，通常称为文化演进。随着时间的推移，一个社会中的价值体系、美学观念、语言、道德规范、生活习惯等都会发生或大或小的变化。企业必须审时度势，积极抓住营销机会，以适应变化了的文化环境和市场形势，实施主导型营销策略。

需要注意的是，如果在一个国度某种文化消费已经存在，文化模式也已固定，那么，实施文化主导型营销策略对消费者进行再教育，将是一项很困难、开销巨大的工作，公司不一定能承担得起。因此，我们进行文化主导营销，往往针对市场还没有或还未定形的某种消费模式，利用公司的营销优势在市场上建立新的文化模式，从而进入并占领该市场。

例如，宝洁公司进入中国市场时，针对中国洗发没有强烈的概念和消费模式的特点，采取文化主导策略，向中国市场大力宣传"使头发柔顺""去头屑"和"使头发更营养"的洗发护发新概念，从而获得巨大的市场优势。实施主导型营销策略一般可按以下原则进行：易于切入，循序渐进，因势利导。

【专栏 2−2】

美国凯洛格食品公司的跨文化主导营销[①]

按照美国的标准，巴西在早餐谷物类食品和其他早餐食品方面蕴藏着巨大商机。巴西有约 1.5 亿人口，年龄分布状况也显示出早餐麦片有巨大的消费潜力，因为 20 岁以下的人口占总人口的 48%。另外，巴西的人均收入也足够使人们在吃早餐时享用方便的谷物食品。在评估这个市场时，凯洛格公司（Kellogg）还注意到一个引人注目的有利因素：几乎没有任何直接的竞争

---

① 资料来源："凯洛格公司的跨文化营销"，http：//www.bjczy.edu.cn。

对手。

　　凯洛格曾经花了 20 年时间，在墨西哥培育了一个规模可观的早餐市场。由于巴西人不习惯美国式的早餐，凯洛格公司及其广告代理商智威汤逊公司（J. Walter Thompson）面临的最主要的营销任务是如何改变巴西人的早餐习惯。

　　对巴西文化的分析显示，巴西人家庭观念极强，而且大男子主义观念根深蒂固。所以，在设计的广告节目中，集中表现父亲将麦片倒入碗中并加上牛奶的家庭早餐场面。这一广告节目比较成功，麦片销售量增加了，凯洛格占有了 99.5% 的市场份额。

第三节　管理行为的跨文化调适

　　"身在罗马，做事要像个罗马人。"对于管理者来说，理解到这一点，并在与来自其他国家的人共同工作时恰当地调整自己的风格，会比那些自认为"所有的人都一样"的管理者工作更有成效。然而，说起来容易，做起来却很难。由于不同跨国公司在不同时期展开的经营活动并不一样，且有关国家文化特点不一致，因而这种调整的内容和程度存在很大差异。下面介绍一些西方企业跨文化管理行为调整的做法和经验教训。

一、依文化偏好选择组织设计

　　组织设计代表着企业为取得跨国经营战略目标而如何从结构上设计下属单位和协调与控制机制。拥有正确的组织结构对于跨国公司达到其跨国经营战略目标是至关重要的。

　　有些专家指出，技术上的相似性，通信、贸易与投资等全球化方面的发展，以及许多国家的经营管理人员对成功组织设计的模仿等因素，使得不同国家的组织日益趋同。例如，无论其国籍如何，机器都直接影响着人们如何从事他们的工作，并且制约着管理人员在部门层次的组织设计选择；跨国公司无论其总部设在哪里，因为它们具有相似的战略，所以许多跨国公司都采用相似的结构，等等。但是，有资料表明，尽管存在着采用相似组织结构的压力，却依然广泛存在着组织设计上的国别差异。其原因就在于，每一个社会依然对组织设计提供了特殊的国家环境，特别是其中的国家文化和组织文化会极大影响人们对组织设计的偏好。"一个国家的组织之所以设计成这样，组织之所以按这种方式运行，主要是为了满足该国国民的文化需要的缘故。"①。

企业组织设计中的文化因素影响，主要体现在两个方面：一是明确个人在组织中的地位和作用，保持一定的权力距离。二是建立适当的管理控制系统，正确地评估个人的努力程度。在权力距离较大的组织中，个人在组织中的地位和作用并不那么重要，集体主义倾向占主导地位。在这种文化氛围下，企业的评估体系和方法是由管理人员负责组织，建立起的是以团体为单位的培训和奖励机制，每个成员都将自己看作是协作体内的组成分子，与其他成员保持密切的合作关系。相反，在权力距离较小的组织中，个人主义的倾向要求业绩评估必须以个人的行为、效率和成就为基础，充分肯定对个人组织的贡献。

在组织设计时，在华的一些外商企业常常为精心设计的目标落空而迷惑。以下是两个具体的例子。

【专栏 2-3】

两家中外合资企业在组织设计中的文化冲突

跨国公司在构建海外子公司的组织架构时，必须考虑当地的文化背景。否则难以在东道国顺利开展经营，甚至以失败告终。

例如，20 世纪 80 年代中期，中法合资的广州标致汽车公司在合资几年之后宣告解散，一个重要原因就在于，广州标致在组织设计方面没有考虑到中方的制度文化差异。广州标致采用了法国标致的组织机构设置方式，管理组织采用直线职能制，实行层级管理，强调专业化分工和协作，同时采用了法国标致的全套规章制度。法国标致的规章制度是总结了它在全球 20 多个国家建立合资企业的经验而制定的，有一定的科学性和合理性。法国人工作严谨，要求员工丝毫不差地遵守各项规章制度，100% 达到标准。但中方员工由于长期在一种缺乏就业竞争的环境下工作和生活，对规章制度的执行不

---

① ［荷］G. 霍夫斯坦德：《跨越合作的障碍》，科学出版社 1996 年，第 169 页。

够严格，而且受人员素质及机器设备先进性影响，有些工作难以完全达到有关标准。

华瑞制药有限公司在创办和经营过程中，从经营战略、技术规范、组织机构，到管理方法，中方和瑞士方都存在着差异，双方合作的过程，就是两种文化冲突、调整和适应的过程。如，在讨论厂房设计、施工方案时，中方人员的指导思想是"量入为出"，把资金压缩在计划允许的范围内，而瑞士方则认为"质量第一"，该花的钱一点不能省。在计划机构设置时，瑞士方主张各管理部门只设正职，不设副职，这样职责分明，办事效率高，但这与中国一正多副的传统相悖。瑞士方十分重视经营销售部门，认为公司应以经营为中心，拟在全国重点城市设立 6 个经营分部，中方则认为设立 6 个分部，开销太大。瑞士方漠视后勤总务和采购供应部门，认为这些功能应放到社会中去，中方则坚持要自办食堂、运输车队、职工班车。中方十分重视企业各方面的计划工作，而瑞士方则习惯于不设计划部门，不制订生产经营计划，更没有计划考核制度。经过中方的不懈努力，公司才逐步建立了计划部门和计划制度。①

从上述案例中，我们可以看到，中外合资企业跨文化管理的核心是成功地实现中外企业文化的融合，建立一种新的组织管理模式。同时也表明，浅层次的文化融合是比较容易实现的，但深层次的文化融合则比较困难，这需要中外双方长期的努力。深层次的文化融合对企业的发展具有长久的影响力，企业更要注重决策目标、共同价值观等深层次文化因素的沟通与融合。

二、按异域文化调整人力资源管理

人是企业的唯一能动的因素，资本、设备、自然资源等物化因素都需要人来推动。因此，实施有效的人力资源管理政策，对成功地实施跨国经营战略非常关键。

人力资源管理的主要内涵和基本功能包括：员工的招聘、选拔、考核与绩效评估、培训与开发、个人生涯发展与组织发展以及劳资关系。当一个企业进入国际舞台时，所有人力资源管理的基本活动仍然保留，但却以更复杂的面目出现。因此，跨国

① 魏万宏，"跨文化管理中的冲突问题探析"，《河南科技》，2004 年 9 期。

经理必须调整企业的人力资源管理政策，以适应公司经营所在国的国家文化、商业文化和社会制度。

"一个有效的国际人力资源管理体系包括公司范围内的人力资源管理政策与程序，也包括适应不同国家区位的人力资源管理政策和程序。甚至对跨国公司而言，通常需要调整公司的人力资源管理方式，以适应东道国的传统、国家文化和制度。当涉及非管理职位的雇员时，调整人力资源管理政策更是具有特殊的必要性。这些雇员很可能是东道国公民，并更有可能期望跨国公司的人力资源管理方式更符合当地的传统。将不适当的人力资源管理方式强加给东道国公民，可能带来触犯当地文化标准和价值观念的风险，甚至可能导致违法的行为。"[1]

【专栏 2 - 4】

日本监工管理模式在中国遇到的冲突

改革开放初期，日本的一家公司到中国办合资企业，日本公司一般都有监工，日本人把日本所有的制度都拿到中国来，也拿着鞭子监工，中国的一个工人操作错误，上去抽了一鞭子，而且抽的是一个班长。这个中国班长休息的时候找了几个哥们一起商量，觉得这不是小事，得出口气。于是下班的时候，他们就在厂门口等那个日本人，结果那个日本人提着鞭子出来了。那个日本人说："我知道你在等我，现在你可以拿鞭子抽我，但是如果明天上班的时候，你还违反操作规则，我还是要抽你，这是我的工作。"日本企业的这种管理方式，不适合中国企业。现在，中日合资企业不会有这种监工。一开始日本公司以为日本人能够接受的东西，中国人也能够接受，其实很难。如果不能很好地解决，结果会导致合作失败。[2]

---

① ［美］约翰 B. 库仑：《多国管理战略要径》，邱立成等译，机械工业出版社 2000 年版，第 288 页。
② 资料来源：清华大学张德教授："全球化背景下的跨文化人力资源管理"，"2006 中国杰出人力资源管理者年会"，http：//biz. 163. com/2006/08/28。

三、根据不同情境修正领导风格

企业领导者的工作风格是多种多样的，有的偏好以任务为中心，有的倾向以人为中心；有的独裁专制，有的强调民主决策；等等。研究表明，不同的文化，有效的领导需要不同的风格。经理不能假定在其母国运用成功的领导风格和品质在其他国家会带来同样的成功。

首先，每一种国家环境在传达领导对任务或对人的关心上有自己认可的方式。例如，英国领导者表现以人为导向是通过帮助员工使用新设备；美国管理者是通过避免官僚程序（如发备忘录）同下属非正式的谈话和同下属协商等方式来表现对人的关心；我国香港管理者花时间同下属讨论个人生活来表示他们的关心；而日本的管理者帮助下属解决个人问题和花费相当多的时间同他们的工作小组在一起，来表现对员工的高度关心，但当他们制定决策时不与下属协商。

其次，国家文化、商业文化和社会制度限定了管理者受欢迎和可接受的领导行为。例如，在高权距国家中，领导和下属期望管理者在行动上具有权威性。在荷兰，领导的品质要求是谦虚的，与美国通常尊崇的自信的品质刚好相反。强烈的规避不确定性的文化也许会使下属期望领导者提供更为细节的指导。例如，工会会期望领导者"准确地告诉我们你想要的，如何做以及什么时间做！"

最后，国家和商业文化影响工人的需要和获取激励的水平。

许多跨国公司管理者在国际职位上失败的一个潜在原因，是他们不具备调整其行为和采用与当地文化条件相一致的领导风格的能力。因此，管理者必须根据跨国公司所在的国家环境（包括国家文化、商业文化和社会制度）来调整他们的领导风格，以获得成功。

理解如何调整领导方式以适应跨国环境的第一步是，理解当地的管理者在他们自己的国家是如何取得成功的；第二步是应用这种知识来修正个人的领导风格，使之适合于特定的国家环境。也就是说，虽然母国外派的管理人员不可能与当地管理人员完全一样地去实施领导。但是，有关成功的当地管理者行为的知识对指导一名跨国公司领导者进行必要的行为修正是非常有用的。

【专栏 2 –5】

美国某知名管理咨询公司的情境领导[①]

美国一知名管理咨询公司中国区总裁认为，"我们现在所说的领导，应该是在不同环境中因人而异的领导，也就是情境领导或灵活领导"。在多文化环境中，情境领导尤为重要：团队中可能既有美国人，也有日本人；既有北京人，也有上海人。这些人的文化背景不同、职业经历不同、能力素质不同，所以价值观不一样、态度不一样、行为不一样，那么领导方式也应该不一样。例如，在中国，人们比较习惯权威式领导，但这种权威式领导在欧美根本行不通。再如，法国人接受的不是理性的领导，而是感情上的领导。所以，如果用同一种方式领导中国人和法国人，那肯定会失败。

在欧美，员工们习惯了有压力，而在日本不能施加压力。在日本，领导要发挥模范带头作用，要与员工们共同去做事，使他们认为领导和他们是一个团队，追求的是共同的利益。这样，员工就会很有积极性，也会替领导考虑问题。另外，西方文化中的授权式领导到日本要变成辅导式，通过辅导让他自己领悟到怎样能做得更好。

四、针对不同文化规划激励战略

所有的领导者都必须激励他们的下属完成企业的目标。但是，不同文化背景的劳动者具有独特的信仰伦理、知识和价值观，在工作中，他们有着不同的工作动机、需要和期望，有着满足需要的独特方式，有着独特的、有别于其他文化的行为表现和生活态度。表 2–3 给出了一个研究报告，说明不同国家的人们给予满足需要的相关工作来源以及不同的优先级。图中将满足需要的相关工作来源分为三个级别：最高级 H、中级 M、最低级 L。那么，跨国公司管理者如何设想在那些缺乏信息的国家里，找到那些满足需要的差异呢？有经验的跨国公司管理者必须预见基于文化标准和价值制度条件下的员工的需要。霍夫斯坦德的工作对跨国公司的管理者如何去做这方面的工作提供了一些启示。参见图 2–1。

---

① 王小燕，"跨文化管理我们别无选择"，《中外管理》，2005 年 3 月。

表 2-3　7 个国家与工作相关的满足需要来源的重要性排序

与工作相关的满足来源	中国	德国	荷兰	匈牙利	以色列	韩国	美国
自我实现需要							
● 进步	M	M	H	L	H	H	H
● 能力运用	H	H	H	H	M	H	H
● 有意义的工作	M	H	M	M	M	M	M
● 成就	#1	M	H	H	#1	#1	H
● 工作兴趣	H	#1	#1	H	H	H	#1
尊重需要							
● 认可	M	L	M	H	M	M	M
● 影响	M	L	M	L	L	L	L
● 尊重	H	M	M	M	H	L	H
社交的需要							
● 工友支持	M	H	H	M	M	H	L
● 上级支持	M	H	M	#1	H	H	M
● 交流	L	L	M	M	L	L	L
安全需要							
● 工作条件	L	L	L	M	L	M	L
● 奖励	L	H	L	M	M	M	M
● 保障	L	H	M	M	L	H	M
生理需要							
● 底薪	L	M	L	H	M	M	L

注：H = 上三位；M = 中三位；L = 下三位置；#1 = 最高等级。

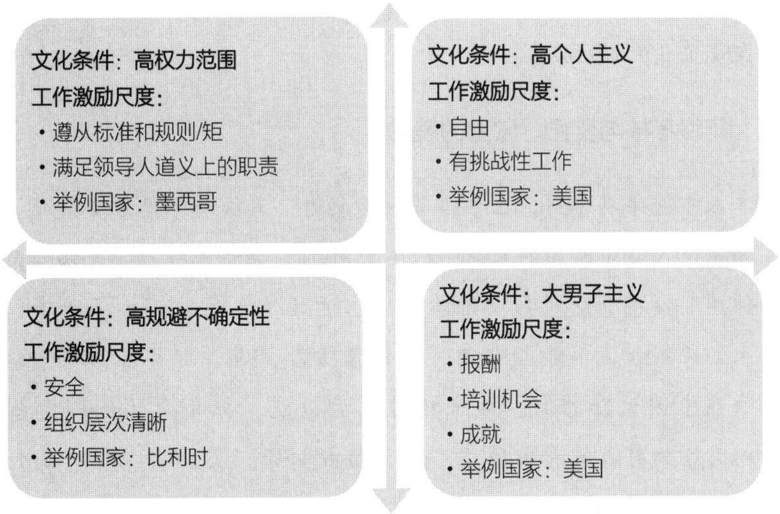

图 2-1　霍夫斯坦德度量国家文化和工作激励的尺度①

---

① 资料来源：Hofsted 1991。

【专栏 2－6】

广州某鞋业有限公司跨文化激励制度①

广州某鞋业公司高层管理人员中有日本人 6 名，台湾人 4 名，公司董事长、总经理均为日本人。公司跨文化管理差异包括：

一、工资制度的差异

公司开业初期，有 10 个日本人驻厂作为管理人员，照搬日本本土的做法，结果质量没有保障，效率低下。在日本的该集团系统，实行计时工资，依然有很高的效率。在日本的文化背景下，员工遵守厂里的规章制度，真正能做到"领导者在场不在场一个样"，没有人会偷懒。日本人认为计件工资不人道，但这些计时工资的观念和做法在中国大陆则行不通。经过反复调研比较，最后同意中国台湾厂长的建议，试行计件工资。经过试行计件工资，效率大为提高，达到了预期目标。这项制度就固定下来，成为考核车间员工的主要制度。对工人实行计件工资，对干部则实行基本工资加生产奖金。这项制度不断完善后，不但日本人从无法接受到完全接受，而且还做为日本该集团在东南亚设厂的样板。

二、年终考核与奖励、激励的差异

日本人重视年功序列，在年终考核奖励时，考核的不是职务高低、贡献大小，而是进入公司时间的长短。这不太有利于调动积极性，无法起到激励员工的作用。按年资历考核奖励各项所占的比例也反映不出多干多得的办法。原来的比例如是年资占 40%，工作考核占 30%，职务占 30%。这项措施也无法在中国大陆推行。后来经过摸索改进，把年资比例缩小到只占10%，同时增加有效的考核项目，如出勤占 15%，安全占 10%，奖惩（平时）占 15%，其余 50% 属于工作考核，如品质、效率等，班组干部还要加上领导能力。

---

① 郑瑞芬，"外企跨文化管理案例分析"，《南方企业家》，2004 年 No. 3、4.

五、通过多种途径提高跨文化沟通技巧

跟多样化文化打交道的经理人时时要应对沟通问题和文化误解。由于经常要与世界各地的人们沟通，海外任职要求经理人及其家属更多地了解不同文化，并掌握有效的沟通技能。那么，跨国公司是如何应对这种需要的呢？一般会采用下面一种或几种策略开发跨文化技能：提供实践经历，培训，启用文化顾问，采取严格的聘用流程，施行多样化政策等。

（一）强化海外商务旅行和工作经历

为了提高跨文化管理能力，许多跨国公司将经理人派到海外工作或者学习，让他们亲身体验不同文化的冲击，或者把他们留在自己的国家，与来自不同文化背景的同事、供应商、客户和其他业务伙伴开展日常接触。如，韩国三星公司每年都会派出有潜力的年轻经理，到其他国家学习，学习计划由学员自己安排。但是公司提出一些要求，例如，学员不能坐飞机，不能住高级宾馆，除了提高语言能力外，还要深入了解所在国家的文化和风土人情。通过这样的方法，三星公司培养了大批谙熟其他国家市场和文化的国际人才。

（二）设立全球性服务项目或多文化工作团队

有的经理人认为，设立全球性服务项目是提高跨文化能力的好办法。例如，可口可乐公司成立"全球服务项目"，这个项目由 500 位中高级管理人员组成，每年约有200 人调动工作岗位。这些人一方面为公司的全球发展做出贡献，另一方面，可以提高自己的国际管理经验。这个项目的最终目的之一，是建设一个具有国际头脑的高层经理团队，公司的高层管理人员将从这些人中进行选拔。

在多文化团队中工作，是在员工中发展跨文化理解能力的另一种有效策略。全球性企业越来越多地运用多文化团队来开展项目。在此过程中，他们发现，参与这类团队让经理人能获得与不同文化人群合作的很多经验。当员工共同从事同一项目时，他们学会解决分歧和克服误解的方法。此外，多文化团队协作，能够增强信任、理解以及对不同文化成员的尊重。

（三）通过培训增强跨文化工作能力

跨国公司一般都对员工进行跨文化内部培训。这些培训包括研讨会、课程、语言培训、阅读书籍、讨论和模拟演练等。

例如，日本富士通公司为了开拓国际市场，早在 1975 年就在美国檀香山设立培

训中心，开设跨文化沟通课程，培训国际人才。现在，该公司为期四个月的跨文化管理课程除了用于培训本公司的人员，还被用于其他公司和国家跨文化管理人才的培训。

高露洁公司从1987年开始，设立了全球性强化培训项目，这个项目的成员是美国的商学院MBA毕业生，他们至少会讲一门外语，并且在国外生活过，他们中有很大一部分是外国公民。受训者要在美国培训24个月。在每项为期三个月的培训中，他们除了学习商务和产品外，还要参加语言和跨文化知识教育。项目成员完成项目培训后，被派到世界各地担任部门重要职务。

（四）利用文化顾问培训和指导员工

跨国公司的另一项策略是聘用文化顾问，指导经理人跨越不熟悉的文化领域。有些跨国公司运用"文化翻译"，帮助来自不同文化的人们解决问题。文化翻译有助于协调谈判，并解释出现的误解。

（五）聘用合适的人员赴海外任职

为了获得具备合格的跨文化工作能力的经理人，企业采用的另一途径是聘用。通过聘用来自多样文化背景的员工或具备广泛国际经历的人员，企业可以增加拥有合意技能的员工人数，可以积极找寻熟知工作中所遭遇文化冲突的新经理人。然后，企业可以依靠这些新人对他人作非正式的管理培训。

为减少代价高昂的失败任职的数量，惠普公司（HP）和摩托罗拉公司（Motorola）根据员工意见，运用不同方法帮助选择驻外经理。如摩托罗拉公司通过自我选择工具，建立了驻外任职候选人信息库。这种自我选择工具，让员工更加现实地看到在国外必须做出的文化调整。候选人才库向管理层提供额外信息，帮助他们选择适合职位的候选人。

（六）在企业文化中遵循多样化政策

多样化已经成为跨国公司战略的重要方面，这些跨国公司把多样化视为全球经济中重要的竞争优势。它们的策略是建立多样化的员工队伍，反映并理解公司所服务的多种顾客。

多样化政策影响公司的全球化努力。公司可以通过对强力的多样化企业政策，鼓励跨文化了解和对文化差异的积极态度。如果企业文化明确地重视并奖励多样化，员工更可能对文化差异有开放的心态，更好地觉察到那些差异，并对此宽容。正如惠普公司行政总裁LewisPlatt所言："我们重视多样化并不只是因为这样做正确，而是这样做聪明。"另外，惠普公司这样强调其竞争优势："……要成为创新、创造力、解决问题和组织灵活性方面的领袖，我们必须有多样化的视角、才能和团队，以更好地适应这个全球性挑战。"在 21 世纪，企业将继续找寻有效的战略，培养国际经理人，使其游刃有余地从事跨文化经营。

第四节　国际合作中的文化整合策略

一般来说，跨国公司解决国际投资或国际合作中的跨文化冲突主要有以下四种方案：文化移植策略、文化融合策略、文化隔离策略和文化创新策略。

一、文化移植策略

即跨国公司直接将母公司的企业文化搬到国外子公司，或强行注入到被并购企业中。这是一种简单的"更换土壤"的思维方式。这种方式一般适用于强弱文化对比悬殊，跨国公司（母公司）的经济实力和市场影响力很强，本身具有成熟的企业文化并且为社会广泛认可和接受的情形。其优势是，能够在较短时间内建立起关联公司的企业文化和管理模式，统一企业员工的认识，发挥母公司企业文化的作用，使关联公司尽快进入正常的经营和管理轨道。但移植能否成功，取决于众多因素，包括母公司企业文化的活力、所派遣管理人员的素质和能力等。

美国通用电气（GE）的并购常常采用这种文化注入策略。GE 在过去的 20 多年中，通过强势推行 GE 文化，最终使得被并购企业放弃原来的企业文化。GE 在并购中文化强权的成功推行，除了被并购企业的原有文化较弱外，GE 长期占据全球最受赞赏企业公司的宝座，其优质文化在被并购企业员工中的认同感是一个重要原因。①

思科公司（Cisco）在并购中也常常采用这种注入策略。思科迄今已收购了 100 多家公司，大约在 1995—2008 年的 13 年间，平均不到 6 个星期它就收购一家公司。思科有一支非常高效的整合团队，每当思科一宣布收购消息，第二天，整合团队就飞到被收购公司的总部，把准备好的资料发给被收购公司的员工，资料包括思科的组织结构、员工福利、联系方法、解析被收购公司对思科的战略意义等。同时，他们分成小组和被收购公司的员工开会，解释思科对他们的期望和回答被收购公司的员工提出的

---

① 洪军，"并购过程中的企业文化融合"，新浪财经，http://www.sina.com.cn，2008 年 8 月。

所有问题。接着，整合团队和收购公司的高层根据员工的经验，安排被收购公司员工的去处，一般工程和营销人员不动，销售和生产人员会被整合到现有系统。然后，培训新经理关于思科的运作和管理方法，让销售人员熟悉思科产品，整个过程一般不超过一个月。①

二、文化融合策略

指不同文化之间在承认、重视彼此间差异的基础之上，相互尊重、优势互补、相互协调，从而形成一种你我合一的全新的、和谐的企业文化，这种文化就具有较强的稳定性，而且极具"杂交"优势，也有利于使双方文化冲突的频度与强度减少到最低程度。

如企业"强强联合"时，双方都有令人自豪而优秀的企业文化，彼此只能加强交流，相互学习和吸收对方文化的优点，在文化上相互同化，才能使两种不同的文化最终复合成为一种更优秀的新型企业文化。如，中日合资的北京松下彩色显像管有限公司，一方面吸收了松下社训中的"工业报国、光明正大、团结一致、奋发向上、礼貌谦让"，另一方面又新增了具有中国文化特点的"实事求是、改革发展、友好合作、自觉守纪、服务奉献"，形成自己的十条企业精神，融合成为合金文化。

上海贝尔公司是由中国邮电工业总公司、比利时阿尔卡特公司和比利时王国政府基金会合资而成立的。在公司成立之初，双方就本着相互尊重、互惠互利的原则，不断加强沟通，精诚团结，从而逐步形成"团结、奋进、为大家"的兼备中西文化优点的贝尔文化。LG、荣事达等跨国公司都是利用文化融合模式进行跨文化管理整合的例子。

大众汽车（Volkswagen）的文化融合策略也极具借鉴意义。1985 年，中德双方各投资 50% 成立上海大众汽车有限公司。成立以来，合资双方都一直在努力寻找文化的共同点和互补性，增加相互沟通和缩短彼此之间的距离。合营初期，中德双方也经历过"小吵天天有，大吵三六九"的矛盾局面。当年，有一批冲压零部件表面有缺陷，不符合大众公司的质量标准，德国专家毫不犹豫地把崭新的配件扔进报废箱。中方员工事后偷偷地捡了回来，打磨后重新利用。德方专家知道以后，用榔头将这些冲压件砸坏再次扔进报废箱。中方老职工心痛不已，双方由此引发了激烈的争论。但是，在

---

① 黄伟东，琳敦，"企业并购文化战略的差异化选择"，《中国企业家》，2005 年 2 月。

处理这样的矛盾时，双方并没有陷入对抗和对峙。而是在强调产品质量的同时，更加关注如何互惠互利，并最终达成共识。现在，严格的质量标准已经成为中德双方的自觉追求。德国大众董事长皮耶希说，尽管我们双方存在着文化上的巨大差异，但这并不可怕，最重要的是大家一定要注意多沟通，这使我们相互之间很容易地建立起了相互信赖的合作关系。他认为这是与中国合作成功的另一个原因。该公司总经理海因茨·诺德霍夫说："只要我们认同和尊重对方的文化，求大同存小异，就不会导致激烈的冲突，我们现在已经为大众汽车发展公司创造了一个极好的外部文化大环境和内部条件。"正是由于中外双方有了共识的基础，才使得彼此能做到互相支持，相互退让，积极配合，加深了解，从上到下形成良好的团结合作氛围。[①]

三、文化隔离策略

文化隔离策略指两个企业在极其有限的交流文化和管理经验的前提下，保持各自文化的隔离独立，双方在文化上拥有高度的独立性，只在重大问题上进行必要的干预。隔离策略减少了两个社会群体成员发生公开接触的机会，有助于缓和对立和紧张状态，避免产生强烈的文化冲突。若并购双方处于以下情况，则在并购中采取冲突隔离策略比较适宜：并购双方分属不同行业；并购企业本身文化属于多元文化；被并购企业文化良好并有很强的吸引力，其成员想保留它，不愿接受并购企业的文化。如，美国通用电气公司控股日本五十铃公司时，通用电器公司并没有向五十铃输入自己的文化模式，而是采用了文化隔离的整合方式。

还有一种情形是，当跨国公司母国的文化与东道国的文化之间存在着巨大差异，母国的文化虽然在整个子公司的运作中占了主体，可又无法忽视或冷落东道国文化存在的时候，由母公司派到子公司的管理人员，就必须特别注意在双方文化的重大不同之处进行规避，不要在这些"敏感地带"造成彼此文化的冲突。特别在宗教势力强大的国家，更要特别注意尊重当地人的信仰，即使不小心冒犯了东道国人们的信仰，也会造成严重的后果。这时候母公司可借助比较中性的、与东道国文化已达成一定共识的第三方文化，对设在东道国的子公司进行控制和管理。

四、文化创新策略

这种策略是在并购后不保留任何一家公司的名字，建立新的公司和新的文化。这

---

① 尤超，"跨文化管理在国际管理中地位与作用"，2007年12月，http：//www.chinavalue.netl.

种情形比较少。例如，成立于 1885 年，生产世界第一台打字机的 Burroughs 公司在 1986 年并购 Sperry 公司，因为两家企业历史都很悠久，而企业又要进入新的行业。因此，公司并购后给新公司起名字：Unisys。现在 Unisys 公司的文化有了根本性变化。

· 案例 2.1 ·

迪士尼： 跨文化营销的得与失

迪士尼公司（The Walt Disney Company）是由美国著名动画片制作家沃尔特·迪士尼（Walt Disney）于 1923 年在美国本土创立的，这个"儿童娱乐王国"从此经久不衰。作为一家领先的多元化国际性家庭娱乐巨头，迪士尼公司拥有众多子公司，并且业务涉及的方面也很多，主要业务包括影视娱乐、主题乐园度假区、玩具、图书、电子游戏和传媒网络，分别对应着不同的产业链。

迪士尼致力于创造高品质娱乐体验并打造迪士尼系列人物。其中，迪士尼乐园的经典招牌形象"米老鼠"和"唐老鸭"，深受世界范围内儿童、少年、甚至成人的欢迎。美国《时代周刊》已经把它们列位代表美国文化的十个最典型形象之一，成为美国文化的优秀品牌。它作为世界上第一个真正意义上的主题公园和服务营销公司，是企业跨国经营发展的典型代表。目前，世界上一共有 6 个迪士尼乐园，分别是美国的洛杉矶迪士尼乐园和奥兰多迪士尼世界、日本东京迪士尼乐园、法国巴黎迪士尼乐园、中国香港迪士尼乐园和上海迪士尼乐园。迪士尼在中国放映的第一部动画片可以追溯到 20 世纪 30 年代，而今公司在北京、上海和广州共有超过 3000 名员工。

这个以孩子和家长为主要对象的文化产业巨人的成功秘诀在哪里？其成功经营的经验之一便是：对文化差异的态度及有效处理的方式，形成了一个以美国商业文化为"基本内核"，同时吸收东道国文化"合理元素"的创新型的跨文化经营管理成功典型。

一、美国"迪士尼"：美国文化的缩影和体现

"迪士尼"是美国文化的缩影和体现，在本土获得了巨大成功。"迪士

尼"的创始人沃尔特·迪士尼是土生土长的美国人，他对美国文化极为了解，因此，以他创造的米老鼠、唐老鸭为原型所制作的卡通和电影，美国人甚至全世界的人都耳熟能详，这决定美国人可以顺利而快速地接受"迪士尼"。迪士尼乐园中设施、服务、语言及娱乐项目、探险和刺激游戏、舞蹈和大型聚会活动等，都为"迪士尼"赢得了众多来自周边地区和国家的游客。迪士尼公司声称："只要还有想象力的余地，迪士尼乐园就永远不会完工"……这就是在复制中不断创新。"迪士尼"的宣言体现了美国文化的精髓。

二、日本东京"迪士尼"：差异化营销告捷

迪士尼主题公园在美国的巨大成功，使公司管理层考虑将主题公园扩展到海外，并以此作为向世界传播美国文化的一种方式。

1983年，"迪士尼"以特许经营方式与日本东方地产公司在日本东京建成了日本迪士尼乐园，并连年创下该公司收入新高，引起了许多文化与营销学家的关注：为什么"迪士尼"能够在与美国西方文化有着极为明显差异、具有典型东方文化特点的日本取得经营和营销显著的成功？从文化的角度分析，主要有三方面的原因：

一是日本人对美国文化的推崇和认同心理。日本虽是亚洲国家，具有东方文化传统，但善于接受外来文化，尤其是当代西方文化，对美国文化更是极其欣赏。而"迪士尼"所代表的正是典型的美国文化。在这种情况下，"迪士尼"进入日本非常顺畅。

二是日本人崇尚集体主义，是世界上最爱结伴旅行的人群。日本儿童和青少年热爱参加由学校组织的活动，这种崇尚集体活动的文化特征无形中大大促进了消费，为"迪士尼"带来了不菲的利润。

三是"迪士尼"采取了一些适应日本文化环境的文化差异营销策略。美日毕竟是两个不同文化的国家，美国人喜欢的东西可能并不是日本人喜欢的。为适应文化环境的变化，"迪士尼"为日本主题公园准备了特殊的动画电影和电视片，在设计东京主题公园时加上了方便舒适的等候区域。主题公园的指南和街牌都用英文和日文两种文字显示，日本风味食品随处可见。东京迪士尼公园在建筑布局上也进行了一些改动，如将主街命名为"世界市

场"，将"拓荒天地"更名为"西方乐土"，等等。通过这些本土适应性改变，迪士尼主题公园成为日本人最乐于接受的一个最有吸引力的游乐场。

"迪士尼"在日本获得了显著的成功，堪称跨国经营的典范。

三、欧洲巴黎"迪士尼"：标准化营销遭遇挫折

日本"迪士尼"的成功，促使迪士尼公司1992年在法国巴黎建造了另一个海外乐园——欧洲"迪士尼"。然而，这项投资却未能取得预期的成功，身陷亏损泥潭达10年之久。为什么在美国和日本如此成功的经营模式在法国却行不通呢？

首先，忽视欧洲与美国的文化差异。欧洲"迪士尼"采取了全球标准化的经营模式，即将美国文化原汁原味地移植到法国，对营销策略没有做适应性的本土化调整，产生了严重的文化冲突。如，开业初的建筑设施和饮食安排等都照搬美国模式，乐园内的美式餐馆早餐只提供羊角面包和咖啡；忽略了酒文化在法国的重要地位，坚持在乐园中禁止酒文化的流行，"米老鼠禁忌"惹恼了无拘无束的法国人；"迪士尼"要求员工都说英语，而法国人却认为自己的语言才是最美的；"迪士尼"还按照自己一贯的企业文化禁止当地员工上班时穿牛仔裤和文身；等等。欧洲"迪士尼"被报界贴上了"美国文化指南"的标签，受到当地人的排挤。此外，在最初购买用于修建乐园的4400英亩土地时，"迪士尼"忽略了法国人对祖辈生长的土地的留恋，认为买地还像在美国那样随便。再加上媒体的大量报道，使"迪士尼"出现在法国公众面前的形象类似于"侵略者"，拉远了和当地居民的距离，影响了欧洲市场的开发。

其次，同属西方国家的法国人对迪士尼文化（或者说美国文化）并没有像日本人那样认同。法国人一直以自己的法兰西文化为荣，他们有代表中世纪的巴黎圣母院、代表文艺复兴的卢浮宫、代表拿破仑时期的凯旋门以及现代的埃菲尔铁塔等。

从欧洲"迪士尼"初期的失败可以清楚地看到：文化因素在企业向国外拓展过程中的作用相当大，缺乏跨文化意识，会影响到企业经营的成败。面对失败，迪士尼公司充分认识到文化因素的重要性。从1999年开始，迪士尼公司采取适应性的经营策略，对该乐园的经营进行了多项文化调整，包

括：将乐园更名为巴黎迪士尼乐园，从心理上寻求法国人民的认同感，有利于人们产生美妙的联想；增加法语为工作语言，同时配备多语种导游为欧洲其他国家的游客提供服务；在项目上增加受法国科幻小说启发而建成的探索岛，可360度播放欧洲历史的影院，以及会说德语的白雪公主等具有当地特色的节目，等等。此后，巴黎迪士尼乐园的经营状况有了极大改善。

四、长盛秘诀：全球取材，不断创新，展示真善美

90多年过去了，迪士尼动画片并没有因它的创始人离开人世而衰落，后续产品越来越让亿万儿童着迷。一个主要原因就在于，迪士尼能够顺应时代潮流，不断创新、调整，创造出符合不同时期孩子们口味的优秀作品，从米老鼠、唐老鸭到狮子王、星际宝贝，千变万化，体裁越来越新颖，内容越来越现代，制作技术越来越先进。公司每年至少推出一部有轰动效应的动画长片，宗旨是让孩子们得到快乐和乐趣，感受生活的美好、祥和及温馨，在尽量展示好的、美的东西的同时，也让他们警惕坏的东西。

为了获得制片的灵感和素材，迪士尼的市场定位是世界性的，因此，素材自然要从世界的每个角落去挖掘，灵感要到生活中去体验、寻找。《星际宝贝》的灵感就是创作人员在夏威夷体验生活中找到的。近年来迪士尼赚钱最多（达10亿美元）的巨片《狮子王》主题歌的创意、词作就是在非洲一个偶然的机会中获得的。为此，迪士尼不惜代价常年派考察小组分头深入世界各地。他们在那里绘画、摄影，然后把作品带回来研究。每次在抉择之前，大家都坐在一个屋子里，讲着不同的故事，不断地讲，反复地议，看哪个故事最动人，哪个情节最吸引人。如果大家都认为这个故事一定会被孩子和家长们喜欢，那就全力以赴去做。在片子拍得差不多之后，创作人员还要在内部邀请数以百计的孩子来一起观看，进行检测、修改，力争做到最好。

五、连环宣传，走一步看三步

好的内容，必定受到孩子和家长的喜欢；深受观众喜爱的片子，一定赚钱！……不过再好的产品也得先让人家知道。为此，迪士尼每次推出一部新片之前，整个集团上下一致，全力配合，利用所有宣传机器和设施：迪士尼

电视频道、所辖 ABC 电视网、迪士尼网站、迪士尼乐园、迪士尼玩具专卖店，并与其战略伙伴电影院、麦当劳和可口可乐公司等有关方面合作，进行宣传。

然而，这种"轰炸式"的宣传，并不是把人们"轰"到影院了事。影片货真价实的魅力自不用说，更重要的是要使它的生命得到长期延续。通常情况下，一部电影即使再轰动也只是一时。但迪士尼要让它变得更为长久，于是采用了连环套：影院放过后，电视播，接着是录像带、光盘、书籍、出版物，同时将"明星""偶像"制成玩具，印在服装上，让它走进孩子和家长的内心深处。上一部片子的轰动效应还没有完，下一部又要准备推出，走一步看三步。

（资料来源：①［美］Paul A. Herbig：《跨文化营销》，芮建伟等译，机械工业出版社 2000 年，第 42 页。②［丹麦］理查德·R. 盖斯特兰德著，李东等译，"跨文化商业行为——40 国商务风格"，企业管理出版社 2004 出版。③陈学清，"迪士尼跨文化营销经验的启示"，《企业研究》2006 年 9 期。④张素芳，褚君，"从迪士尼经历，看文化管理"，《中外企业文化》，2007 年第 3 期；⑤"迪士尼公司简介"，网易科技报道，2006 - 01 - 24，http：//tech. 163. com。）

· 案例 2.2 ·

巴斯夫：打造行业跨文化最佳团队

德国巴斯夫（BASF）是全球领先的化工公司，成立于 1865 年，公司总部位于莱茵河畔的路德维希港，它是世界上工厂面积最大的化学产品基地。目前，巴斯夫在 80 多个国家设有子公司，在全世界拥有 6 个一体化（Verbund）基地和另外 347 个生产基地，产品分属五大业务领域：化学品、特性产品、功能性材料与解决方案、农业解决方案、石油与天然气。在巴斯夫，创造化学新作用——追求可持续发展的未来。公司将经济成功与社会责任、环境保护相结合。

1885 年，巴斯夫进入大中华市场，1996 年成立控股公司巴斯夫（中国）有限公司，迄今在华运营了 130 年，是中国化工领域最大的外商投资企业。

截至 2017 年年底，巴斯夫在大中华区拥有 25 个全资子公司、7 个主要合资公司及 24 个销售办事处，投资超过 60 亿欧元（与合作伙伴投资超过 80 亿欧元），主要投资项目位于南京、上海和重庆，生产基地遍布全国，其中巴斯夫上海创新园更是全球研发的枢纽。2017 年，按照客户所在地计算，巴斯夫大中华区销售额超过 73 亿欧元。大中华区是巴斯夫全球第三大市场，仅次于德国和美国。

2017 年，巴斯夫在大中华区员工人数达到 8982 名，分别来自 30 多个国家和地区，多元化的文化背景，多元化的融会贯通，多元化的工作团队已成为巴斯夫全球化发展的核心竞争优势。巴斯夫从 2001 年起，连续 17 年入围 DJSI 道琼斯公司的可持续发展指数榜，连续多年被美国《财富》杂志评为最受欢迎的公司，并多次名列化学品行业榜首。2017 年，巴斯夫连续第八年被杰出雇主调研机构评选为"中国杰出雇主"，并今年首次荣膺三甲。

一、理念：员工是最重要的财富

在巴斯夫，员工是公司最重要的财富，巴斯夫集团将"建立行业最佳团队"列为企业 2015 年四大发展战略方向之一，公司以人为本的价值观和行为准则，在人力资源管理中得到良好的贯彻和体现。

在中国，公司承诺首先要遵守中国的劳动用工法律、法规。作为一家化工公司，公司非常重视员工的安全和健康。每一家新厂建设时，都要请职业安全、卫生专家和专业工程技术人员对设备装置进行反复安全核查，落实防范措施，严防有毒有害物质泄漏，对排放物质严加控制，确保对员工的健康不造成危害。

公司非常重视对高素质员工队伍的培养和建设。人员的招聘、甄选、考核和发展都是基于一个共同的标准—巴斯夫员工的资质体系。公司尤其注重就业机会均等，培养多样化的个人和专业能力。公司的薪酬及晋升制度也一致地体现了这种注重公平和能力的原则。公司提倡相互尊重和坦诚对话，不断完善员工的权益保障体系。同时致力于招聘、培养和发展既了解国情，又兼具国际视野的职业经理人。

二、原则：包容与关爱，不同的文化一样的心

包容多元化是巴斯夫实现业务成功和员工福祉的一个关键要素。世界大

文豪雨果曾经说过"世界上最宽阔的是海洋，比海洋宽阔的是天空，比天空更宽阔的是人的胸怀。"巴斯夫的员工来自不同的地域、不同的种族、不同的文化，多元化的价值观念对于巴斯夫而言，既是挑战又是机遇。巴斯夫本着以人为本的信念，包容不同文化背景的员工，关爱员工的权益，通过一系列的员工机制，增强员工对公司价值体系的认同感，以及对公司的归属感。在不同文化交融的氛围下，形成了巴斯夫独特的企业文化。

三、内容："七大机制"打造中国团队

（一）机制一："红地毯"让每位新员工融入巴斯夫大家庭

新员工的入职培训，在巴斯夫中国被称为"红地毯"项目。顾名思义，巴斯夫对于每一位新加入公司的员工，都予以热烈的欢迎。这是一个持续三个月的学习和适应期，它融合了入职介绍、在线自学、组建团队学习、小组汇报演出等，增强新员工的团队意识，促进员工之间的联系，提供了接触管理层的机会，帮助他们更快地融入巴斯夫大家庭中。在此过程中，巴斯夫尤其强调公司愿景、价值观和原则，以及行为准则，让新员工从入职起，就理解巴斯夫的企业公民理念。通过自学、互动与交流的形式，特别强调和培育员工充分利用不同形式的资源自学的能力，以使员工适应现代社会和企业对员工终身学习的要求。

对于新并购企业的员工，巴斯夫所秉承的是"公平对待、资讯透明、共促融入"的宗旨，从并购宣布开始，巴斯夫会采取多种途径和独特的措施去了解不同人的心声，将员工的需求、感想、担忧、困难反馈到高层，并持续地对新并购企业员工进行公司背景介绍、合并相关进程以及对员工各方面安排的沟通，营造一个开放、包容的环境与氛围，再根据公司的情况为员工提供尽可能多的支持和帮助以适应新的企业文化和工作环境。在员工工作安排上，最大量地吸纳新并购企业的员工，并尽量保持并购业务中具有市场竞争优势的运营模式不受影响。以巴斯夫 2006 年并购的三家全球公司中约 1400 名中国员工为例，公司吸纳了 99% 以上的企业人员。在员工薪资福利方面，巴斯夫采取的是"总体薪资福利待遇不能减少"的原则，以保证员工现有的收入及待遇水平，并在此基础上，依据市场具体情况、巴斯夫在当地市场上的操作细则，以及企业整体盈利状况进行相应的增加调整。除此之外，新并

购企业的员工加入巴斯夫之后，同样纳入巴斯夫大中华区的员工培训及发展计划里，与巴斯夫大中华区的员工享有同等的培训及发展机会。

（二）机制二：时刻关爱员工身心健康

巴斯夫十分关心员工的健康和安全，为了实现生产的"零事故"，巴斯夫不仅在发生意外事件时保护员工不受到危害，更注重关心员工平时的健康。巴斯夫的全球健康管理系统始建于1866年，下设急救医学部，职业医学部和集团医学事务部等部门。对其员工提供职业医学相关的体检、咨询、治疗等专业服务以及技术支持，促使所有巴斯夫企业在职业卫生与健康保护方面达到巴斯夫的统一标准。另外，还有一个提供24小时电话咨询服务的化学品医学救援热线。

公司向所有必要的员工提供完整的上岗前、在岗间、和离/转岗前的职业医学体检，确保员工的工作健康。公司还对员工进行基本医学急救培训，定期举行医学急救演习，对特殊有毒有害的化学品进行专题的预防和中毒急救的医学培训。每年为所有员工免费提供流感疫苗接种，以及安排各类健康促进活动。

2013年，巴斯夫又在大中华区首次推出员工帮助计划（EAP），为员工及其家庭提供心理和情感上的支持。员工可以拨打全天候免费热线电话，由外部专业的心理咨询师接听并解答，并对通话内容保密。2017年，EAP研讨会在中国大陆的各办事处和生产基地举行。在中国台湾，除了心理咨询，该项目还向员工提供了个人法律、财务和医学咨询服务。

2017年，巴斯夫开展了提高员工与承包商风险意识的更多培训，其他措施包括系统性的危害评估、特定的与例行的资质审查以及安全倡议。为进一步从根源上消除风险，巴斯夫对事故、事件及其原因进行了详细的分析，从中得出危害评估方案与风险最小化措施，作为预防手段。此外，所有巴斯夫基地还定期开展安全对话，分享最佳实践，更为重要的是以此培育巴斯夫的安全文化。

（三）机制三：均等的职业发展机会

在巴斯夫，无论性别、种族和年龄，所有员工都享有平等的就业机会。

通过提供福利、终生学习和发展机会，巴斯夫努力满足员工不同职业阶段的需求，以营造一个包容、安全与协作的工作环境，并提供具有竞争力的薪酬。2017 年，在整个公司推广并进一步优化了巴斯夫提供的整体待遇。

公司提倡优先从内部员工中进行提拔并制订了一系列的领导发展计划，包括大中华区未来领导人计划和亚太区未来领导人计划。为了给员工提供多样化的职业发展模式，巴斯夫于 2017 年在亚太区推出了针对研发人员的职业发展路径。全新的"研发专家发展道路"旨在认可技术和科学专家所做出的贡献和优秀业绩，并建立一个强大的创新合作网络。

（四）机制四：为员工打造可持续发展平台

巴斯夫相信，公司的发展和永久的成功，在很大程度上依赖于员工的持续发展。因此，公司不断鼓励所有的员工为建立行业最佳团队充分发挥个人的才智，持续学习和革新创造，并为此提供多样化的培训课程和学习途径，包括在线自学，在职或脱产培训等。

1. 员工持续学习机会与资助计划

在巴斯夫，每位员工都应积极规划自己的职业发展。为此，公司提供了各种学习机会和职业发展模式，帮助员工实现职业目标。例如，所有在公司工作满一年、表现良好的员工都可以申请最高达人民币 10 万元的教育资助，以参加有利于其职业发展的课程。这一计划为员工的持续发展创造了良好的环境和条件。

作为一家学习型企业，巴斯夫提供了多种学习机会，从课堂学习到线上课程应有尽有，适用于职业发展的各个阶段。2017 年，公司针对多样的业务需求和卓越运营，在整个大中华区为各部门和生产基地开设课程。亚太区定期培训项目"Marketplace of Connected Minds"让员工更深入地了解业务，并促进来自亚太区各地员工之间的交流。2017 年，新增了线上培训平台Microlearning@ BASF，用以补充线下学习系统。在为期半年的试点中，1 千多名员工利用碎片时间在新平台上进行了学习充电。巴斯夫还与上海石化工业学校联合开展针对一线技术工人的夏令营，帮助他（她）们强化与工作相关的知识和技能。自 2016 年推出以来，到 2017 年底共有 40 名员工完成了该项目，学习内容包括抽送、蒸馏、吸收、风干、传热、化学仪器、工艺控制以及化学工艺。

2. 巴斯夫"成长"毕业生培训计划和学徒项目

选用新人才对于巴斯夫的人才战略至关重要。通过与中国高校和职业学校的密切合作，公司为应届毕业生提供各种发展项目，以创建下一代人才库。

为期24个月的巴斯夫"成长"毕业生计划ⓒ旨在培养职场新人。每位培训生由一名导师负责指导，在业务与职能、生产管理与工程以及研发这三个专业领域进行3~4次轮岗培训。2017年，巴斯夫开展了校园宣讲会特别系列，吸引了来自八所重点大学的逾2500名学生。另外，公司还在大中华区各地100多所高校举办了招聘推广活动。此外，公司在2017年发起了线上校园宣讲，与来自国内外660多所大学的6800名学生进行互动。截至目前，该计划已在中国招募了数百名培训生，其中许多人现就职于巴斯夫的重要岗位。

"操作·源"合作学徒项目丰富了生产一线技术工人的人才库。自2015年以来，公司与上海石化工业学校合作开展该项目，包括共同开设职业培训课程，并提供学员在巴斯夫大中华区生产基地为期12个月的实习机会。许多学员毕业后都已在巴斯夫就职。

巴斯夫还与上海华东理工大学联合开展全日制专业学位研究生实践教学项目。项目第一年为全日制在校课程教学，接下来半年在巴斯夫实习。学生得以将理论与实践相结合，尤其是在实习期巴斯夫导师的一对一在职培训让学生们受益良多。

3. "领导人指南"与领导发展计划

在管理与职业发展领域，巴斯夫除了关注技术能力外，更加关注具体的领导能力，巴斯夫按照"领导人指南"领导团队取得成功。这一指南于2004年发布，明确指出巴斯夫的管理人员需要具备的能力：

(1) 创造坦诚透明的团队氛围，倡导实事求是的评判标准；

(2) 鼓励工作热情，激发主观能动；

(3) 战略考量和执行能力并重；

(4) 以身作则追求绩效和速度。

管理人员是巴斯夫大家庭中最具核心竞争力的体现，正是因为他们孜孜不倦的努力和个人魅力，带动并鼓舞着员工的工作效率和热情，吸引各方优秀人才加入巴斯夫的大家庭。

开发卓越领导力是公司人才战略的一个重要任务。全新的领导力影响模型于 2017 年在巴斯夫全球推出,将领导力的三大基本维度:战略、运营与员工相结合。这一新模型通过在线会议和线下研讨会的形式进行推广,已被巴斯夫大中华区各个部门采用,后续还结合了自我反思及反馈环节。

(五)机制五:良好的薪酬机制

巴斯夫公司的原则是:员工的工资收入必须看他的工作表现而定。他们认为,一个公平的薪酬制度是高度刺激劳动力的先决条件,工作表现得越好,报酬也就越多。因此,为了激发个人的工作表现,工资差异是必要的。另外,公司还根据员工表现提供不同的福利,例如,膳食补助金、住房、公司股票等。

巴斯夫每年都会参与由专业咨询公司组织的薪资福利调查,以了解市场的动态,制订具有竞争力的薪酬福利系统。公司除了按照国家规定为每位员工缴纳养老、失业、医疗、工伤和公积金,还会额外为每位员工投保补充医疗险和人身意外险,并实行员工储蓄计划。巴斯夫还为服务满 5 年、10 年、25 年的员工设立"长期服务奖"。员工除了得到纪念礼品外,还会收到由部门总经理或大中华区董事会成员亲笔签署的感谢信,并被邀请出席庆祝宴。该奖项体现了公司对长期发展和保留优秀员工的承诺。

(六)机制六:"全球一家亲"跨国员工心与心的沟通

巴斯夫"全球一家亲"活动是 2006 年巴斯夫为年龄在 14~19 岁的员工子女推出的国际假期交流项目。这些员工的孩子在暑假期间与来自其他国家的巴斯夫员工的孩子结成对,分别在对方国家的巴斯夫员工家庭生活,两个家庭的孩子共同生活在一起总共一个月时间。

"全球一家亲"一方面通过员工子女的交流,实现了跨国员工之间的沟通机会,和多元化文化的交流和认知,另一方面,也是巴斯夫应对全球化未来挑战的一个重要机制,让全球的员工在一个"家庭"的平台上进行沟通,有利于巴斯夫员工的跨国沟通和合作,有利于巴斯夫员工应对全球竞争的挑战。

巴斯夫的员工遍布世界各地,公司不仅重视本国员工的相互交流,更是将"地球村"的这一理念转变为实践。对员工而言,巴斯夫不仅是工作学习的地方,更是一个美好温馨的国际大家庭。

(七)机制七:有效的沟通机制

公司建立了多渠道的沟通机制,积极促进工作场所的融洽关系,增进员工和管理层的交流。除了组织定期的绩效评估面谈、员工与管理层午餐交流会、员工沟通大会等，公司还推行了特别的项目，其中包括：

1. 员工满意度调查

为了更好地建立一个与员工双向沟通的平台，让员工提出想法和建议，从而了解员工对公司的满意程度，公司每2~3年进行一次员工满意度调查，2008年还进行了一次巴斯夫全球员工满意度调查。全体员工以不记名的形式参加调查，公司鼓励员工畅所欲言，管理层十分重视调查结果，及时把调查显示的公司优势和需改进方面反馈给全体员工，并且做出相应的行动计划。

2. 合规热线

巴斯夫尤其鼓励员工对合规问题有疑问时主动及时地寻求指导和帮助。为此，员工可咨询上级主管、公司各相关专业部门及公司合规主管。巴斯夫全球包括大中华区在内都设有外部合规热线，供员工匿名拨打，用以报告疑似或实际违反有关法律或公司规定的情况。所有热线均对公众开放。针对每一次报告，巴斯夫都会根据具体标准进行记录，按照标准的内部程序开展适当的调查，并尽快给予解决。调查结果及任何措施的实施结果都会相应地记录在案，并纳入内部报告中。2017年大中华区已对多起个案进行了调查，从而促使公司推行额外的控制措施以及采取其他行动。

3. 合理化建议以及新改良的"亮点行动"

巴斯夫的合理化建议项目旨在鼓励员工积极地参与公司的管理，提出改进的意见和建议，包括加强客户服务、改善工作流程、成本节约，以及促进部门合作和团队精神、提升公司形象、关注职业健康、安全和环境保护等。每年都有数十项经过评审的建议被采纳并推行。在2008年的8月21日，新改良的"亮点行动"正式推出，活动当天共收到约200个建议。新的流程能更快地决定新建议的实施，提高了整个流程中建议评估的透明度，更具吸引力的奖励机制借鉴了巴斯夫总部的最佳方案。

4. 员工俱乐部

员工俱乐部由员工自发组织并管理。为了丰富员工的业余生活，促进彼此的交流，公司每年都拨付专门的费用以支持俱乐部各项活动，包括定期的运动项目、员工和家属旅行、电影和歌剧观赏，以及新年晚会等。2017年开展了以文化和教育为重点的各类活动，包括"移动图书馆"、诗社、学记团和儿童圣诞派对等。从这些活动中，培养员工们的团结合作精神，有效增进了各个公司部门之间员工的交流与合作。巴斯夫工会进一步为公司营造和谐愉悦的工作环境。

四、效果：员工成为全球化发展的核心优势

巴斯夫全方位地保障员工的权益，不仅关心员工的可持续发展，还从日常生产生活中时刻关注员工的健康。除此以外，还搭建许多平台供员工和公司增进交流，组织活动来增进员工们之间的互动和交流。这些举措，既为巴斯夫在管理上赢得了良好的声誉，同时也使来自不同地域的员工和谐相处，这种不同文化之间的交流和融合，如今已成为巴斯夫的巨大竞争优势，从而打造了公司的核心竞争优势。

〔资料来源：巴斯夫（中国）有限公司提供。〕

第三章 中国企业跨文化
管理探索

　　实施"走出去"战略，利用好国内外两种资源、两个市场，积极参与经济全球化竞争，掌握国际竞争的主动权，是中国经济发展战略的重大部署。随着中国综合国力的提高和企业实力的增长，中国企业跨国经营的速度加快，2002—2016年中国对外直接投资净额（简称流量）连续14年保持高速增长，年均增幅超过40％。2015年中国首次成为全球第二大对外投资国，并成为双向直接投资项下的资本净输出国。与此同时，跨国经营的方式日趋多元化：海外直接投资、BOT、战略联盟、跨国并购等。如，TCL收购法国汤姆逊的彩电业务，吉利收购沃尔沃，海尔则早已经在美国南卡州设厂，华为等企业参与全球市场竞争……随着业务的扩张和多样化，以及供应链铺向全球，如何组建和领导跨文化团队成为管理者面临的现实问题。但由于跨国经营起步晚，对大多数中国企业来说，跨文化管理显然还是一个新课题。许多业务与经营活动不得不通过港澳以及外国机构代理，这在很大程度上影响了中国企业走向世界的步伐。为此，必须加大加快企业的跨文化教育、培训和实践。中国政府高度重视境外企业跨文化管理工作，2012年5月，商务部、中央外宣办等七部门联合下发了《中国境外企业文化建设若干意见》，为中国跨国经营企业的跨文化管理指明了方向。

第一节　跨文化管理初见成效

　　改革开放40年来，中国企业能够在陌生的国度立足并获得发展，除了这些企业员工能吃苦、敢拼搏外，更重要的是这些企业在不断地寻找"当地化"的钥匙，把自身的发展同当地经济社会发展紧密结合在一起，休戚与共。可以这么认为，中国企业已开始学会在欧美或其他地方进行跨文化经营，学会如何适应当地法律，与当地的供应商、分销商打交道，招收当地籍员工，做一个良好的社区公民。但总体上看，中国企业跨文化管理仍然处于一个渐进的学习阶段和积累阶段。与真正的世界级企业相比，中国企业还有较大差距。

一、尊重当地信仰和文化习俗

各个国家和地区有不同的文化习惯和法律法规，在国外做项目，不应以投资者自居，要重视当地的文化与传统，尽量融入当地社会。越来越多的中国企业认识到这一点，他们努力去了解东道国的风俗习惯、思维方式和行事规则等，重视相互沟通，以获得外籍员工及当地政府和民众的理解和支持。如：

山东电力基本建设总公司在招聘当地员工的管理上，尽量尊重外籍员工的生活习惯，满足如尼日利亚人、印度人每天要定期祷告数次的要求。

在赞比亚，中国电建尊重员工的宗教信仰和文化习俗，如在外籍员工休假、薪酬以及其他待遇的设计中，充分考虑民族文化的差异性，进而制定出合适的管理制度，建立雇工档案，根据当地风土人情及法律规定，制定《当地雇员管理办法》。此外在日常生活工作中，准许员工穿戴有重要宗教意义的服饰、提供从事宗教敬拜场所如在项目内规划并有序搭建了祷告室等。

中石油企业经常征求外籍员工意见，尊重外籍员工的文化差异、宗教信仰和风俗习惯，关心外籍员工的工作和生活，增强外籍员工的归属感。

华为对国际客户的服务更是细心，在华为15.5万平方米的培训中心，一进门儿，就是一道用八种文字写着"欢迎"的玻璃墙。在华为总部有一处客户服务中心，有专为阿拉伯客户特设的伊斯兰祈祷室。

中国铝业公司在澳大利亚奥鲁昆项目推进过程中，始终将与当地原居民进行沟通放在重要位置，尊重原居民的文化，并在协议起草过程中充分考虑土著人的利益，承诺为原居民社区的发展做出贡献，包括支持原居民文化基金、建设矿区联合办公室等。在奥鲁昆项目的整个开发过程中，将为原居民社区提供持续支持。

华源泰国公司在与泰国员工的交流中，始终注意保持文化的敏感性。"泰国人自尊心强，华源泰国公司提倡中方管理人员与当地员工多交流，推行人性化管理，要求中方管理人员不能大声批评工人、指挥工人，不能让对方的人格受到损害。根据泰国员工热爱工余活动的特点，公司经常组织职工开展舞会、卡拉OK、足球赛、腾球赛等活动。公司领导则经常参加工人婚礼，看望伤病人员，在他们工作有成绩的时候，进行公开表扬，等等。对于违反纪律应该除名的工人，一般也采用让他自己辞职的方式，给员工留些情面。"[1]

华电科工将宗教因素考虑到巴厘岛设计建设中，在厂区内专门建立了供穆斯林和印度教员工祷告的清真寺和神庙，充分尊重当地的宗教信仰。在"开斋节""宰牲节"等重要宗教节日，向当地员工和村民发放节日奖金和慰问品，努力促进不同文化背景、宗教信仰、生活习惯的员工和谐共处共同发展。

二、进行跨文化学习与培训

为了加强员工对不同文化传统的反应和适应能力，促进不同文化背景下的人与人之间的沟通和理解，很多中国企业都要对员工进行跨文化培训，帮助他们掌握在不同文化环境中工作和生活的知识和技能。

华为目前在全球建立了100多个分支机构，华为在国际化的同时也致力于在全球经营的本地化。华为向当地员工开放管理岗位，使公司在全球形成一个多元化的管理团队，组织各种活动推行跨文化理解，提高团队凝聚力。华为大学注重引进业界最新的跨文化管理理论知识，同时注意结合华为实际及自身经历，组织提炼、开发、优化华为大学的跨文化管理系列课程，根据华为公司管理者及高层客户的培训需求，进行相关跨文化管理培训。

海尔在招聘美国新员工时，为了防止美国文化与海尔文化之间产生激烈的冲突，一般要进行40个小时的培训过程。在此过程中，对新员工进行公司文化、价值理念熏陶，只有认同并接受海尔价值观的员工才能被录用。

中石油在苏丹运作油气项目多年，在跨文化培训上，坚持方式灵活、全员参与、共同培训的原则，取得了良好的成效。他们通过情景模拟、游戏体验、案例分析、小组讨论等生动活泼的授课方式，让中苏双方员工一道参加跨文化和团队建设培训，加深了双方员工的沟通和理解，增强了团队的凝聚力。

中石油有的海外项目还选派外籍员工到中国接受中国文化教育、参观中国石油总部及中国石油博物馆，这既是一种非常好的了解中国文化的方式，也是一种企业文化熏陶过程。不仅可以提高资源国当地员工作为中国石油员工的骄傲感和对企业的忠诚

---

[1] 资料来源：杜淑明，"华源泰国公司：跨文化管理"，《企业文明》，2006年第9期。

度，并将对其身边的员工产生连锁的积极影响。

三、强化当地员工对企业文化的认同感

在跨文化沟通中，由于彼此属于不同的文化，如果缺乏认同感，就不能正确理解和评价他人的价值观。因此，跨国企业要加强共同企业文化的建设。

中远集团，因为其员工组成、责任分工和文化背景的复杂性和特殊性，企业文化建设成为其企业发展的重要组成部分。中远美洲公司文化建设理念的一个重要目的就是要通过沟通中西文化的精华，弥合中西文化差异，构筑员工共同意识，建设和谐的团队精神和团队工作氛围，培养和提高人才素质。美洲公司编辑了《礼仪手册》和《生活手册》，对中方员工进行跨文化培训。通过优化企业内部交流渠道，组织每年两次的公司全体员工参加的大型活动，密切员工关系，评选优秀员工，组织"洋劳模"到国内参观等各项有效措施，搞好企业文化建设，把风险控制上升到企业文化的层面来进行管理。

又如，2005年10月，中石油收购了哈萨克斯坦PK石油公司。接手之初，PK公司有4132名员工来源国家、民族、教育背景、地域不同，员工们在语言、宗教信仰、生活饮食等方面也存在很多差异。为确保PK公司顺利交接和成功运营，中石油积极倡导"相互欣赏、享受工作"的理念，促进不同文化快速融合，强化员工对企业的归属感、荣誉感和忠诚度。

四、采用符合东道国特点的激励制度

在新的文化背景下，如何获得并保持海外员工队伍稳定，如何激励海外员工提高积极性等，是中国企业海外经营迫切需要解决的现实问题。在这方面，华源和胜利油田公司在海外的做法给我们提供了很好的经验借鉴。

华源公司在泰国的满勤奖制度。在泰国，员工可以随意休假。华源公司为了鼓励工人出勤，实行满勤奖制度。满勤奖就是工人在一个考核月内，没有一天缺勤，就给予一定的奖励。满勤奖是累进制，规定第一个月满勤和第二个月满勤，每月奖励200铢；第三、四个月继续满勤，每月奖250铢；以此累推，第十一、第十二个月继续满勤，奖励500铢；全年满勤，再奖励1000铢。中间如果有一个月有缺，就再从第一个月重新开始计算。之所以设置满勤奖，也是考虑到泰国特殊的文化背景，泰国工人追求享受，每次发工资后都有很多人不来上班，一直要把钱花光再来上班。这样就严重

影响到出勤率，不利于工厂的持续生产。①

　　胜利油田在伊朗的累加激励制度。发达地区与落后地区的时间观念差异较大，在不同地区施工，应充分估计这方面的差异，采灵活的管理方法和激励制度保证工程的按期完成。以胜利油田在伊朗的一个施工项目为例。按中国人的工作效率，一人一天挖 8 个坑是没有任何问题的，然而，当地民工每天只挖一个坑就收工了。如果按这种进度，中方将面临工程超期的高额罚款。为此，该项目负责人采取了一个有效的激励办法：一天挖一个坑 5 美元，一天挖两个坑，第二个就是 10 美元，一天挖 3 个，第三个 15 美元，以此类推。办法实施的第一天，将现金带到工地，完成了就发放。结果，每天能挖 8 个坑的人加班加点也要挖完 9 个，大大加快了施工进度。②

五、经营管理全方位本土化

　　本土化是实现企业国际化的必由之路。一个真正的跨国企业，包括人员国际化、生产国际化、销售国际化和研发国际化。只有雇佣当地劳工，使用当地资源，了解当地法律和文化，建立了自主的生产、销售或研发中心，在东道国扎根、生长，实现了全面的本土化，才能真正走向国际，成为国际化的跨国企业。可以说，国际化与本土化是一个事物的两个方面，是结果与过程的关系，两者密不可分。

　　中国企业在进入当地市场时，由于自身品牌在东道国的知名度不够，同时又是外资企业，常常会受到当地政府和消费者的抵触。如果能够实行人员、企业文化、物料、营销等本土化，在公众中树立本地企业的形象，中国企业往往会得到较多的认同和欢迎。如，海尔公司在美国成立制造中心时，由于大力推行本土化，当地州政府和居民都报以一种欢迎和认同的态度，南卡罗来纳州政府还以"海尔"来命名一条新建公路。可见，本土化对于树立当地企业形象至关重要。

　　同时，也只有实现经营管理的本土化，才能想当地市场之所想，急当地消费者之所急，真正贴近当地市场，因地制宜地制定与当地其他企业竞争合作的战略。万向集团在美国的销售中心就充分做到了经营管理本土化，该中心除了一名董事长是中国人以外，其余人员全是在美国相关企业有过多年工作经验的美国人，企业的运营方式完全采用美国同行业的通行做法，使得万向集团在经营管理上胜人一筹。

　　中远集团在"走出去"中实施"以夷制夷"策略，坚持海外高级管理人员本土

---

① 杜淑明，"华源泰国公司：跨文化管理"《企业文明》，2006 年第 9 期。
② 陈剑光，伍竞艳，"走出国门的石油企业如何实现跨文化管理"，国际石油经济，2005 年 7 月。

化的方针，最大限度地发挥当地人员在开拓当地市场中的作用。目前，中远有4200多名海外员工中，国内外派人员不到10%，不少当地员工还被聘为常务副总经理甚至总经理。海外公司员工不管来自哪里，不论什么肤色，中远一直倡导"只要进了中远门，就是中远人"的理念，坚持以人性化进行跨文化管理，建立和谐的人际关系，营造健康向上的企业氛围。中远海外企业每年都会评选"洋劳模"，对他们的事迹进行宣传，组织他们到中国参观，增强海外员工对中远的认同感和归属感。对于国内外派员工，中远积极推行海外员工的属地化管理，特别是海外员工的属地化和市场化，如对海外上市公司高管的股权激励，对国内外派人员实行属地化工资等，这也大大激发了海外员工的工作积极性。

六、学习和借鉴世界一流企业管理经验

中国企业要成为有竞争力的跨国公司，要善于向优秀跨国公司学习。如，中远在"走出去"运作中，首先向国际一流企业看齐，与一流企业对标。通过对标，在各个环节中看到不足和存在的问题；通过总结经验，不断走向成功。中远成功引入了六个西格码管理、精益管理和系统集成等先进经营理论和管理方法，并结合企业特点和现实要求，广泛运用于企业生产、经营和管理的各个环节，持续改进，自主创新，取得了良好的效果。

华为也经历了长期的国际化管理改造过程。华为总裁任正非认为，虽然华为在国内外市场上取得了成功，技术上也具备了与世界第一阵营通信设备商竞争的优势，但华为还不是一家真正的跨国公司，更谈不上世界级企业。与前面两者相比，华为最大的劣势是管理制度。"华为……还不习惯于职业化、表格化、模板化、规范化的管理。重复劳动、重叠的管理还十分多，这就是效率不高的根源。"

所以，从1990年代中期开始，华为就开始运用压强原则，投入巨资对企业进行国际化管理的改造。一开始，华为在管理改进和学习西方先进管理方面采取了"削足适履"，对系统"先僵化，后优化，再固化"的变革方针。

1996年，美国HAY咨询公司香港分公司任职资格评价体系第一个进驻华为。在HAY的帮助下，华为建立了职位体系、薪酬体系、任职资格体系、绩效管理体系及员工素质模型等重要的人力资源管理制度。

1997年年底，任正非先后访问了美国休斯公司、IBM公司、贝尔实验室和惠普公司。任正非将华为与IBM做对比，受到了极大的触动。华为每年将销售额的10%投

入产品开发，但是研发费用浪费比例和产品开发周期却是业界最佳水平的两倍以上，人均效益只有 IBM 的 1/6。

1998 年，华为斥巨资引进 IBM 的 ISG 等集成供应链和产品开发的相应软件，并聘请德国国家研究院的质量管理顾问，普华永道的财务顾问和 KPMG 进行严格审计，以建立"以流程型和时效型为主导"的国际先进企业管理体系。

2000 年，华为请 IBM 为其 IPD（集成产品开发）提供咨询服务，坚决打破部门分割的管理模式，加快向以业务流程为核心的管理模式转变。仅此一项华为付给 IBM 的咨询费达到了数千万美元。据华为内部人士回忆，出现在华为公司的 IBM 顾问，最多时有上百位。[①]

业内人士指出，华为器具层面和制度层面的学习都非常到位，现在正在精神与文化层面攻坚。华为是一个有很强的"自我意识"和原创能力的企业，长远而言，他们的问题应该不会太大。

七、政府积极引导和支持

中国企业要更好地"走出去"，需要跨文化的理论指导。为减少中资企业在海外遭遇各种跨文化挫折和风险，近年来中国政府有关部门在转变职能的同时，组织企业界和学术界关注跨文化管理问题的研究，总结和借鉴中外跨国公司的经验，形成指导中国企业跨国经营的可操作的研究成果。例如，2009 年商务部牵头组织有关专家编制和发布了《对外投资合作国别（地区）指南》（以下简称《指南》），这是商务部作为国家对外投资主管部门，主动为社会公开提供的一项重要公共服务产品，每年更新。2017 年版《指南》覆盖了中国企业对外直接投资、对外承包工程、对外劳务合作的172 个主要市场，全面介绍了投资合作目的国（地区）的基本情况、经济形势、政策法规、投资机遇和风险等内容，是帮助国内企业规范稳健"走出去"，更好防范和化解对外投资风险的一本"百科全书"。

为鼓励和支持中国企业更好地适应实施"走出去"战略面临的新形势，内凝核心价值、外塑良好形象，在实施互利共赢开放战略和建设和谐世界中发挥更大作用，实现中国企业在境外的健康可持续发展，2012 年 4 月，商务部、中央外宣办、外交部、发展改革委、国资委、预防腐败局六个部委局和全国工商联联合下发了《中国境外企

① 李超，崔海燕，"华为国际化调查报告"，《IT 时代周刊》，2004 年 10 月 10 日。

业文化建设若干意见》（以下简称《意见》）。这是中国发布的第一份有关中国境外企业文化建设的工作指导文件。《意见》分总体要求、基本内容和实施保障三大部分，共17条，重点阐明了中国境外企业文化建设的九大内容：一是树立使命意识，坚持和平发展、互利共赢的主旋律和价值观，展示中国企业的历史文化底蕴；二是坚持合法合规，做到依法求生存、依法求发展；三是强化道德规范，将道德感、伦理观渗透到企业经营和管理的全过程；四是恪守诚信经营，将诚信融入企业精神和行为规范之中；五是履行社会责任，造福当地社会和人民，树立中国企业负责任的形象；六是加强与当地融合，将企业经营管理与当地社会发展结合起来；七是加强风险规避，有效防范国际化经营中的各种风险；八是严抓质量考核，把质量当成创业之本、立企之基；九是创新经营特色，将企业文化与企业经营管理紧密融合。《意见》从起草到发布历时一年多，其间，经过了专家论证、企业讨论、征求行业协会意见和各部门协商等论证过程，对中国境外企业既植根于深厚的民族历史文化土壤，又加强建设面向现代化、面向世界、面向未来的企业文化，与驻在国（地区）加强文化交流与融合、做好文化适应与创新，以及境外企业自身建设，全面培育企业素质、提高竞争力具有重要和深远的指导意义。

第二节　跨文化管理仍面临艰巨挑战

现在，越来越多的中国企业开始走出国门，寻求到海外发展，这是中国改革开放、经济发展、国民富足的必然。然而，中国企业在国际上的低端地位、普遍缺乏国际化运作经验、准备不足、信息不畅及文化差异等因素，使中国企业在"走出去"的过程中很难做到得心应手地参与国际市场竞争，极大地阻碍了中国企业跨国经营的进程。跨国企业面临的不仅是企业层面的文化差异及冲突，还包括国家文化的差异及冲突，等等。

一、中国弱势企业文化海外认同度低

企业文化的形成，受制于不同时代条件下的社会大文化环境。中国虽有几千年的悠久历史，但改革开放只有40年，市场经济是在长期封闭、保守和落后的历史基础上开启的，国际商业文化积淀相对较少，难以适应市场经济发展阶段和时代特征要求。目前，中国企业文化总体上看还是一种弱势文化，海外认同度低（这种文化认同

惯性又不断加深海外对中国企业的怀疑和偏见）。主要体现在以下几方面：

（一）现代经营管理理念相对不足

目前，很多中国企业拥有比较充足的资金，还拥有低生产成本这一巨大竞争优势。因此，中国很多企业对固定资产等有形要素比较看重。但却缺乏应有的文化底蕴和现代经营理念，忽视企业的经营战略研究，也缺乏管理国际品牌和经销渠道的经验，以及在市场细分、供应链管理和市场售后服务等方面应有的技能。因此，在全球化时代，中国企业文化呈现弱势特征。

对于迈出跨国并购步伐的中国企业而言，虽然在资本方面处于强势地位，但在市场意识、管理规范上有所欠缺，商业文化相对不成熟。从现实背景来看，许多国家的被并购企业对中国企业文化的认同度较低。

从世界跨国并购史上看，大多数跨国并购是发达国家企业并购发达国家企业或欠发达国家企业，并购方通常具有成熟的市场制度和市场意识以及健全的管理制度和管理意识，是成熟的、充分的商业文化向不成熟的、不充分的商业文化领域的扩张。

（二）现代商业精神普遍缺失

作为在长期的商品交换活动中形成并得以升华的商业精神，是商品交换活动中人的意志和利益的体现，是商业的理念、宗旨、目标、价值观和总体精神风貌的综合反映。良好的商业精神是促进企业积极向上、不断发展的重要精神支柱。

西方商业精神是在基督教新教伦理的浸透下，经过数百年的发展而逐步形成的，包括创业精神、诚信精神、公平竞争精神、商业服务精神、创新精神等，形成了较为成熟的商业文化，孕育了一大批具有悠久历史的、其实力足可影响国家命运甚至全球经济的世界级百年常青企业，在全社会形成了大量具有旺盛创造力的中小型企业群。

而中国，虽然经过40年的改革开放，取得了令人瞩目的经济成就，但在推动力方面，缺少一种真正堪称经典的商业精神作为强有力的支撑。中国商业文化的形成因素中，相对缺少如契约、公平、独立、高效、规则、秩序、合作、开放、创新等现代商业精神，价格战、不合作、失血竞争等原始竞争观与生存哲学危害极大。因此，如何进一步提升我们的商业精神，培养出更具凝聚力、活力和竞争力的商业精神，是增强我们商业竞争力的重要举措。培育具有中国特色的商业精神，对于振兴民族商业，推动中国市场经济的健康发展有着重大的理论和实践意义。

（三）中国企业在海外仍然是低端形象

低成本、低价格、低效率、低质量，似乎就是中国企业在海外的形象。在欧美发达国家，"中国制造"是低附加值、廉价商品的代名词，是中国企业依靠低成本定牌生产合作（OEM）的。这样的偏见和印象，给中国企业的海外投资、并购整合带来很大的困难和阻力。被并购企业普通员工担心自己的就业，管理人员担心自己的职位，投资者担心自己的回报，整合的难度大幅增加。如联想集团，在成功收购美国 IBM 的 PC 业务后，一些原来使用 IBM 电脑的客户流失了不少，因为他们心里不太认同中国企业的产品质量和企业文化。

二、跨文化管理经验和准备严重不足

中国企业海外投资和并购尚处于初步探索阶段，跨文化管理面临诸多问题：大多数企业对跨文化的差异和冲突还体会不深；对于跨文化企业管理还显得陌生；对于跨文化管理中对待文化差异的方法论还知之甚少；对文化整合的必要性、整合根据、整合模式等问题还思考不多；全球化的视野、本土化的策略思考还不深入；等等。

（一）跨文化管理意识不足

许多中国企业在跨国经营管理过程中，只重视战略和财务因素，忽视企业国际化以后文化不兼容的影响。例如，一些中国企业在跨国并购实践中，管理层往往只关注并购交易本身，他们会仔细地调查目标企业的资产组合、经营状况、技术水平、管理水平等，考虑更多的是技术、价格、产权以及权力的分配等有形资源的组合，而"文化"这一软性资产却很少被列入考虑的范围。有专家通过对中国 50 家国际化大企业跨国经营进行调查，调查结果的其中一项表明：中国企业对经营海外业务人才的培养不够重视，受访的企业认为东道国语言和文化是海外经营区位选择中最次要的因素。[①]他们觉得文化和外国市场的知识不是很重要，只要其产品好，什么地方都能卖，这种认识一般发生在企业国际化的初始阶段。还有一些企业认为，只要有严格的纪律和严密的制度，国外经营生产过程就能顺利进行。这表明，许多企业的管理者没有认识到，制度只是外在约束，而文化才是内在影响。

（二）缺乏对当地文化的研究和认同

中资企业普遍缺少对当地宗教、文化和风俗的研究，很多管理人员不会说当地的语言，无法沟通，对外交往局限于华人社会小圈子，无法进入当地主流社会。更有甚者，轻视他国文化。如，一些中国商人在欧洲不符合当地风俗，招惹当地人侧目或违

---

① 王辉耀，《海归时代》，央编译出版社 2005 出版。

法经营的事件也时有发生。此外，因文化、宗教、生活习惯等方面的差异，一些中资公司也不愿雇佣本地员工，由此也难以得到当地民众的认同和接受。

（三）缺乏交流沟通，难以融入当地主流社会

据《华尔街日报》报道，一些中国企业在南美洲，将中国工人与同样封闭的当地居民隔离开，理由是因为他们没有能力与当地商家和服务企业进行沟通和交流。中国人崇奉的守纪和勤俭美德，在当地社团看来则是傲慢和吝啬。一些中国企业在当地工人提出各种要求时显得不知所措。又如，一些温州移民在异域始终处于一种"少数族群"，他们无法进入当地主流社会，也不愿意主动进入，即使在做生意的时候，也是派其中一两个能够与当地人沟通的人负责商谈各种订单等，其他人只在温州人的圈子里面生活。许多日本公司在刚开始投资海外时也曾以封闭著称，但他们很快就学会以有效的交易占领市场，保护这些企业并为其寻找海外投资市场。[1]

（四）跨文化管理人才缺乏

中国企业缺乏跨文化管理的人才，尤其是全球化的经营人才，已经成为影响中国企业全球化经营的瓶颈。中国企业跨国发展成立国外分公司时，经常陷入这样的困境：派一个人过去，跟总部的沟通很好，但是对本地的业务理解不够，业绩达不到效果；本地人可以把业务搞好，但与总部沟通不好或对总部战略不了解。如联想集团，其管理基础和人才储备在国内绝对一流，但是到了全球市场则显得捉襟见肘，不得已从戴尔等跨国公司不惜血本招募大批高级管理人才。但是，整合这些人才需要时间，让这些人才在联想的体系中发挥出作用更需要时间。又如，中国式管理使 TCL 陷入国际化迷局，首先就表现在国际人才管理方面。过去，TCL 以为中国优秀公司与世界一流公司的整体实力，主要差在技术和规模等外在因素上，但现在已经清楚地认识到，TCL 与世界一流企业最大的差距是"人"的差距，特别是管理团队的差距。从人的培养周期来看，中国企业成为世界级公司还要等待较长一段时间。

（五）公关和传播能力较弱

企业的声誉，是企业的无形资产，企业成长的基石。有专家曾经把企业整个发展过程比喻成一棵大树，浮在地面上的就是企业资产，包括财务业绩、顾客收益、商业发展；埋在地下看不到的就是无形资产，包括企业文化、人力资源和与利益相关者的

---

[1] "中国企业在拉丁美洲面对文化壁垒"，2005 年 1 月，驻厄瓜多尔经商参处子站。

公共关系。中国有一句老话叫"根深叶茂"，只有对无形资产的投入，建立了良好的企业声誉，企业有形资产和业绩才有可能发展得更好。他这个树的比喻还有另外一个意义，就是你的无形资产是看不到的，所以，一定要有一套非常有效的公关手段来宣传你的无形资产，提升整个企业的声誉，提升无形资产的价值。

中国企业在海外的公关和传播能力方面总体较弱。有专家指出，中国企业在进行海外收购的过程中，对媒体通常采用比较低调甚至是沉默的做法，对公众沉默、口风过紧，是一些中国企业在海外并购失利的一个重要原因。如果中国企业能在竞购中让欧美的消费者和投资者充分了解中国的投资意愿，结果也许会完全相反。因为，西方很多非政府组织（NGO）实际上对中国企业的运作是非常关注的，如劳工待遇、环保等企业社会责任。如果一些负面新闻或消息在西方渲染，会影响到对中国产品、中国企业的看法，进而影响西方公司与中国企业的谈判以及战略联盟，或者投资人对中国企业的看法。这样的结果，可能会影响到西方的政策层面，而且有一些新的贸易保护主义抬头。

在这方面，中国企业可以学习和借鉴跨国公司的一些做法，如在企业内部成立专门的公关部（包括政府公关和媒体公关），建立一整套公关机制和比较完整的公关策略，做得更加到位，更加有效。

三、中国文化海外影响力较弱

让世界了解中国，有助于中国企业在海外赢得更多认同和机会。

中国作为文明古国，对世界文明发展有过巨大贡献和影响，但作为当今世界经济大国，当代中国文化尚未形成与之相应的文化影响。例如，在文化产品的交流中，中国一直是"入多出少"。目前，世界企业文化由欧美文化主导。美国对外输出版权数量是绝对的"老大"。中国每年从美国进口的版权产品数以千计，长期处于"文化赤字"状态。一个正在崛起的经济巨人，其文化影响力似乎显得很薄弱。

此外，目前，真正走出国门的中国企业仍然为数不多，很多国家和地区对中国缺乏了解。很多外籍员工也是第一次来中国企业任职，对中国企业的文化和管理模式感到陌生，他们要适应环境得有一个过程。

因此，中国在增强经济实力的同时，更应重视文化"软实力"的提升。中国改革开放时间相对比较短，中国企业进入世界舞台，尚处于起步阶段。随着中国本身的文化创新能力、生产力逐渐增强，中国企业将越来越多地被世界各国认知和接受。

四、跨国经营还需在文化上"过五关"

中国企业走向海外，面临的是一条艰难之路，除物质资源外，还要克服一系列文化冲突问题。实际上，个人和企业是无法也不能去改变当地文化的，只能去适应和融入。解决文化冲突的根本途径是克服自身存在的文化差异。中国企业文化理论、实战专家王骥先生认为，中国企业跨国经营在文化上要过"五关"，即法律关、语言关、宗教关、伦理关、习俗关。[①]

（一）法律关

这里指"法律意识淡薄"。中国文化习惯于回避从法律上考虑问题，而是着重于从人伦情谊上考虑问题。一些中国企业去海外发展时，缺乏对海外法律的了解，甚至一无所知。在国外遇到问题时，或退避，或企图花钱买平安。现实中，这种现象常常存在：一些中国企业去海外发展，完成大笔的市场投入还没有获得销售利润时，对手突然发起专利诉讼，逼迫中国企业接受专利费要求。由于中国企业对其法律环境缺乏研究，往往不知如何应对。因此，中国企业在跨出国门前，应聘请当地律师进行相关咨询，避免因贸然行动造成损失。

（二）语言关

这里指"母语思维"。一个人可能会讲多种语言，但影响一个人认知能力和思维方式的是母语。两个不同母语的人，即使使用一种共同语言交流，其效果和相同母语的人交流也不同。两人之间可以会话，但难以进行深层思想交流和意识交流。这是中方管理人员不能有效管理本地员工的重要原因，是海外中资企业的通病。

韩国一些大企业的做法值得借鉴。他们在准备开拓一个新市场前，先派出一些有语言才能的人到所在地学习生活几年，目的就是尽量弥补语言造成的思维隔阂。另一个办法是海外招聘移民子弟到国内工作一段时间后，再回到国外配合外派高管工作。

（三）宗教关

这里指宗教信仰问题。共同的信仰是人们彼此间建立诚信的重要条件。按照对神的认识，世界上分为有神论者和无神论者，世界上无神论者主要集中在中国，虽然宪法规定了中国是一个宗教信仰自由的国家，但目前多数中国人是无神论者。而在海外市场，几乎都是有神论的世界。在大多数国家，无神论者通常不会遭受道德的谴责或

① 王骥，"企业海外发展面临的跨文化冲突及解决之道"，中国管理传播网，2007年6月4日。

法律的制裁，但在某些政教合一的宗教国家，这种谴责或制裁仍然存在。因此，在海外要注意尊重东道国的宗教信仰。王骥先生建议，在海外企业的办公室和会客区或装饰或悬挂一些传统道德警句，摆放一些宣传中国传统文化的《论语》《道德经》等赠书都是一些很好的选择。

（四）伦理关

这里指"价值差异"。中资海外企业在经营中遇到的很多问题都可以归为伦理问题。例如，企业文化中的一些口号化、政治性、民族主义的内容，海外本地员工就难以接受。中国的纺织品、玩具、家具、鞋帽在西方遭到贸易制裁，伦理旗号首当其冲。

中资企业在海外遇到的伦理问题会很复杂，但往往国内的业务主管机构不能深刻地认识这些问题，在伦理问题上不能理解或支持海外管理人员，这是很多中资企业失败的根源。

中国企业进军海外，如何克服伦理关？一个有效的方法是"普适筑底、文化交流"。企业要以人类共同的普适伦理道德作为自己的企业文化，这样便于企业无论是国内还是海外，都遵循和保持一致的价值观念。同时，企业要主动开展文化交流活动，主动宣传中国人的社会伦理价值，用中国悠久深厚的民族文化来吸引外国人理解、认同。例如，中远在意大利的购买了一个码头，开始码头工人的管理总有问题。当员工们知道新老板是有坚定信仰的共产党员后，竟然自动解散了工会，因为他们认为共产党是代表工人利益的政党，共产党员做老板，工会自然就没用了。

（五）习俗关

这里指对传统风俗习惯的漠视与偏见。习俗也是一个比伦理更宽泛的文化问题。习俗问题需要深入研究，要请本地专家反复讨论。如数字，颜色、包装形式、文字、比喻的禁忌等，要特别注意。习俗关的问题应该比较好解决，即"以夷治夷"。通过积极采纳本地员工的建议，就可以避免出现失误。

【专栏 3-1】

中国企业跨国经营遭遇文化冲突三个事例

解决跨文化融合这一难题，几乎是所有参与海外直接投资的中国企业无法回避的。如何将自己融入到当地社会和文化中去,众多国际化经营的"先行者"都遇到了类似的挑战。

一、华立集团直面美国文化冲击

2001 年,华立集团收购了飞利浦在美国 CDMA 研发中心,并由一名美国人负责 CDMA 核心技术的研发。为了表示对其工作的重视,按中国人的习惯,董事长每隔两天就给他发一封电子邮件,询问工作进展。但没过 10 天,该员工就提交了辞职报告。董事长对此大惑不解:"我如此关心你,你为什么还提出辞职?"该员工却说:"你每隔两天就发邮件给我,这说明你对我不信任;如果信任我,我会按时完成任务;如有问题,我自然会向你报告。"经再三解释,才消除了误会。此后,这位董事长不再发邮件,这位员工定期向他做汇报。[①]

二、中集集团在欧美的多元文化团队

有趣的是,中集集团北美项目位于美国中部的一个人口仅1800人的小镇,该小镇竟然没有超市,却有 4 个教堂,4 个基督教派。又如中集集团欧洲位于比利时的工厂,当地居民主要说法语,车间技术工人却主要使用德语,而管理和销售人员却以荷兰语和英语为主。就这样,中集集团面对的是复杂的文化困境:一个公司有 4 个教派,而另一个公司却需要 4 种语言。

三、TCL 海外并购遭遇文化挑战

2004 年 1 月,TCL 宣布收购法国汤姆逊公司彩电业务,事隔三个月,TCL 集团又宣布并购法国阿尔卡特全球手机部门,持有阿尔卡特的全球移动电话业务。有人曾称赞这是中国公司在全球崛起的一个里程碑。但是,TCL创建全世界最大电视机生产商的理想还没来得及实现,并购产生巨大亏损就汹涌而至。整合效应并没有发挥,企业还是按原来的习惯运作,TCL 基本处于失控状态。这一系列短时间内的国际化运作,对 TCL 最大的挑战无疑是对

---

① 唐荣明,"中国企业全球领导力的五大缺失",http://tech.sina.com.cn/roll/2007-09-28。

来自不同国度的员工的管理。李东生也坦言，"来自不同国家的员工，讲不同的语言，有不同的文化背景，如何融合，我们根本没有预先演练过，这是带给 TCL 的一个全新课题。"李东生不得不承认全球性的企业文化整合"对双方企业及员工的影响是很大的"。可以这么说，跨文化管理是 TCL 未来相当一段时间内的一大挑战。

第三节　跨文化管理能力需进一步提升

跨文化管理是指涉及不同文化背景的人、物、事的管理。跨文化管理要求管理者改变传统的单元文化的管理观念，把管理重心转向企业多元文化的把握和文化差异的认识上，提出适合于企业的各种文化管理创新手段，取得多元文化的协同效果，以克服文化差异带来的困难，充分发挥多元文化和文化差异所具有的潜能和优势。对于已经登上国际舞台的中国企业来讲，我们究竟应该如何正确地面对跨文化冲突，如何妥善地处理跨文化冲突呢？

一、加快实施文化"走出去"战略

中华文化源远流长、博大精深，是中华民族的强大精神支撑，也是人类文明的瑰宝。中国崛起不仅表现在经济、军事和技术上，文化"软实力"的提升也非常重要，要大力推进文化创新、全面提升中国文化的整体实力和国际影响力。那么，中华文化如何更好地走出去？国际文化交流交融交锋主要是在文化市场上，因此一个关键性的转变就是，不再把文化"走出去"仅仅局限在对外宣传和友好交流的框架内，而是遵循国际规则，按照市场法则培育名牌企业、名牌产品、名牌工程，进行文化产品的国际贸易与投资，在竞争中占领国际市场，既满足企业开拓国际文化市场的需要，也提高中国文化的国际知名度和认可度，在国际文化竞争中争取主动。有鉴于此，我们在进行中华文化的国际传播时，应当着重处理好以下几个问题：

（一）内容选择要双向思考

"知彼知己，百战不殆。"在推动中华文化"走出去"战略实施过程中，我们不仅要从自己的角度来选择内容，以之传播某种理念、表达某种声音，同时要深入了解目标受众，充分考虑国外受众的欣赏习惯、审美情趣和消费心理，有的放矢、因势利导，才能引起受众的共鸣和互动，取得事半功倍的效果。

（二）表达方式要讲究艺术

中国故事精彩纷呈，但怎样才能有效传达给世界？如果简单直接灌输，甚至贴上理念标签，容易遭到受众的拒绝。明智之举是，把观点巧妙隐藏在"有意味的"情节和故事中，如《舌尖上的中国》通过生动地讲述而非直白地宣讲，将中国故事讲得引人入胜、耐人寻味。当受众对介绍的内容产生兴趣时，有效的沟通就开始了。[①]

（三）表现手法和传播方式善于借助新媒体技术

除文化内涵外，文化产品在技术表现手法上，要与国际市场接轨，让文化产业与高新技术相结合。例如，中国首部长篇 3D 武侠动画《秦时明月》系列产品，从最初的系列动画连续剧衍生出 CG 电影、电子游戏产品、小说、漫画、真人电视剧等上下游产品，将中国传统文化与动漫数字技术结合，动画产品通过细致的手绘与精准的动作捕捉完成的画面、震撼的卡通渲染技术与中国古典式音乐的完美造势，使整个作品充满了中国武侠精神与诸子百家之风流。从 2007 年"秦时明月"动画产品面世以来，其新媒体点击数突破 20 亿次，被翻译成 7 种语言版本进行海外销售，发行至美国、加拿大、法国等 37 个国家和地区，囊括亚洲电视节 3D 最佳推荐影片奖（2012）、美国 AUTODESK 最佳作品（2010）、法国夏纳电视节亚洲展映会最佳作品（2011）等奖项，并在北美建立了负责当地业务的玄机官网，堪称中国最具影响力的原创动画品牌之一。[②]

（四）充分发挥市场的力量

从国外文化传播经验看，文化对其他国家的影响是靠市场的力量实现的，而且主要是通过市场主体实现的，如美国的时代华纳、新闻集团、好莱坞、百老汇、迪士尼等大型企业集团和企业集群。美国的大片、英国的图书、韩国的电视剧、日本的动画片等，之所以在中国有如此巨大的消费群和市场收益，就是他们通过文化产品的市场竞争，进入到中国的千家万户。外国没有文化宣传推广部门，就是通过文化产品市场消费这种产业方式搞文化，既能有收益，又能传播他们的文化。中国文化"走出去"可以借鉴国外发达地区文化输出经验，政府负责管理和扶持，鼓励自由经营、公平竞争，靠市场竞争制胜，尤其是通过版权贸易、实物出口、交流合作等方式进入国际市

---

① 杜学文，"2017 文话两会：努力提升中华文化国际影响力"光明网，http://news.cnr.cn/comment/latest/20170307/t20170307_523642886.shtml，2017-03-07。

② 刘瑾，"关于中国文化'走出去'的思考"，《光明日报》，2017 年 8 月 16 日。

场，发挥中华文化的影响力。

（五）拓展文化领域交流合作平台和机制

充分发挥政府的主导作用，鼓励社会力量积极参与，积极在其他国家搞好"文化中国"系列品牌活动，办好中国的春节、文化节、艺术节、书展等，把优质文化资源送到海外。借助已有的国际峰会、论坛、研讨会、博览会等文化交流和贸易平台，进一步增进文化认同、凝聚共识、深化合作。加强中国驻外机构对中国文化产品的宣传推介力度，大力宣扬中国优秀文化产品。建立与各国各地区的民间文化交流常态化机制，增强文化交流与传播。中国文化企业还可以选择资质、信誉良好的国外演出商合作经营，在合作中学习，在合作中运用，这是实现"走出去"的最直接、最有效的捷径。

（六）加强文化"走出去"战略理论和政策研究

从满足国内文化服务需求到文化"走出去"，必然面临很多困难和挑战。为此，需要广泛开展学术往来、人才交流、媒体合作等，拓宽视野，深入分析当今世界文化消费市场的总体趋势、消费习惯及文化特点，特别是汉语言文化圈国家和地区，欧、美、澳洲华人居住的主要城市，以及近年来与中国联系密切的各个国家和地区的市场导向，并根据不断变化的国际市场需求和环境，及时、准确地发布国际市场对文化产品和服务的最新需求报告或信息，以指导中国文化产业有针对性地实施"走出去"发展战略，制定出中国文化创意产业"走出去"战略的基本政策。①

二、增强跨文化和全球化意识

企业应该树立跨文化意识，要有全球视野。那种本土狭隘的民族观点，已经越来越遭到人类摈弃。企业文化的多元性、世界性要求跨越本土文化意识。

（一）尊重外国文化，消除种族优越心理

任何一种民族文化都是该民族在漫长的生产生活历史中形成和积淀下来，都有其存在的合理性和独特价值。跨国经营管理者要尊重当地的习惯和传统，不能对当地的人民抱有成见，不可轻易批评他们的生活方式，切忌带有种族优越感，认为本国文化最优秀、最文明、最正确，而其他民族文化则是低级的、劣等的，甚至野蛮的。这样不仅会降低了解和学习外国文化的兴趣和热情，导致沟通的完全失败，而且还会产生

---

① 刘瑾，"关于中国文化'走出去'的思考"，《光明日报》，2017 年 8 月 16 日。

对抗和敌意，造成混乱和冲突。

例如，"某中资企业的一位中方干部在管理当地司机的过程中不注意言行，让当地司机觉得受到了歧视，结果被一名当地司机持刀捅伤。需要强调的是，避免藐视、歧视当地员工，不只是对管理人员的要求，对每个普通的中方员工也必须加以强调。一些中方普通员工到了经济欠发达的国家，面对当地员工，产生了很强的优越感，甚至表现出来高人一等，没有管理权限也想指挥和管理当地员工，这样就很容易产生矛盾。"①

（二）改变自我参照准则，避免归因和评价错误

不同文化背景中的人们，由于自己所受的文化教育和文化熏染以及实践的经验积累，各自形成了一套比较固定的评价事物的标准，以及相应地对事物做出反应的方式。在跨文化经营管理与交流中，人们往往自觉或不自觉地以自身的文化价值和标准，去解释和判断其他文化环境中的群体的倾向，认为：类似我们文化的行为是正常的、优秀的，而不同的则为不正常的、落后的。我们自己的文化成了一种参照系。这样容易产生错误的归因和评判。人们不自觉地参照本国的文化价值观念，乃是海外业务中产生的绝大多数问题的根源。人们必须要有一种虚心的态度，从异文化的历史和理念来理解、评价和看待异文化，要抱着超越种族的观念、信仰、感情和行为习惯的信念，切忌以母国文化尺度来度量东道国文化。

（三）避免对东道国文化进行简单评价

必须认识到东道国文化的复杂性。因为大多数国家内部都有不同的民族、不同的宗教群体、不同的社会阶层或种姓，不同的区域和城乡之间也存在差异。因此，东道国的文化无论从哪个角度看，都存在复杂的属性，仅根据某一局部或某一方面所得出的看法，往往存在错误，至少存在片面性。

任何人要想真正理解他人文化，必须首先了解自己的文化，即对自身文化的产生与演变、优点与缺点有一个透彻的理解。认识到自己文化的复杂性，也就容易对他国文化的复杂性有所认识。这种文化的自我意识，有助于我们对不同于自己的文化保持足够的敏感和警觉，并获得识别自己文化与他人文化间差异的参照系。

（四）区分高语境文化与低语境文化

根据人们之间的沟通是明示还是暗示，可以将整个文化区分为高语境的或低语境

---

① 赵红波，"对石油企业跨文化管理的实践感悟"，《北京石油管理干部学院》，2016 年 23 期。

的。O'Hara-Deveraux 和 Johansen（1994）根据他们的研究，对民族文化就语境不同进行了排序:①

在高语境文化中，大多数信息中的大部分意思，是包含在某种方式的含蓄或者在接受方的内在意会之中，而语言中的许多意义，要通过推理才能得以理解。外部的环境、形势和非语言因素，在创建和解释沟通方面很关键。揣摩字里行间的意思，捉摸话外音，都是高语境文化的产物。关注这些隐形细节，往往要消耗很多的心理能量。因此，生活在高语境文化中的人们常常感到疲倦。同时，高语境文化丰富而微妙，有很多的内涵，不易被外人深刻理解。因此，外来人不论生活多久，都难以产生融入的感觉。一般来说，亚洲语言和阿拉伯语言都属于高语境文化。在中国，人们追求的最高境界通常是"意会"，而不是"言传"。

相反，低语境文化中的人一般只关注明确编码的文字信息，因为基本上所有的意思都在文字里说明白了。低语境文化直白，不必花太多的脑筋去揣测言词后面的意思。在这个层面上，生活感觉也相对轻松容易一些。德国、瑞士、美国文化中的人喜欢用编码清晰的语言文字来明白地描述事物，陈述细致，不容作第二种猜想。欧美人将注意力集中于他所听到的，从已经说出来的东西中寻找其含义。因此，对欧美人来说，发出精确的文字信息是很重要的。

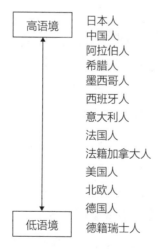

3－1　不同民族的文化语境

---

① 陈晓萍，《跨文化管理》，清华大学出版社 2005 年，第 125 页。

三、加强跨文化培训和外派人员选拔

总体而言，中国企业管理人员和员工，对于文化的基本理论知之甚少；对于跨文化企业管理的方法更是陌生。这种状况已经给企业的跨国经营或国际化经营带来了很大的困难，如不加以改变，将直接影响中国企业全球化的步伐。因此，跨文化管理培训是企业的一项紧迫而艰巨的任务。

（一）跨文化培训的主要内容和途径

企业跨文化教育与培训应包括三方面的对象：首先，针对本国人员外派任职的培训；其次，针对东道国人员的培训；最后，针对多元化文化团队的组织与训练。

跨文化培训的主要内容，应包括对文化的认识、对文化的敏感性训练、语言学习、跨文化沟通及冲突处理、地区环境模拟等。文化敏感性训练是为了加强员工对不同文化环境的反应和适应能力，通过简短演讲、现身说法、角色扮演、情景对话和实例分析等形式，可以有效地打破每位员工心中的文化障碍和角色束缚，更好地找出不同文化间的相同之处，加强每位员工对不同文化环境的适应性，加强不同文化间的协调与融合。

一般来说，培训的强度和方法，取决于外派人员在其任职中预期可能遇到的情况。一般说来任职时间长，文化差异大，工作的复杂性和责任大，需要与东道国雇员和下属、供应商、顾客、合资伙伴等进行深入交往的，可进行高强度培训，培训时数一般在160小时以上。任期短，异地文化相似，工作责任不大，无须与当地人进行广泛交流的，则只需低强度培训，培训时数在4~20小时。介于两者之间的则需要中等培训强度，一般为20~60小时。

培训的范围十分广泛。如社会和政治历史、地理环境、经济发展和文化习惯等。也可以是集中的人际体验训练，即个体通过角色扮演练习、模拟社会情景以及类似的体验来"感受"新文化的差异。参见图3-2。

培训的基本途径有两种：一是通过公司内部的培训部门及培训人员进行培训；二是利用外部培训机构，如大学、科研机构、咨询公司等。针对协调文化差异的培训，不少公司倾向于后一种选择。一是不涉及技术或商业秘密。二是如果公司规模较少，或是一次参加培训的人数不够多，采用这种方式还可以降低培训成本。

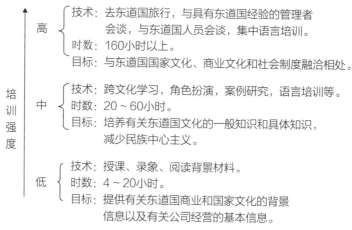

图3-2　确立跨文化培训强度的区域：方法、时数与目标①

（二）强化海外商务旅行和工作经历

经常与来自不同文化背景的同事、供应商、客户和其他业务伙伴开展日常接触，是发展跨文化能力的好办法。通过电话、电子邮件、传真、电视会议或面谈方式进行沟通，能大大提升跨文化适应能力，学会解决分歧和克服误解的方法。多文化团队协作，能够增强信任、相互理解，以及对不同文化成员的尊重。

在这方面，中国企业可向日韩企业学习。日本、韩国的企业常常把许多管理者派到国外，深入了解当地消费者的习惯和需求，弄清楚消费者到底想要什么的时候，无论这个产品产自何地，中国、日本或是马来西亚，都可以保证他们的产品是适销对路的。

（三）聘用合适的人员赴海外任职

一般企业在寻求海外职位候选人时，总是瞄准技术技能和专业能力最强的人员。其实，驻外人员面临的最大挑战不是工作本身，而是新文化背景给驻外人员全家带来的强烈的文化冲击。这种文化冲击和跨文化交往障碍，可以归结于不同文化在一般观念和价值观念上的差异，也妨碍着对对方行为做出客观的感知和理解。

调查表明，成功的驻外人员除了具有良好的工作能力外，还要有比较出色的语言能力、人际关系能力、压力管理技巧，有去海外工作的强烈愿望，对任职地的文化有较丰富的知识，行动的弹性大，适应能力强，思想开放。此外，还有其配偶对当地的适应性以及家庭的子女教育问题。一些国际人力资源专家已提出了外派任命

---

① 资料来源：Black, Gregersen, and Mendenhall 1992, 73; and Ronen 1989, 438.

的关键成功因素:① 工作因素、交际能力、国际动机、家庭状况及语言技巧。参见表3－1。

此外,人员的搭配处理也很需要技巧。中国经理人一般比较了解总部意图、对总部忠诚,容易执行董事会的意见,其缺点可能是,对当地市场和思维方式不够了解,语言问题。而当地经理人有语言优势,对市场更加熟悉,但对于总部意图的贯彻、与总部的沟通可能处于劣势。因此,培训和适应性的过渡安排很重要。如将当地人员送到中国一段时间,让其了解中国的文化。

表3－1 外派成功因素与选拔方法

关键性成功因素	选拔方法					
	面谈	标准化测试	评估中心	个人资料	工作样本	推荐
专业/技术技能						
● 技术技能	√	√		√	√	√
● 行政技能	√	√	√	√	√	
● 领导技能						
交际能力						
● 沟通能力	√		√			√
● 文化容忍度和移情能力	√	√	√			
● 对模棱两可的容忍度	√		√			
● 灵活适应新的行为和态度	√		√			√
● 强调适应能力	√		√			
国际动机						
● 接受外派职位的意愿程度	√			√		
● 对派遣区位文化的兴趣	√					
● 对国际任命的责任感	√					
● 与职业发展阶段吻合	√			√		√

资料来源:Adapted from Black, Gregersen, and Mendenhall 1992, 73; and Ronen 1989, 438.

---

① [美] 约翰 B. 库伦:《多国管理战略要径》,邱立成等译,机械工业出版社2000年版,第297页。

【专栏 3 - 2】

一位船长的跨文化沟通技巧与启示

文化背景的不同，使不同国家和民族的人，在总体上也体现出不同的文化性格，因而需要采用不同的沟通方式与管理模式。

有这样一个故事很能说明问题：

有一个多边贸易洽谈会正在一艘游船上进行，但船在航行时出了故障，必须让一部分人穿上救生衣先跳下去，以保证船不下沉。船长让大副去劝说谈判代表，可是没有一个人愿意往下跳。于是船长亲自出马，他根据不同人的文化背景，采用了不同的劝说方式。

他对英国人说："跳水是一种体育运动。"英国人热爱体育，听说后马上跳了下去。

他对法国人说："跳水是一种时尚，你没看见已经有人在跳吗？"法国人爱赶时尚，听说后立即跟着跳下。

他对德国人说："我是船长，现在跳水，这是命令！"德国人严守纪律，服从了命令。

他对意大利人说："在别的船遇险可以跳水，但在我的船上不许动！"意大利人多有逆反心理，说不让跳却偏要跳，随即跳下。

对非常现实的美国人，船长说："跳吧，反正有人寿保险，不亏！"美国人也跳了下去。

船长来到中国人跟前说："你家里还有80岁的老母亲，你不逃命对得起她老人家吗？"中国人想想也是，赶紧跳了下去。

船长的劝说取得了成功，游船返航，跳水的人上岸，一船的人都得救了。

四、给本企业的跨文化需求定位

对于走向世界的中国企业来说，既要掌握公司的原则性文化，又要根据不同的情景，做出适应本土具体情况的调整。最难的是在两者之间寻求平衡。

（一）识别文化差异的程度和类型

美国著名的国际营销专家菲利浦·科特勒（Philip Kotler）认为，跨国经营管理者应具备市场文化的两种知识：一种是明显的事实性知识，如不同的宗教信仰，不同的传统习惯，不同的审美观等；另一种是领悟性知识，即理解不同文化特征之间差别的能力，如待人接物的态度，价值观的差异，对讨价还价的看法，等等。

美国人类学家爱德华·郝尔将文化划分为正式规范、非正式规范和技术规范三个范畴。正式规范是人的基本价值观，判断是非的标准，它能抵抗来自外部企图改变它的强制力量。正式规范引起的摩擦往往不易改变。非正式规范是人们的生活习惯和风俗等，引起的文化摩擦可以通过较长时间的文化交流克服。技术规范则可通过人们技术知识的学习而获得，很容易改变。把不同类型的文化差异区分开来，就可以有针对性地提出解决文化冲突的办法。

（二）分析本国与东道国文化的异同点

了解本国与东道国的文化异同点是非常重要的。具体来说，这些差异包括语言、宗教、法律政策、教育、审美观念、价值取向等。通过全面的学习和调查，找出与本国文化的差异，并分析出这种差异对企业跨国经营可能造成的现实或潜在的影响。

传统的跨文化管理研究侧重于关注两种文化的不同，而文化情商则侧重于看文化的共同点，理解人与人之间的共同点在哪里，才能明白文化的不同点在哪里，从而便于进行跨文化管理活动。

（三）给本公司的外国文化意识需求定位

对于一个跨国公司来说，需要具备外国文化意识的程度，主要取决于以下四个方面的因素①：

（1）海外经营职能的多少；

（2）东道国数量；

（3）母国与东道国文化的异同性；

（4）海外业务承担方式等。

如果公司所涉足的海外经营职能越多，发生业务交往的国家越多，两种文化相差越远，本企业独立承担的海外业务越多，对东道国文化意识需求就越强；反之，这种需要就越低。一个企业从以上四个方面分析其海外业务情况后，就可以制定本企业对

---

① 王超：《跨国战略》（哈佛商学院 MBA 教程系列），中国对外经济贸易出版社 1999 年，第 138 页。

东道国文化意识的需求程度，给企业文化意识需求予以定位。参见图3 - 1。

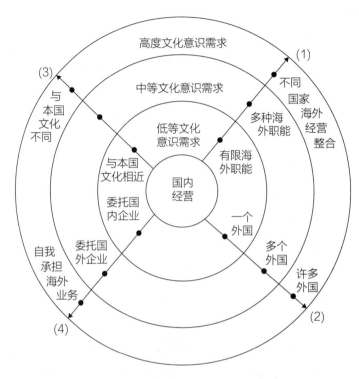

图3 -3　海外业务与文化意识需求

（四）建立共同的价值观和新型的企业文化

多元文化的核心差异主要体现在价值观念、行为准则的差别上。要通过树立共同的价值观，促进企业内亚文化的沟通与理解，以实现观念层面的共通，从而促进组织的发展。

针对价值观和信念的多元性，跨国经营企业应根据环境的要求和公司战略的需求，找到两种文化的结合点，发挥两种文化的优势，在企业内部逐步建立起共同的价值观，形成以公司价值观为核心的企业文化。在确定企业文化时，必须关注以下几个方面的问题：

1. 关键问题是达成共识，协调发展。

2. 面对不同阶段、不同状态，采用不同的手段去解决问题。

3. 兼收并蓄、扬长避短地达到多元多样的统一，"求大同存小异"。

4. 认识到跨文化整合管理的艰巨性和复杂性。

海外公司的企业文化可以是母公司先进文化的海外延伸，也可以是海外公司自己独特的有竞争力的企业文化。由于海外企业文化建立在两种不同的国家文化差异的基础上，所以更需要强调企业对这两种不同文化的适应和整合的能力。在两种企业文化的融合过程中，要注重规避跨文化差异带来的风险，充分发挥文化差异带来的管理和创新优势。

五、寻求跨国并购的文化整合路径

中国企业海外并购，需要把握跨文化整合的方法和技巧，这有助于取得最终的并购成功。TCL、联想、上汽等海外并购先驱者的经验或教训表明，被并购企业对并购方的能力认同、风格认同，以及愿景认同，共同决定了文化整合的难度。

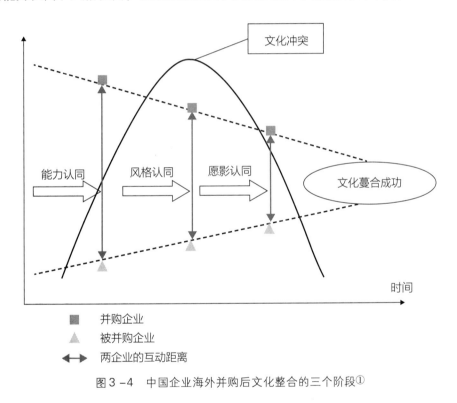

图3-4　中国企业海外并购后文化整合的三个阶段①

（一）第一阶段文化整合侧重点：能力认同

能力认同是指被并购企业对于并购方经营能力的认可程度。经济利益是被并购企业改变原有文化、接受文化整合的重要动力。因此，在整合的第一阶段，提高被并购

---

① 张沈伟等：《中国企业在进行海外并购的文化整合路径》，《中国经济网》，2007年7月18日。

企业对并购方的能力认同，是文化整合的重点。这需要对被并购企业的经营情况和文化有充分的了解，加强互信和理解，尽可能避免文化冲突。在此基础上，提高管理能力和盈利水平。

（二）第二阶段文化整合侧重点：风格认同

风格认同是指被并购企业对于并购方管理方式、内部沟通习惯等管理风格的认可程度。随着双方互动距离的拉近，管理风格冲突也相应增加。

在这一阶段，双方的文化冲突将增多。应当从双方共同利益出发，尽可能缓和冲突，包容文化差异，而不应把自身作为被并购企业的对立面，采取压制的方式应对管理风格冲突。这一阶段，运营相关的整合应当减缓，因为业务整合往往会加剧文化冲突。

（三）第三阶段文化整合侧重点：愿景认同

愿景认同是指被并购企业对于并购方企业发展愿景的认可程度。被认同的发展愿景意味着双方有着共同的前进方向，这是双方合作的基础。

在这一阶段，由于双方对彼此文化理解的增进，应当建立完善的发展计划，确立能够得到被并购企业认同的发展愿景。文化冲突的缓和为企业全面的业务调整提供了契机。在良好的发展愿景的基础上，确立共同的发展方向，并全面整合双方的业务。

第四节 "一带一路" 要做好跨文化沟通与管理

"一带一路"，即"丝绸之路经济带"和"21世纪海上丝绸之路"的简称，是习近平总书记在中国经济新常态和国际经济新形势下亲自提出和大力推动的"促进全球和平合作和共同发展的中国方案"，得到国际社会广泛关注和积极响应。截至目前，"一带一路"建设共吸引了100多个国家和国际组织参与，中国也已经与70多个国家和国际组织就共建"一带一路"签署了合作协议。"一带一路"倡议广泛的覆盖范围和中国政府的大力支持，都为中国企业发展国外市场、促进自身发展带来了极大的机遇。但另一方面也要看到，"一带一路"沿线国家人口众多，语言复杂，意识形态、文化背景和价值体系上的差异很大，沟通交流困难重重。多民族、多种族、多宗教、多文化在此交汇融合，丝绸之路不仅是一条"经济带"，也是一条"文化带"。因而，"一带一路"的建设应当文化先行，将文化全方位融入"一带一路"政治、经济、外交等各个领域，才能为沿线国家深层次合作奠定基石。

一、"一带一路"跨文化沟通管理的难点

"一带一路"沿线多民族、多宗教聚集，文化、宗教、意识形态领域差异巨大，"文化折扣"现象突出。而且许多国家正处于社会和经济结构转型时期，在安全和发展方面普遍存在不确定性，地缘政治和国际金融战略风险严峻，投资风险不可小觑。而各国的文化贸易壁垒也会对文化资源的跨境整合、国际文化市场的构建造成巨大阻力。就跨文化沟通和管理而言，以下几方面挑战和风险尤其要引起高度重视。

（一）多种语言文化差异带来的沟通障碍

语言承载着每个地域的经济、政治、文化和历史，各国之间的合作交流障碍与语言障碍成正比例关系。在"一带一线"沿线国家中，存在诸多不同种类的语言文化差异。粗略统计，"一带一路"建设涉及国家的国语或国家通用语有近50种，再加上这一区域民族或部族语言，重要者不下200种。而在国际交流合作中，我们主要以英语作为通用语言，所以并没有深入学习沿线中的上百种语言，对其地域的了解也就没有那么深入。当我们在与其他国家进行经济、文化和政治交流时，必然存在着语言沟通障碍，误解就随之而来了。

（二）宗教因素的变量作用及其蕴含的风险

"一带一路"沿线国家大多都信仰宗教，宗教深深地融入其政治、经济、社会结构之中。在历史进程中，宗教作为一种变量，极大地影响着这些国家的政治、经济和社会的发展结构。历史经验告诉我们，宗教可以发挥助推力作用，推动世界各国友好往来和文明交流互鉴，但宗教的变量作用可以说是机遇与风险并存。有时在一定条件下，宗教的变量作用也可能产生宗教风险，由此引发"蝴蝶效应"，它往往带来地缘政治危机、经济危机、社会动荡、民族矛盾、宗教冲突、文化冲突等连锁反应。无论是从世界宗教分布格局，还是从全球信教人口来看，如果我们在"走出去"、实施"一带一路"倡议过程中不考虑宗教因素，就会出现一些"短板"，导致很多政策、项目难以有效实施、可持续地发展。然而，目前关于宗教风险的关注还很不够，相关研究也比较滞后。因此，有必要加强研究，探讨其发展规律及其影响路径，化解或降低宗教风险。

（三）中资企业跨文化管理实践经验不足

业内专家指出，目前中资企业在"一带一路"面临的跨文化管理矛盾主要体现在

以下几方面：[1] 一是中资企业文化与当地社会文化不匹配造成管理过程中的文化冲突。例如，中方管理人员的高标准、严要求往往与当地员工的作风形成冲突。最典型的就是中国工人习惯加班加点，外国工人普遍拒绝加班，这让中资企业的管理人员大感头痛。二是中方管理人员对所在国宗教和文化缺乏了解，造成不必要的误解与冲突。"一带一路"沿线国家，通常宗教氛围浓厚，这就要求中资企业在管理实践过程当中保持高度敏感。例如，在非洲一些国家，一些中资企业由于在工程建设过程当中，缺乏与当地宗教领袖的沟通，引起当地部落的敌意与骚扰，甚至最终引发严重误工等。三是一些中资企在管理方式较简单，重物质轻感情，没有与当地员工、社群建立和谐的劳资关系与社会联系。许多管理人员仅仅满足于照章办事、以奖惩来调动员工积极性，却很少关心当地员工的心理与情绪，甚至连当地员工的姓名也很难记得住、叫得出来，使得企业与当地员工的关系往往只能局限在金钱的关系上，很难建立起真正的企业认同与职业荣誉感、岗位责任心。四是一些中资企业缺乏与当地 NGO、工会、媒体打交道的经验，引发当地工会的敌意和冲突。由于中资企业多数涉足劳动密集型、资源型等容易发生劳资纠纷、环境纠纷的领域，一些中资企业管理人员盲目套用国内管理经验，甚至以高压姿态面对当地工会、NGO 组织，强硬处理"不听话"的"刺头"工人，从而激起当地工会的敌意甚至引起罢工、示威、冲击厂区等群体性事件。

【专栏 3-3】

"一带一路" 沿线国家民众的价值观调查
——宗教因素有多重要？

"一带一路"沿线国家民众大多信仰宗教，在一些国家，宗教组织的影响甚至超过了很多官方机构，因此在推进相关合作项目时，我们不仅要考虑到他国政府的意愿，更要深入了解对方民众的宗教信仰，宗教在其社会生活中的影响程度等情况，了解他国民众的期待，从他们的需求入手，更加精准地开展合作。有鉴于此，本文以"世界价值观调查（2016）"的调查数据为

---

① 储殷，"发挥企业跨文化主导作用"，《中国石油报》，2017 年 8 月 29 日。

基础，解析其中涉及的"一带一路"沿线国家民众的价值观态度，以对"一带一路"共建过程中可能存在的风险提出对策。

世界价值观调查是由瑞典非营利组织"世界价值观研究协会"主持进行、描述世界社会文化和政治变迁等问题的全球性的调查研究。从20世纪80年代起，世界价值观研究协会以四至五年为一个周期开展价值观普查，通过委派成员进行调查督导、委托当地研究机构以随机抽样访谈的方式采集数据。世界价值观调查通常调查受访者关于宗教、性别定位、职业激励、民主、社会资本、善治、政治参与、环境保护以及主观幸福感等各方面的价值观及其转变的情况。"世界价值观调查（2016）"历时四年，在约50多个国家和地区进行，其中属于"一带一路"沿线国家的有东盟国家（马来西亚、菲律宾、新加坡、泰国等）、西亚北非国家（巴林、巴勒斯坦、伊拉克、约旦、科威特、卡塔尔、土耳其、也门、塞浦路斯、埃及等）、南亚国家（印度、巴基斯坦）、中亚国家（哈萨克斯坦、吉尔吉斯斯坦、乌兹别克斯坦等）以及俄罗斯、阿塞拜疆、亚美尼亚、白俄罗斯、格鲁吉亚、乌克兰、爱沙尼亚、罗马尼亚等国。本文主要选取上述国家与宗教问题相关的数据进行分析。

一、他们期望什么：经济发展还是人文关怀？

在调查中，调查人员询问了受访者对于国家优先发展项目的选择，其中有"需要稳定的经济"和"更多的人文关怀"等选项。根据统计结果，上述国家可以分成四类：第一类，高经济发展需求、低人文关怀要求的国家，包括爱沙尼亚、格鲁吉亚、吉尔吉斯斯坦、乌克兰、白俄罗斯、马来西亚、哈萨克斯坦、埃及、亚美尼亚、俄罗斯等；第二类，中等经济发展需求、中等人文关怀要求的国家，包括新加坡、土耳其、泰国、乌兹别克斯坦、卡塔尔、巴勒斯坦、罗马尼亚、约旦、阿塞拜疆等；第三类，低经济发展需求、高人文关怀要求的国家，包括印度、菲律宾、伊拉克、巴基斯坦等；第四类，对经济发展需求非常低但对人文关怀要求非常高的国家，只有巴林一个。由此可见，我们与某些国家开展合作时若一味以经济建设为首要目标，很有可能得不到民众的广泛支持。

二、他们信任谁：政府还是宗教组织？

从整体情况看，在上述国家中，多数国家的民众对宗教组织的信任度都高于政府机构。信任度分为四个等级，中间值为 2.5 分，超过 2.5 分即为信任度较高，反之为信任度较低。其中，对宗教组织的信任度低于 2.5 分的只有阿塞拜疆和吉尔吉斯斯坦，而巴基斯坦则最高。与此同时，乌兹别克斯坦民众对政府的信任度最高，对政府信任度较低（低于 2.5 分）的国家则有亚美尼亚、塞浦路斯、爱沙尼亚、格鲁吉亚、巴勒斯坦、伊拉克、巴基斯坦、罗马尼亚、俄罗斯、乌克兰、埃及和也门。

同时，通过对比民众对宗教组织和政府的信任度，发现阿塞拜疆、乌兹别克斯坦、哈萨克斯坦、卡塔尔、巴林、罗马尼亚和新加坡的民众对政府的信任度高于宗教组织；其他国家民众对宗教组织的信任度都高于政府。由此不难得出结论，在这些国家推进"一带一路"，绝对不要忽视宗教组织的作用。

三、人生哪个更重要：宗教信仰还是工作（财富动机）？

不论对于一个国家还是对于一个企业而言，民众或员工的成功动机无疑是推动经济或业绩快速增长的重要动力。德国社会学家马克思·韦伯曾提出新教与资本主义精神之间具有亲和性，而其他宗教不利于资本主义精神产生和发展的论断。由此可见，个体的宗教信仰与其成功动机可能具有一定的相关性。当一个国家或地区的宗教信仰极大地抑制个体的成功动机时，外资在此盲目投资也许会面临极大的风险。

根据此项调查中的"宗教与工作对于人生的重要性"的问题，可以将上述国家分为三类：第一类，宗教与工作的重要性均强烈，包括约旦、也门、格鲁吉亚、伊拉克、巴基斯坦、巴勒斯坦、科威特、马来西亚、菲律宾、卡塔尔；第二类，宗教与工作的重要性均一般，包括爱沙尼亚、乌兹别克斯坦、新加坡、亚美尼亚、印度、泰国、塞浦路斯、吉尔吉斯斯坦、罗马尼亚、土耳其；第三类，宗教与工作的重要性均不强烈，包括白俄罗斯、俄罗斯、哈萨克斯坦、乌克兰。爱沙尼亚、巴林和埃及这三个国家则较为独特，其中巴林受访民众认为宗教很重要，工作不重要；爱沙尼亚受访民众则认为宗教不重要，工作的重要性一般；埃及受访民众则认为宗教很重要，工作的重要性一般。

此外，还可以根据"对于你而言，尊重宗教或者家庭的传统很重要"和

"对于你而言，财富很重要"等问题的统计数据，分析个体的宗教信仰对其成功动机的影响。结果显示：认为宗教传统、财富均很重要的国家有巴基斯坦、科威特、马来西亚、伊拉克、约旦、卡塔尔、土耳其、印度；认为宗教很重要、财富一般的国家有巴勒斯坦、埃及、也门、菲律宾、格鲁吉亚；认为财富很重要、宗教重要性一般的国家有新加坡、吉尔吉斯斯坦；认为宗教、财富的重要性均一般的国家有泰国、阿塞拜疆、哈萨克斯坦；认为宗教重要性一般、财富重要性低的国家有乌兹别克斯坦、乌克兰、塞浦路斯、罗马尼亚、亚美尼亚；认为宗教、财富的重要性都低的国家有爱沙尼亚；俄罗斯受访民众认为宗教重要性低，财富则很重要。

四、对其他宗教信徒的态度

此项调查同样将受访者对其他宗教信徒的信任状况分为四个态度级，超过 2.5 分即属于宽容度较高。结果显示，只有白俄罗斯和乌兹别克斯坦两国的民众对其他宗教信徒的信任度超过 2.5 分，其他国家均低于 2.5 分。其中，低于 2 分（即宗教宽容度低）的国家分别是巴基斯坦、哈萨克斯坦、新加坡、菲律宾、罗马尼亚、伊拉克、科威特和马来西亚。

历史和现实经验告诉我们，民众的宗教信仰不仅影响个体的生活，甚至影响着本国政府的对外交往。不论对国家还是企业来说，在"一带一路"倡议不断推进的大背景下，我们应该从实然的角度，以相关国家的经济发展水平、社会发展阶段、宗教传统等为依托，了解他们的所需、所想和所欲，有针对性地进行沟通和合作，才能更好地实现互利共赢。同时，无论在哪一个国家，不同群体的需求不尽相同，因此，需对每个国家的内部情况进行更精细的分析。此外，本文主要基于"世界价值观调查（2016）"的数据，而相关民众的某些态度取向并非固定不变的，因此我们也需要定期跟踪相关变化，灵活做出调整。

（资料来源：李李峰、张靓驰，"一带一路"沿线国家民众的价值观："宗教因素有多重要"，《世界知识》，2018 年第 4 期。）

二、"一带一路"跨文化管理的着力点

国之交，在于民相亲。在"一带一路"加强"五通"（政策沟通、设施联通、贸

易畅通、资金融通、民心相通）的构想中，民心相通是最需下功夫推动的一个。文化的交融交流有利于凝聚共识，有利于推动合作。当前，应发挥文化先行的优势，制定规划、整合资源、形成合力，进一步推动中国与沿线国家全方位、多领域的交流合作，而人才培养又是"一带一路"建设行稳致远的重中之重。

（一）认真贯彻落实国家有关"一带一路"文化建设政策精神

随着"一带一路"建设的推进，越来越多沿线城市积极谋篇布局，寻找商机。各地干部谈贸易、投资、产能输出的多，谈文化交流、交往、交融的少。当前，推进"一带一路"建设，更应重视文化的力量。2016 年 12 月，习近平主持召开中央全面深化改革领导小组第三十次会议，审议通过了《关于加强"一带一路"软力量建设的指导意见》。会议指出，软力量是"一带一路"建设的重要助推器，要加强总体谋划和统筹协调，坚持陆海统筹、内外统筹、政企统筹，加强理论研究和话语体系建设，推进舆论宣传和舆论引导工作，加强国际传播能力建设，为"一带一路"建设提供有力理论支撑、舆论支持、文化条件。2016 年 12 月，为贯彻落实《推动共建丝绸之路经济带和 21 世纪海上丝绸路的愿景与行动》，文化部编制发布了《"一带一路"文化发展行动计划（2016—2020 年)》，从完善文化交流长效合作机制、建设文化交流合作平台、打造文化交流合作品牌、发展面向"一带一路"文化贸易与文化产业四大方面明确了发展目标和重点任务，以加强与"一带一路"沿线国家和地区的文明互鉴与民心相通，切实推动文化交流、文化传播、文化贸易创新发展。各省区市有关部门要结合本地区、本部门的实际情况贯彻落实。对内，逐步完善区域性文化发展规划、专项文化建设行动方案，构建开放的国内文化市场，有重点、分层次地有序推进形成面向"一带一路"的文化格局；对外，加强与各国各地区的文化交流，扩大文化投资，推动文化企业走出去，塑造国家文化形象，扩大承载中华文化传播的物理空间和社会空间，共同构建开放的国际文化市场，推动"一带一路"文化圈的形成。

（二）实施复杂化、差异化、精细化的"一带一路"文化战略

"一带一路"文明圈的建设应该是一种复杂化、差异化、精细化和国别化的文化大战略。"一带一路"文化是多样化的文化。"一带一路"上的文化传播应该细致入微，一国一策，一对一交流、面对面交流、项目对项目交流，不可笼统地把"一带一路"上文化软实力建设笼统地分为中亚文化、西亚文化、南亚文化、中东文化等。当今世界的战争与冲突，不仅有大国直接入侵引发的战争，如原苏联、美国入侵阿富汗，或者大国的代理人战争，如也门内战，更要看到中亚文化、西亚文化、南亚文化、中东文化内的那些国家本身在文化宗教上就不是一家人，如西亚伊朗与土耳其的争斗、中亚乌兹别克斯坦与吉尔吉斯斯坦的争斗、南亚印巴的争斗、中东沙特与伊朗的霸权争夺。"一带一路"经过的中东和中亚国家也不是单一民族或单一教派的伊斯兰国家，他们都是多民族、多教派的国家，如伊朗、伊拉克、土耳其、叙利亚、黎巴嫩、也门、沙特、巴基斯坦和阿富汗。由于"一带一路"在地理上夹在多种文明体系中，"一带一路"文明圈是一个独特的跨多种文化的文明体系。"一带一路"文明圈需要一个更具有包容性和普遍性的意识形态支撑，即政治和文化上的多极化，尊重历史和传统。[①]

（三）全面布局针对"一带一路"国家的文化教育交流与合作

加强跨国人才队伍建设是跨文化管理的重要基础。围绕"一带一路"倡议规划的愿景，稳步推进与"一带一路"沿线国家和相关国家的教育和文化交流，着力打造立体化、复合型人才培养体系，为建设"一带一路"建设提供人才支撑和智力支持。一是国家加大教育产业的投资，扩大人才培养机构对"一带一路"沿线国家的招生规模。人才培养机构主要包括高等院校、科研院所、职业技术学校、企业人才培养机构及跨行业人才培养平台等。二是根据"一带一路"需求加强学科专业建设，开展"一带一路"语言、文化、教育、人才培养等相关研究与教学。建议建立由中国政府管理的"一带一路"语言文化研究所，鼓励高校开展更多战略意义广的小语种专业，如捷克语、哈萨克语、土耳其语等。三是搭建"一带一路"国际教育合作平台，与沿线国家签署教育合作协议，重点实施"一带一路"的双向留学、师资培训、人才联合培养推进计划。四是加强高等学校与企业之间的合作，运用校企合作的方式进行"一带一路"建设的人才培养计划，让高校资源与企业项目实现合理对接，进而提高人才的实践操作能力。五是在"一带一路"沿线国家地区间搭建起人才交流平台，以帮助相关部门充分掌握人才市场的供需信息，做到人才资源及时有效地共享与交流，进而完成人才与产业之间的完美对接，为沿线国家培养出高素质的经济贸易人才，以更好地服务于"一带一路"建设的需要。

（四）加强对当地宗教文化的调研与交流

古丝绸之路除了作为沿线国家经济贸易文化交流的道路外，更是一条弘扬宗教文化的枢纽。新丝绸之路横贯亚欧非三大洲，途径60多个国家和地区，犹太教、基督

---

① 李希光："一带一路"文明圈建设路径"，人民论坛网，2016-06-16。

宗教、伊斯兰教、佛教等世界主要宗教对沿线国家和地区具有深刻的影响。在一些国家和地区，宗教组织的影响甚至超过了很多官方机构。因此，在推进相关合作项目时，我们不仅要考虑到他国政府的意愿，还有必要了解对方民众的宗教信仰、宗教在其社会生活中的影响程度等情况，更要深入地了解他国民众的期待，从他们的需求入手，更加精准地开展合作。否则，如果没有充分了解沿线国家和地区的宗教生态，不仅可能引发战略推进的失败，还有可能引发国家之间新的矛盾。此外，还有发挥宗教文化的交流作用。这对深化东西方宗教文化交流，传播东西方宗教文化，维护地区稳定，促进文化传播，维护地区协调发展具有深刻的意义。

中国宗教在开展宗教文化交流时，需要加强同世界各国的联系，同时也会遇到各种各样的问题。"一带一路"沿线各国由于宗教极端主义的存在，导致宗教冲突、民族冲突等现象时有发生。中国宗教要注重提升对外交往的能力和水平，促进对外交往活动的规范化，创新交往模式，开拓交流渠道。要弘扬中国宗教文化的优良传统，共同反对宗教极端主义和宗教恐怖势力。

（五）提升中资企业的跨文化管理能力

中国企业在"一带一路"建设中若想真正"走出去"，甚至"走进去"，跨文化管理是必须要经历的考验和具备的能力。为解决这些近些年来突出困扰中资企业的跨文化管理问题，一些中资企业与中国有关部门积极进行了有针对性研究，[①] 总结出了一些有益的经验：一是定期给员工开展文化知识培训与实践活动，以此增加企业对当地政府、工会、社会组织、文化、风土人情的了解，同时也降低企业"走出去"失败的风险。二是高度重视企业所在地的文化与宗教特点，不能简单复制国内的管理经验，尤其应该避免经常引起当地工人强烈反感的频繁加班的情况。三是在企业管理实践当中，要精神、物质两手抓，加强人文关怀，避免形成当地员工对中资企业的金钱依赖，尤其要避免出现"一闹就让步、一闹就发钱"的无原则妥协。另外，也要积极摸索符合当地民情的奖惩方式，寻求与当地工人建立更多的情感认同。如，中国中铁在海外项目中开展"中国节日走进洋家庭"活动，在春节、元宵、端午、中秋等中国统节日里，邀请外籍员工家属走进项目，或由项目管理人员分组走进外籍员工宿舍和家庭，开展"三共活动"，即共度佳节，共同贴春联、包饺子、发红包、猜灯谜等；共享关爱，项目部走访外籍员工宿舍及家庭并送去慰问品；共品文化，在每个传统节

---

① 储殷，"发挥企业跨文化主导作用"，《中国石油报》，2017 年 8 月 29 日。

日制作卡片，将节日的来源、意义以及背后的故事翻译成外语，送至外籍员工家中，受到广泛欢迎。四是要积极参与当地社会文化活动，表现出对当地宗教、文化的尊重，增信释疑，为企业经营创造良好的外部条件。五是要高度重视与当地社会组织、工会的联系。中国一些在缅企业就在日常管理过程中，积极与当地宗教领袖互动，其中一些当地宗教领袖替中资企业做员工思想工作，取得了相当不错的效果。

· 案例 3.1 ·
海尔的跨文化融合与创新之道

海尔创业于 1984 年，30 多年来始终以创造用户价值为目标，一路创业创新，经历了五个发展战略阶段：名牌战略、多元化战略、国际化战略、全球化品牌战略、2012 年进入网络化战略阶段，从资不抵债、濒临倒闭的集体小厂发展成为物联网时代引领的生态型企业，全球知名白色家电品牌。目前，海尔已在全球拥有 10 大研发基地（其中海外 8 个）、24 个工业园、108 个制造中心、66 个营销中心，在全球范围内已实现了设计、制造、营销"三位一体"的网络布局。2017 年，海尔集团实现全球营业额 2419 亿元，全球利税总额首次突破 300 亿元。

不同于很多其他中国企业走出国门时追求短期创汇、做国际代工工厂的发展模式，海尔海外市场发展始终坚持"创牌"战略，以自有品牌出口，意味着企业对海外用户在产品质量、技术标准、售后服务等多个角度都提出了最高标准的承诺。据统计，目前中国自主家电品牌出口量目前仅占到海外整体市场份额的 2.46%，而这当中的 82% 来自海尔。

海尔改变了中国产品在世界的影响，如在美国，一条路以海尔的名字命名"海尔路"。海尔的超速发展与壮大，得益于以创新为典型特征的海尔文化。海尔的企业文化作为一种强势亚文化，是对国内外优秀文化的借鉴、改造，不断进行观念创新、管理创新的成果。张瑞敏把海尔管理模式总结为 12 个字："兼收并蓄、创新发展、自成一家"。海尔不仅成功吸收了传统文化价值观要素，而且还实现了不同国家地区文化本土化。虽然手段各有不同，但是海尔文化的精髓并没有变。海尔文化不仅得到国内外专家和舆论的高度评价，还被美国哈佛大学等世界著名学府收入 MBA 案例库。

一、构建核心价值观，打造企业长青基石

"海尔之道"即创新之道，其内涵是：打造产生一流人才的机制和平台，由此持续不断地为客户创造价值，进而形成人单合一的双赢文化。同时，海尔以"没有成功的企业，只有时代的企业"的观念，致力于打造基业长青的百年企业，一个企业能走多远，取决于适合企业自己的价值观，这是企业战略落地，抵御诱惑的基石。海尔的核心价值观主要包括三个方面：

（一）是非观——永远以用户为是，以自己为非

这是海尔创造用户的动力。所谓以用户为是，即不但要满足用户需求，还要创造用户需求；以自己为非，就是要不断否定自我，挑战自我，重塑自我——实现以变制变、变中求胜。这两者形成海尔可持续发展的内在基因特征：不因世界改变而改变，顺应时代发展而发展。

（二）发展观——创业精神和创新精神

这是海尔文化不变的基因。"永远以用户为是，以自己为非"的观念基因要求员工个人具备两创精神。创业精神即企业家精神，海尔鼓励每个员工都应具有企业家精神，从被经营变为自主经营，把不可能变为可能，成为自己的CEO；创新精神的本质是创造差异化的价值。差异化价值的创造来源于创造新的用户资源。两创精神的核心是强调锁定第一竞争力目标。目标坚持不变，但为实现目标应该以开放的视野，有效整合、运用各方资源。

（三）利益观——人单合一双赢

这是海尔永续经营的保障。互联网时代放大了用户话语权，企业必须从以产品为导向转为以用户为导向，一切以用户为中心。海尔认为，互联网时代顾客不等于用户，顾客是消费者，先有产品后有顾客；而用户是能够与企业实时交互的群体，先有用户后有产品。

进入互联网时代，海尔积极把握时代变革探索新模式，2005年9月正式提出"人单合一双赢"模式。"人"即员工；"单"不是狭义的订单，而是用户资源。"双赢"，就是把每一个员工和用户结合到一起，让员工在为用户创造价值的同时实现自身价值（企业价值和股东价值自然得到体现）。

"人单合一双赢模式"让每个员工通过加入自主经营体与用户建立契约，组成一个一个直面市场和用户的小微企业，使每个人都是自己的CEO，为每

个员工发挥两创精神提供资源和机制的保障，实现"自主、自治、自推动"，这是对人性的充分释放。这些小微企业把全球资源都组合起来，对产品不断迭代升级，自发现市场需求，自演进达到目标。

海尔通过建立人单合一双赢的自主经营体模式，对内，打造节点闭环的动态网状组织；对外，构筑开放的平台，成为全球白电行业领先者和规则制定者，全流程用户体验驱动的虚实网融合领先者，创造互联网时代的全球化品牌。

海尔首创的物联网时代的人单合一模式，颠覆了西方传统经典管理模式，并以其时代性、普适性和社会性实现跨行业、跨文化的输出和复制。哈佛大学、斯坦福大学等世界一流商学院把人单合一模式探索和实践写入教学案例，诺贝尔经济学奖获得者哈特给予高度评价，加里·哈默等管理学家称之为下一个社会模式。

二、文化本土化：海尔文化与美国文化的融合

作为企业的灵魂，海尔文化已成为海尔人创造奇迹的强大动力。海尔到海外建厂，如何将海尔文化移植到美国，移植到欧洲？文化背景不同，可能产生"水土不服"的问题。

海尔在实施文化本土化的过程中，通过共同的经营理念、企业精神以及尊重彼此间的文化差异，逐步实现了海尔文化与当地文化之间的融合。海尔的做法是：先把洋人海尔化，再由海尔化了的洋人来实现海尔国际化的目标。如在美国工厂，到处都能看到像中国海尔一样的管理理念，不过方式更加灵活多样，更富于美国文化色彩。

（一）洋人海尔化，人才本土化

海尔在美国的工厂是海尔目前最大的海外生产基地。这几乎完全是一个美国的企业：所有的员工除了总部派去的总经理和两名技术人员之外，都是美国人。随着海尔的影响越来越大，吸引了很多包括竞争对手在内的非常好的管理人才加入。在发展过程中，海尔需要大量的优秀员工及优秀的管理人员。

除了工人和管理人员外，海外海尔人还包括一些海外设计人员和经销商。

张瑞敏说，中国很多大公司，还有日本公司、韩国公司，在海外建公司时，派自己人出去管理，最后的效果都不太好。因为他们很难融入当地社

会。所以，海尔一开始就采取了本土化措施，也解决了人才不足的问题。

目前，海尔在全球的设计中心、制造工厂、营销网络，聘用的大都是当地化的人才。随着海外业务的拓展，已经形成了一支海尔的全球经理人队伍，为海尔加速成为国际知名品牌打下了坚实的基础。

（二）以人为本，融入海尔文化

海尔文化的一个核心是"以人为本"，注重员工的个性化需求。比如，员工创造了一种创新的工作方式，便以员工名字命名；海尔本部员工用漫画、标语等表达意见，也得到了海尔的海外员工的喜爱，甚至每天早晨班前会天天读（跟松下学的），大家一块朗诵海尔精神和海尔信条，等等。这种有激情的管理方式形成了美国海尔员工比学赶超的氛围。又如，美国人喜欢突出个人价值，在布告栏上仅仅贴上优秀员工的照片是不够的，而且要贴上他全家的照片。一般来说，美国人很少在大庭广众下批评一个人，因为这容易挫伤员工积极性。诸如此类细节，海尔都处理得比较好，海尔文化在最细微处得到了融合。

海尔力图将东方人特有的人情味和亲和力融入到管理中。如员工过生日，管理人员就会送上鲜花和贺卡；哪一位员工生病，管理人员都会带上礼物去医院探望；感恩节前，公司发给每个员工一只火鸡，这让员工非常感动，等等。这些做法让美国海尔员工感到既新奇又有活力。海尔用东方人特有的人情味和亲和力，打破了不同民族和语言的障碍。张瑞敏在视察完美国南卡工厂离开时，南卡的美国员工在送给张瑞敏的贺卡上写着："中国海尔和美国海尔是一家人，我们共同关怀和照顾这个海尔大家庭。"

（三）将6S考评"负激励"变成"正激励"

6S是海尔本部实行多年的"日事日毕，日清日高"管理办法的主要内容，每天表现不佳的员工要站在6S大脚印上反省自己的不足，海尔称这种做法为"负激励"。但此法在美国却遇到了法律和文化上的困难，美国的员工根本不愿意站在什么大脚印上充当"反面教员"，觉得这是对他的一种侮辱，而且引发了不少法律问题。从此，6S开始了它的本土化过程。"负激励"变成了"正激励"，争强好胜的欧美员工们，很乐意站在大脚印上介绍自己的工作经验。

现在，所有海尔海外工厂每天都必须召集一次6S班前会，会上工作表现优异的员工要站在 6S 大脚印前面向同事们介绍经验。当站在大脚印上的演讲者越来越多后，车间里的烟卷和收音机也逐渐消失了踪影。6S 班前会的欧美做法很快又传回了海尔本部。现在每天站在青岛 6S 脚印上的也是表现优异的员工。

三、通过培训与学习，认同海尔文化

各国文化之间存在较大的差异性，因此，培训与学习对于跨国企业来说显得尤为重要。在海尔，每年都会有很多海外员工到总部进行培训。同时，海尔更加重视对管理层的文化同化，让管理者不仅仅认同海尔文化，更重要的是体会到海尔文化中的精髓，并把它当作是自己成功的方向和基石。

全球海尔经理人年会，也是海尔对全球经理人的文化培训会。最大的特点是：培训是互动的，如商商互动、技商互动、工商互动，等等。海尔文化感染着每一位海尔的海外经理人，而海外海尔经理人的经验和信息对国际化经验尚不丰富的海尔来说也是一笔很大的财富。经过交流，海外经理人与海尔的关系不是简单的你买我卖，不是低层次的讨价还价，而是构成了共同发展的关系。大家搭建一个海尔，共享一个世界名牌的平台。全球海尔经理人都能认同一点，就是要把海尔企业文化与世界各地的文化相融合，在更大的市场空间里，让更多的人在接受海尔文化的同时，接受海尔的产品。

海尔认识到，文化的仪式也是很重要的。如，2001 年 6 月 17 日，来自全球 65 个国家的 360 多名海尔海外经销代表，与海尔高层在海尔合欢林举行五大洲海尔挂牌仪式，并种下首批合欢树。标有海尔旗和世界地图标志的美洲海尔、欧洲海尔、亚太海尔等各大洲铜牌挂在了合欢树上，寓意着全球海尔经理人与海尔的合作合力为双，欢乐为赢。

海尔文化经过了移植、改造，再移植、再改造的过程，渐渐与当地文化充分融合。尽管很多手段都改变了，但海尔文化的精髓没有变。并且，在不同文化的熔炉中，海尔文化的内涵得到了极大的丰富。

四、适应全球化品牌战略，从单一文化到多元文化

2006 年，海尔开始实施全球化品牌战略。在全球化品牌战略阶段，要从单一文化转变到多元文化，实现持续发展。对海尔来说，也是一种挑战。

全球化过程中的最大问题是：文化的差异很大。如在欧美，体现的是一种休闲文化，休闲是不可侵犯的。在日本，员工很难接受海尔的文化，特别是年纪比较大的员工。因为日本的"年功序列"工资制度与海尔的"彻底的成果主义"文化有冲突。在东欧、中东有些文化差异也给海尔带来了很多新课题。因此，海尔制定了全新的企业精神和工作作风，其目的就是适应全球化品牌战略的发展。新的企业精神强调全球化，美誉全球。要做到这一点，前提就是要创造优质的资源以换取美誉的资源。

"人单合一、速决速胜"是海尔新的工作风格。"人单合一"可以让不同文化背景的人都可以接受。"人单合一"就是要解决速度与精准统一的问题。"单"是市场第一竞争力，人与之合一就要服从这个要求，在事先确定的、而不是上级下达的市场空间里以最快的速度捕捉商机，产生快于对手的竞争力。

目前，海尔拥有海尔、卡萨帝、GEA、斐雪派克、AQUA、统帅等智能家电品牌；日日顺、海融易、COSMOPlat、顺逛等物联网服务品牌；海尔兄弟等文化创意品牌。全球化品牌矩阵紧紧围绕"智家定制"（智慧家庭定制美好生活）的战略原点高效协同，向全球不同国家和市场的用户输出食联生态、衣联生态、住居生态、互娱生态等价值交互平台，满足个性化家居服务方案的需求。

五、通过国际并购与品牌文化基因输送，实现海外市场快速扩张

品牌的成功发展离不开成功的市场发展策略，在制定海外市场差异化的发展策略时，海尔创新性地提出"走出去、走进去、走上去"的"三步走"战略，即先以缝隙产品进入欧、美、日等传统家电强国，并带动发展中国家市场的快速布局。再通过满足当地用户主流需求的本土化产品进入当地市场的主流渠道，并最终实现中高端创新产品的市场引领。目前，海尔产品已销往海外100多个国家和地区，成功进入欧、美前十大家电连锁渠道，累计已售出数以亿计的差异化、高品质的家电产品，平均每分钟就有125位海外消费者成为海尔用户。

在集团进入"全球化品牌战略发展阶段"后，海外市场的发展更是驶入了快车道。在此期间，海尔不仅依靠品牌自身力量逐年开拓海外市场的销售网络、研发和制造基地，更是通过差异化的国际并购，实现了海外资源的快速扩展和整合。2011 年 10 月，海尔宣布收购三洋电机在日本和东南亚部分地区的白色家电业务，这一次具有里程碑意义的多国并购不仅进一步完善了海尔在东南亚市场的布局，更是通过差异化的文化融合和机制创新模式，将海尔"创业创新"的品牌文化基因成功输送给并购来的组织和员工，实现了 Haier 和 Aqua 双品牌在日本和东南亚市场的融合发展。此次并购因其涉及范围之广泛、内容之丰富、程序之复杂，被《中国商法》评为 2011 年五大对外并购杰出交易之一。仅仅一年后，海尔再次成功收购新西兰国宝级家电品牌 Fisher&Paykel，有力夯实了高端家电产品的研发、制造能力。2016 年 6 月，由海尔集团控股 41% 的青岛海尔股份有限公司与美国通用电气共同宣布双方已就青岛海尔整合通用电气家电公司的交易签署所需的交易交割文件，这标志着具有百年历史的美国家电标志性品牌——GE 家电正式成为青岛海尔的一员。

（资料来源：海尔集团）

·案例 3.2·
南瑞集团的跨文化管理策略

南瑞集团公司是国家电网公司直属单位，是中国最大的电力自动化、电力信息通信、超/特高压输电、柔性输电、水利自动化等整体解决方案商和技术装备提供商。围绕建设国际一流高科技产业集团目标，南瑞集团以"四化四促"跨文化管理工程为依托，坚定不移实施"走出去"战略，主动融入"一带一路"建设，取得显著成效。

一、跨文化管理具有四大功能

众多企业国际化发展实践反复证明戴维·A. 利克斯所言：凡是跨国公司的失败，几乎都是因为忽略了文化差异所导致的结果。南瑞集团对此具有清醒的认识。

（一）跨文化管理是员工队伍的"稳定器"

南瑞集团驻外员工分布在多个国家和地区，由于各驻地都有其特定的文化背景、思维方式、风俗习惯、价值观念、宗教信仰、法律法规，外派人员极易出现"水土不服"现象，重者产生"文化休克"，轻者滋生"文化困扰"。实施跨文化管理，可以有效提升驻外员工融入当地、适应环境的能力，维持员工队伍的和谐稳定。

（二）跨文化管理是团队协作的"黏合器"

南瑞集团外籍员工逐年增多，中外员工之间能否在不同文化背景下有效沟通和相互信任，能否在经营理念与管理模式等方面达成共识，是团队建设和业务发展的关键所在。实施跨文化管理，能有效减少因企业文化冲突带来的团队离心力，产生"1+1>2"的效应。

（三）跨文化管理是国际业务的"推进器"

南瑞集团整体实力显著提升，具备了向更高水平、更高层次发展的基础和条件。但现有海外布局存在范围广、规模小、数量多、类型复杂等特点，直面法律多样、文化多元、宗教复杂等诸多挑战。实施跨文化管理，可以有效实现与东道国文化的深度融合，协调好双方的文化关系、商业关系，以求同存异、求同化异、共同发展。

（四）跨文化管理是企业品牌的"扬声器"

随着经济全球化进程的不断加快，各大跨国企业纷纷通过文化战略抢滩各国市场，如IBM的"IBM就是服务"、GE的"发展就是我们最重要的产品"、招商银行的"因您而变"。实施跨文化管理，对内可以提高文化自觉，增强文化自信，对外可以打造南瑞名片，传递南瑞声音，为南瑞集团国际业务发展助力加码。

二、"四化四促"跨文化管理的内容和途径

在实施"走出去"战略的进程中，南瑞集团大力实施"四化四促"跨文化管理工程，有力推动了国际业务的蓬勃发展。

（一）正视多元化，促进理念认同

1. 树立全球思维。注重融汇东西方管理优势，将"法"为重心、尊崇"个人英雄主义"的西方现代管理，与"和"为贵、崇尚"集体主义"的东方式管理进行有效融合，推进优势互补，增进中外员工文化认同。加强国际人才培养和专家引进，邀请美、德、英、韩等国高级专家共同发起设立"紫

全论电"，引进"千人计划"专家，通过挂职交流、驻外历练等多途径大力培育具有国际视野、熟悉国际惯例、具备跨文化沟通能力的国际化经理人。

2. 坚持本土导向。在"走出去"过程中，南瑞集团始终坚持理念层面"求同存异"，行为层面"入乡随俗"，价值层面"互利共赢"。真心尊重和接纳当地文化，全面推进经营模式、管理方法、制度标准等方式的"本土化"。推进"本土化"用工，把遵守所在国法律法规放在首位，建立外籍员工聘用规范，逐步提高当地人员比重，严格按照所在国法律规定安排薪酬福利等。

3. 推进差异管理。依据每个海外机构的战略定位、业务属性、人员构成等特征，制定差异化文化管理策略。针对泰国、巴西等成熟市场，采取导入方式推广企业文化，通过自上而下的宣贯，将文化理念导入当地机构。针对澳大利亚、巴基斯坦、蒙古等新兴市场，采取点滴渗透方式推广企业文化，确认各自文化差异，寻找价值契合最大公约数，达成文化共识。针对欧美等高端市场，开展借鉴方式推广企业文化，相互欣赏、求同存异，避免可能造成的文化冲突，有目的地吸纳对方的先进理念，不断提升企业整体软实力、发展力和竞争力。

（二）运用可视化，促进形象植入

1. "具象式"传播。结合国际化发展战略，制定 VIS 视觉形象识别手册，规范品牌标志设计、标志释义、标准色彩、应用场景等内容，多渠道宣传企业文化内涵，推进文化具象化。

2. "网络型"传播。南瑞集团充分运用新媒体传播方便快捷、受众广泛、及时性互动性强等特点，构建"互联网＋"文化传播网络，开发"南瑞国际"微信公众号，编辑制作企业文化电子刊物《远航》《学习参考》，定期推送"企业要闻""英语学习角""文化微课堂""人在海外苦与乐"等内容，增强了企业与员工之间的有效互动，提高了企业文化传播的广度、密度、深度和黏度。

3. "人格化"传播。典型人物在企业文化传播过程中发挥着至关重要的作用。南瑞集团总结提炼"走出去"过程中，涌现出的先进集体和典型人物，在中方员工中评选"国际工作先进个人"，在外籍员工中评选"洋劳模""洋标杆"。这些典型人物成为广大中外员工学习的榜样，为南瑞集团跨文化管理及文化融合发挥了很好的示范带动作用。

（三）坚持人本化，促进情感融合

1. 生活"关心"。建立驻外员工联系制度，鼓励员工定期回国探亲和配偶反探亲，为常驻海外员工购置工作和生活必需品，安排专人做好出入境签证办理、机票定制、保险办理、租房付款等服务。尊重外籍员工宗教信仰、文化风俗。

2. 安全"挂心"。编制《出差/出境人员安全手册》，开展海外流行疾病预防讲座，明确要求所有出境人员必须通过安全考试才能驻外工作。为驻外员工购买国际旅行保险，在各驻外机构配备基本医药箱，提供海外紧急医疗救助。建立英、葡、俄等多语种的紧急信息联系卡，以便遇到困难时及时获得救助。制定紧急预案，由专人负责，跟踪大使馆安全预警提示，出现紧急情况及时通知到人，确保员工人身安全。

3. 成长"倾心"。大力实施"三步走"策略，助力海外员工成长成才。出国前，开展语言学习、法律法规学习、地区环境模拟、跨文化沟通及冲突处理等专项培训，帮助员工了解当地国情、文化习俗、工作中的注意事项。出国后，针对项目情况及个人分工情况，开展国际EPC工程管理、海外营销等专业技能培训，组织中外员工开展结对活动，提升专业技能。

4. 党建"聚心"。加强海外党组织建设，根据国际业务拓展情况，先后组建多个党支部、党小组，保证驻外党员"流动不流失"，在服务海外项目建设中聚心、聚力、聚智，充分发挥先锋模范作用。

（四）倡导公民化，促进责任履行

1. 坚持合作共赢。南瑞集团积极承担东道国重大项目建设，推动当地经济发展。承建肯尼亚400千伏输变电项目，实现非洲电力市场高压输变电工程全电压等级覆盖。承接菲律宾棉兰老岛项目，仅用174天就实现了并网发电，大大缓解了当地1800万人口用电紧张的局面。

2. 积极投身公益。回馈当地社会，彰显央企形象，一直是南瑞集团国际化经营的组成部分。在菲律宾，积极联合当地中资企业，为在超强热带风暴"海燕"中受灾的民众捐赠毛毯、衣物等紧缺物资。在尼泊尔，发生8.1级大地震后，第一时间组织员工参与捐款。在老挝，连续三年开展"微爱童行"公益助学活动，受到了全体师生的一致赞扬。

南瑞集团跨文化管理推出以来，先后在17家海外分支机构进行了推广实施，为企业加快国际化进程、更好地"走出去"提供了坚强支撑。国际营销网络持续完善，核心自有产品通过国际权威认证机构 154 项检测，远销 93 个国家和地区。近三年新获 50 个国家商标注册，申请国际专利 80 余项，国际业务收入年复合增长率达 30% 以上。主导和参与制定的 29 项国际标准实现了相关领域的"中国引领"，极大提升了中国装备的国际话语权和影响力、竞争力。

（资料来源：南瑞集团公司王振、盛胜利、卢媛迪《中国电力企业管理》2017 年 12 月。）

第四章 企业社会责任
的兴起与要求

　　进入 21 世纪以来，企业社会责任（Corporate Social Responsibility，CSR）问题越来越受到国际国内社会的广泛关注。从国际社会看，企业社会责任的标准化趋势越来越明显，约束越来越严格。联合国于 2000 年正式启动了"全球契约"十项原则，2012 年将"全球契约"十项原则细化为 140 个指标，对社会责任融入管理提出了更为细致的要求。国际标准化组织于 2004 年启动了社会责任国际标准 ISO26000 的制定工作，全球约 120 个国家及国际组织的 400 多名专家参与该标准的制定工作。2013 年 5 月，全球报告倡议组织倡导企业发布将财务信息与非财务信息进一步整合的综合报告。许多国家和地区进一步加大推进企业社会责任的政策力度。其他一些重要利益相关方也积极加强对企业社会责任的监督和推动，纳斯达克等 5 家证券交易所共同宣布，将与投资者、企业和监管机构共同加强对上市公司的环境、社会和公司治理的披露和表现，以促进各自市场的长期可持续投资。一些跨国公司也纷纷制订社会责任生产守则，发布社会责任报告或可持续发展报告，出现了企业履行社会责任的全球性新趋势。

　　从国内看，中国也越来越重视企业履行社会责任工作。2006 年 1 月 1 日起正式实施的新《公司法》明确要求公司履行社会责任。2008 年 1 月，国务院国资委发布了《关于中央企业履行社会责任的指导意见》。部分全国人大代表、全国政协委员也提出了加强企业社会责任的建议和提案。此后，随着政府部门、行业协会、专家学者、新闻媒体以及企业自身对社会责任的持续关注和重视，企业社会责任不断向纵深发展，持续改进。可以说，积极履行社会责任已成为中国社会各界对企业的殷切期望和广泛要求，是改革开放发展到当前阶段需要重点关注的问题，是促进中国可持续发展和全面小康社会建设的重要举措。"当然，国情不同，企业社会责任的具体内容和表现形式也会有差异，但通过履行企业社会责任来促进人类社会文明与进步的目的是一致的。"①

第一节　企业承担社会责任的历史必然性

"企业社会责任"是一个古老的概念，在当代又呈现出诸多新的形式。现代意义的"企业社会责任"，缘于20世纪末经济全球化背景下企业规模的不断扩大引发的日益严重的社会问题和西方消费者的压力，以及由跨国公司和国际组织推动的相应的企业活动和社会运动。其最初和主要的动力是西方社会公众对跨国公司行为的监督，其直接的基础是西方社会公众的道德价值体系。

在经济全球化背景下，企业社会责任日益成为国际组织、政府、企业和消费者关注的一个焦点，反映了经济社会可持续发展的需要和时代、社会的进步，也是中国构建社会主义和谐社会、实现自身持续健康发展的客观要求，更是企业提升品牌形象，开拓国际国内市场的一种重要手段。跨国公司、国有企业（特别是中央企业）应在履行企业社会责任方面做出表率。一个没有社会责任的公司，很难得到社会的认同，更不可能走向世界。一个重视并切实履行公司责任的企业，同时也是对自己前途命运负责任的企业。可以说，企业社会责任将不会再是一个选择，而变成了一种必要；企业社会责任将被视为一项战略蓝海、一项变革的战略因素、一种管理模式、一种能提升企业形象与声誉的实践活动，以及一个可能有助于吸引和保留员工的双赢战略。

一、时代发展的客观要求

人们对企业社会责任问题的认识经历了一个历史演变的过程。

"西方市场经济国家最初的企业并没有什么社会责任的概念，他们的存在仅仅是为了赚钱。市场经济的进一步发展，诞生了古典经济学。古典经济理论几乎把市场经济下企业的功能等同于企业的社会责任。认为企业只要在法律允许的范围内，尽可能高效率地使用资源以生产社会需要的产品和服务，并以公平的市场价格销售给消费者，企业就算尽到了自己的社会责任。这种认识比较准确地反映了一个国家经济发展

① 仇鸿，"中国政府重视推动企业履行社会责任"，《WTO经济导刊》，2008年第5期。

的初期社会对企业的期望和要求。"① 这种观点在很长一段时间内支配着企业的发展方向。

然而，从 20 世纪初开始，随着经济和工业革命的迅速发展，人们逐渐认识到追求企业利润最大化的企业活动给社会造成的种种负面影响，诸如贫富差距加大、失业率上升、劳资矛盾、生态环境破坏、人们精神和感情失落等，并产生不满情绪，开始意识到企业对社会承担责任的重要性。特别 20 世纪 70 年代以来，伴随经济全球化进程的推进，跨国公司在推动和优化世界资源的全球配置、促进经济繁荣的同时，也加剧了上述矛盾和冲突，并让这些问题随着经济"全球化"成了全球性问题。例如，跨国公司的海外工厂中普遍存在的工作时间过长、工资过低、强迫加班、缺乏职业健康保护、性别歧视等问题。于是，为了保护自身利益以及人们赖以生存的环境乃至人类长远利益，人们纷纷开展了劳工运动、消费者运动、环保运动、女权运动等企业社会责任运动。

与此同时，很多学者如沃尔顿（Walton，1967），赫尔德（Heald，1970），米切尔（Mitchell，1989），波斯特、劳伦斯和韦伯（Post，Lawrence and Weber，2002）都开始对企业的社会责任问题开展专门研究，其中，卡洛尔（Carroll，1979）对企业的社会责任作了一个比较清晰的阐述：企业的社会责任是企业的经济责任、法律责任、伦理责任和自由决定的责任之和。② 管理学专家彼得·德鲁克（Peter F. Drucker）也提出："一个健康的企业和一个病态的社会是很难共存的。"③ 美国学者戴维斯（Davis）等通过对社会期望同企业回应之间关系的研究，提出了"责任铁律"（Iron Law of Responsibility）即"从长远看，那些不以被社会认为是负责任的态度运用权力的公司，最终将丧失其权力。"④ 而后，越来越多的经济学家倾向于主张企业应承担社会责任。他们认为，企业承担社会责任有着充足的理由：首先，企业制造问题，因而必须解决问题；其次，企业是社会的成员；再次，企业通常具备解决问题所需的资源；最后，企业是社会的合伙者之一。

到了 20 世纪 90 年代，一方面，国际上出现了声势浩大的 CSR 运动浪潮，形成国际联合推动 CSR 的格局，如 1999 年 1 月，联合国提出"全球契约"，要求跨国公司和

① 李义平，"对企业社会责任的全面辩证理解"，《经济参考报》，2006 年 2 月 18 日。
② Archie B. Carroll, The Four faces of Corporate Citizenship, Business and Society Review, 1998, P101.
③ 叶祥松：《企业社会责任内涵和产生机理》《经济导刊》，2006 年第 4 期。
④ Archie B. Carroll, The Four faces of Corporate Citizenship, Business and Society Review, 1998, P101.

私营企业在各自的影响范围内遵守、支持以及实施一套在人权、劳工标准及环境方面的十项基本原则。另一方面，许多知名跨国公司的社会责任自觉意识增强，纷纷制定自己内部的社会责任守则。此外，很多行业性、地区性、全国性以及国际性的行业组织和非政府组织也制定了各不相同的"外部"社会责任守则（多达 400 多种）。为了消除名目繁多且交叉重复的社会责任守则给公司、消费者和工厂造成的困惑，社会责任国际组织（Social Accountability International，SAI）制定并发布了全球第一个"社会责任国际标准"——SA8000 标准。

进入 21 世纪，美国安然、安达信丑闻的曝光，使企业的诚信度再次受到公众的质疑，企业的社会责任和商业道德再次成为热门话题。2008 年美国次贷危机引发了全球性金融危机，人们在诊断金融体系解体的原因时，往往将答案归结为一些利益相关者的责任缺失！社会责任进一步成为全社会关注的超越国界的敏感话题，成为企业不可或缺的选择；企业社会责任也被进一步视为包含着经济、环境、法律和伦理责任等在内的一种综合责任。跨太平洋伙伴协议（TPP）的投资章节首次纳入"企业社会责任"条款是企业社会责任在更广泛的区域投资协定发展的重要突破，对中国贸易投资规则的发展提供了新的视角与方向。

二、克服市场自由化弊端的需要

美国经济学家萨缪尔森（Paul A. Samuelson）指出，虽然在当今没有什么东西可以取代市场来组织大型而复杂的经济。但问题是，市场经济本身自始至终都在贯彻等价交换、竞争等经济法则，它能带来经济上的高效率，人们不能指望它意识到人类社会的其他诸多问题，更不能指望市场的充分发育能一揽子地解决社会问题。

就市场经济的消极面来说，它利用的正是人的利己心，以及人对物质享受永不满足的贪欲。看不见的手可以引导我们到达生产可能性边缘的外围极限，但它并不一定是以人类可接受或"喜欢"的方式来安排人类生活的。也即，一个市场秩序与一个健全的人类社会在价值取向和目标之间存在着一致性的同时，也存在着很大的差异，不能指望通过市场经济来建立一个健全的人类社会。因为，资本扩张的最终目的是不顾一切地榨取高额利润，马克思早就指出了这一点。

事实也正是如此。20 世纪 80 年代以来，新自由主义的泛滥不仅在发达的资本主义世界内部，而且在世界范围内造成了一系列消极社会后果。其中一个严重后果就是贫富两极分化，即使在国际上被视作拥有国际顶级社保体系和社会福利的德国，国内社会的贫富差距也在不断扩大，进一步导致了社会不公的加剧。

为此，我们必须提倡和构建一种以全球的公共利益与共同发展为价值取向的全球普遍伦理或全球契约，作为世界经济运行的社会资本，并据此建立起一种能够进行有效全球调控的机制、程序与机构，以促进建立一个有效率的、开放的、良性运行的世界市场体系，以便为绝大多数民众与民族的利益、以最佳的方式协调合作解决面临的各种问题，以实现经济效率、社会公正及可持续发展。

三、适应和引领中国经济新常态的必然要求

经济新常态是以习近平同志为核心的党中央，站在时代发展的高度，纵观国际国内大局，立足国家发展全局，深刻认识经济增长规律的现实做出的重大战略判断，深刻揭示了中国经济发展阶段的新变化、新特点。

整体上看，经济新常态包含着经济增长速度由高速向中高速转换；发展方式由规模速度型粗放增长向质量效率型集约增长转变；产业结构由中低端向中高端转换；增长动力由要素驱动向创新驱动转换；资源配置由市场起基础性作用向起决定性作用转换；经济福祉由非均衡型向包容共享型转换。经济新常态发展的本质是追求更高质量更加公平和更可持续的经济发展。这种更可持续的经济新常态，要求不论是企业还是政府，或是其他相关机构组织，都要承担起相应的社会责任。在这一背景下，党的十八届五中全会提出了"创新、协调、绿色、开放、共享"五大发展理念，深刻揭示了实现更高质量、更有效率、更加公平、更可持续发展的必由之路，是当前和今后相当长时期内中国的发展思路、发展方向、发展着力点。

当前，中央政府、地方政府，以及许多行业组织都积极采取措施推动企业履行社会责任，加快转变发展方式，践行可持续发展。包括：加强企业社会责任立法，健全制度建设和监管监督，完善国企发展成果考核评价体系，出台社会责任支持政策和责任指南，搭建企业社会责任服务平台，等等。企业要充分认识经济新常态下履行社会责任的紧迫感和重要性，特别是以央企、大型国企、跨国公司为代表的大型企业应该积极承担更多的社会责任，发挥好引领带动作用，将企业社会责任管理由被动型和适应型提升为主动型和战略型，把社会责任意识融入企业生产经营的各个环节，加快形成企业与社会的共生共荣关系。

【专栏 4-1】

新常态下企业履行社会责任的七大趋势

经济发展的新常态下，如何认识和理解企业社会责任面临的新机遇和新挑战，是从事社会责任理论研究和实践推动者所必须解决的一个重大课题。经济发展新常态下，企业社会责任也进入了新常态，存在以下七个方面趋势性的变化[①]：

一是可持续发展将成为企业履行社会责任的核心理念。经过多年的努力，越来越多的企业意识到，企业履行社会责任的核心是可持续发展。要将自身的发展与社会环境的和谐、可持续发展有机地联系在一起，实现经济、社会、环境综合价值的最大化。

二是企业社会责任将成为企业改革发展的重要内容。党的十八届三中全会指出，要以规范经营决策、资产保值增值，公平参与竞争，提高企业效率、增强企业活力、承担社会责任为重点，进一步深化国有企业改革。这说明企业社会责任绝不是游离于企业之外的一项可有可无的工作，而是国有企业改革发展的内在要求。社会责任管理将作为企业管理创新的重要内容，真正融入企业发展改革的全过程。

三是企业社会责任将走向法治化的轨道。党的十八届四中全会强调要加强企业社会责任立法，这标志着企业履行社会责任将有章可循、有法可依。社会责任的立法将掀起企业社会责任工作推进的一个新高潮。

四是企业社会责任将日渐由软约束向硬约束转变。国际上企业社会责任标准化的趋势越来越明显，近年来，一些国际组织对企业社会责任提出了硬指标。比如欧盟，去年针对非财务信息报告发布了九份法规，要求大型的欧盟公司必须提交公司的社会责任年度报告，如果不能够提供需要做出合理的解释。

五是企业社会责任国际化将成为必然的趋势。随着中国对外开放步伐的

---

① 国务院国资委侯洁在新华网 2015 年 1 月 15 日发起主办的"第七届中国企业社会责任峰会"致辞，ht-tp：//www. xinhuanet. com/fortune/2015 - 01/15/c_ 127390009. htm。

加快，企业"走出去"成为必然的趋势，社会责任"走出去"国际化也将成为必然的趋势。

六是社会责任沟通将日益多元化、网络化、透明化。网络化、大数据各种新媒体的出现给企业的商业模式带来革命性的变化，也将给企业社会责任的沟通和传播带来革命性的变化，网络正在成为企业社会责任沟通的新领域。

七是公众对企业社会责任诉求常态化。随着公民意识和维权意识的提高，公众的期待和要求将成为企业履行社会责任的风向标。

面对这些重大变化，作为国有企业和中央企业理应站在时代的潮头引领趋势主动变革，努力做履行社会责任的表率，努力成为国家经济的栋梁和全社会企业的榜样。国务院国资委也将和社会各界一道继续努力，继续加强对国有企业社会责任的指导和引导，促进国有企业主动适应履行社会责任的新常态，引领新常态。

四、企业形成国际竞争新优势的"软实力"

以全球契约为代表的跨国公司新一轮发展趋势表明，市场竞争规则已经发生了重大改变，竞争目标已经从以前的唯利是图变成现在的和谐发展，竞争方式从弱肉强食变为合作竞争，而竞争的结果也已经从你死我活发展到互利共赢。[①]

一个长期奉公守法、善待利益相关者、勇于承担社会责任的企业，不仅可以避免政府机构、社会团体、普通公众对企业的指责、惩罚和行为上的限制，保证企业正常的生产经营活动不受干扰，而且为企业拓展广阔的生存和发展空间创造了有利的条件，进而形成企业的"软实力"和"软资源"。

- 易于获得进入国际市场的充满绿色和诚信的通行证，突破种种贸易壁垒和市场壁垒；
- 有助于提升企业形象、品牌形象和美誉度，有利于吸引人才，激发员工的士气和创造性；
- 提高对顾客的吸引力和忠诚度，扩大销售量；
- 更能获得社会责任投资者和金融机构的支持，争取更多资金注入；

---

① 王志乐、何曼青，《2006跨国公司中国报告》，中国经济出版社2006，第10页。

- 密切与供应商的关系，为企业的日常运营带来稳定和忠诚的市场空间；
- 更容易与公众和所在地政府建立互信，获得理解和支持，赢得更多发展机遇；
- 在企业遭遇危机时更能获得利益相关者的支持，渡过难关；
- 通过推出以承担社会责任为卖点的产品和服务能带来更多经济利益；等等。

综上所述，企业只有均衡好包括员工、供应商、消费者等利益相关者各方的利益，与各方建立起合作、和谐、共赢的发展关系，才能兴旺发达、长治久安。例如，有些企业原本有很好的发展势头，可是一旦爆发危机后，就会陷入"四面楚歌""墙倒众人推"的境地，而另一些企业遇到同样的问题，包括员工、合作伙伴等能自发组织起来帮助企业渡过难关？其中的重要原因是，前者平时唯利是图，利欲熏心，后者虽然也唯利是图，但懂得分配和调和。两种不同的结果，正所谓"种豆得豆，种瓜得瓜"。

越来越多的企业在实践中认识到，企业社会责任作为一种战略工具，可以有效提升企业竞争力。许多国际一流跨国公司正将社会责任工作从单纯应对外部压力的被动行为转化为企业的主动追求，从作为企业发展的制约因素转化成为提升企业国际竞争力和可持续发展能力的核心要素，出现了强化企业社会责任的趋势。

【专栏 4-2】

不同的社会责任态度，导致截然不同的结果

在企业社会责任运动蓬勃发展的形势下，跨国企业该如何把核心商业战略、盈利目标与社会责任相结合？也许我们可以从以下两个事例寻找到答案。

一、美国杜邦：把社会责任问题转化为商机

很久以前，美国一些企业就意识到，可以将企业的社会责任转化为商机。以杜邦公司毒性试验室（Du Pont Industrial Toxicity Laboratory）为例，早在 20 世纪 20 年代，杜邦公司就觉察到该公司很多工业产品是有毒的，当时许多其他化学公司都认为这是很自然的影响，并没有采取任何应对措施。但杜邦公司却为此专门设立了一个实验室，测试其产品所含的毒性，并研究消

除毒性的程序。之后它又决定把控制工业产品有毒性物质的业务，发展成为一个独立的企业，不仅为杜邦公司，也为其他顾客提供诸如产品毒性检验等服务。这样，杜邦公司不但消除了企业对社会和环境的不良影响，而且还把这种影响转化为企业的商机，为企业创造了新的发展机会。①

当前，能源紧张、环境污染等社会问题空前受到人们关注。如果企业能够根据自己的专业特长，针对这些热点中的某一类问题，推出相应的产品和服务来解决它，就必然能够抓住消费者的"眼球"，迅速扩大自己的知名度，帮助自己赢得新的市场。

把问题转化为机会是企业家的职能所在，也是企业管理的精粹所在。这方面，跨国公司已经走在我们前面。比如 GE、思科公司均表示，他们将在绿色科技研发方面增加一倍以上的支出，以此支持全球环保事业；BP 公司承诺对中国的能源安全做出贡献，等等。相信中国企业也一定会在必须承担社会责任的约束条件下，在把问题转化为机会方面大显身手。

二、美国曼维尔公司：无视社会责任的沉重代价

1940 年，美国石棉制造企业曼维尔公司（Manville）的高层管理者发现，其产品石棉瓦会引起致命的肺病，但他们并没有及时采取措施，而是有意隐瞒了雇员 X 光胸透的结果，隐瞒了真相，公司因此节约了一大笔医疗费用。但是，该公司在 1982 年却因上千件与石棉有关的诉讼被迫申请破产。为了补偿受害者，曼维尔公司同意设立个人伤害安置信托基金，以现金、债券及20% 年利润给予补偿（直至 2015 年），累计金额近 26 亿美元。企业的恶劣与短视行为，造成许多工人过早死亡，股东损失巨大，公司被迫重组。在重组期间，曼维尔放弃了最盈利的石棉生产，曼维尔公司的最高管理层被解散，8% 的普通股被转入个人伤害处理信托基金。曼维尔公司的最高管理者和股东都为过去的行为付出了高昂的代价。不过，获得重生的曼维尔公司现在已经发展成为一个国际控股公司了。②

可见，企业作为经济实体，盈利是其首要的、基本的责任。承担社会责

① 资料来源：袁华、皮菊云，"美国企业社会责任实践研究"，《经济师》，2007 年第 2 期。

② （美）戴维·J. 弗里切（David J. Fritzsche）著；杨斌、石坚、郭阅译，"商业伦理学"，机械工业出版社2002 年 6 月。

任，从短期看，可能会增加投资成本，减少利润，但如果无视企业社会责任，则可能不仅没有利润，还会危及企业的生存。国内三鹿奶粉事件也是企业缺乏社会责任的一个活生生例子。

五、提升国家形象的需要

习近平总书记强调，要注重塑造中国的国家形象，重点展示文明大国形象、东方大国形象、负责任大国形象和社会主义大国形象。总书记的重要指示指出了中国国家形象建设的紧迫要求，确立了中国国家形象建设的明确方向。企业也是国家形象的重要塑造者，企业形象是国家形象的重要组成部分。

提升国家形象的方法很多，在经济全球化深入发展的趋势下，一国企业及其产品和服务品牌就是该国国家形象的重要组成部分。"某国制造"的标签，不仅反映出该国产品和服务的质量，也反映出其企业的责任感、信用度和可持续性。因此，越来越多的国家将企业社会责任作为全球化战略的重要内容，特别是通过跨国公司的活动及供应链管理，积极参与企业社会责任国际规则的制定，加大企业社会责任在全球的影响及普及力度，占据国际竞争的制高点。

中国也要把企业海外形象建设作为企业国际化发展的一项重要战略任务。随着中国企业"走出去"战略实施，一大批中国企业积极开拓国际市场，企业海外声誉构建不仅是企业国际化战略的需要，也是国家形象提升的需要，任何企业个体行为都可能对中国整体企业形象、品牌形象甚至国家形象产生影响。

因此，中国企业在国际化经营中，必须模范遵守所在国法律，尊重当地习俗，坚持诚信经营，保证产品和服务质量，保护当地环境，维护当地员工权益，带动产业链共同发展，积极参与社区建设，努力树立负责任的良好形象。

六、企业社会责任需要全球性合作

在经济全球化的趋势下，世界市场日益形成相互依存、彼此互补的完整的产业链、供应链、价值链和市场需求链。企业社会责任不再是一个企业的单独行为，而是全球供应链（包括制造商、供应商、采购商和品牌商）共同的责任；企业社会责任也不再是一个国家的单独行为，而是一种世界潮流和趋势。人类公共利益的形成和各种全球问题的出现，客观上要求加强对策研究，制定出范围更广、力度更大的应对措施，并开展广泛的国际合作。

　　全球问题所表现出来的普遍性、整体性、内在联系的深刻性，要求我们用一种崭新的全球意识认识当代世界，即：在承认国际社会存在共同利益，人类文明具有共同性的基础上，超越社会制度和意识形态的分歧，克服民族国家和集团利益的限制，以全球的视野去考察、认识社会生活和历史现象。这是一种思维方式的根本转变，它把人类作为一个整体来审视，分析、处理人类面临的各种问题，这也是一种价值观的重大调整，它把人们从追求纯粹、单一的阶级利益、国家利益提升到自觉关注人类的共同利益。

第二节　现代企业社会责任的基本内容

　　从社会契约论的观点来看，企业社会责任从企业诞生之日起就已客观存在。但企业社会责任概念的提出，则是经济发展到一定阶段的产物，且企业社会责任的内容与形式随着经济、社会的发展和预期的变化而变化，并因各国的制度环境和社会发展水平的不同而不同。迄今，国际上对企业社会责任还没有一个统一的定义，各种组织和机构都是从各自的立场和角度出发，赋予其不同的内涵。中国企业履行社会责任，既要与国际接轨，又要结合中国国情和企业实际，体现出自己的特色。

一、企业社会责任的内涵与基本要求

　　企业社会责任概念最早于 1923 年由英国学者谢尔顿（Oliver Sheldon）提出，是指公司不能仅仅以最大限度地为股东营利为唯一存在目的，而应当最大限度地增进股东利益之外的其他所有社会利益，包括雇员、消费者、债权人、中小竞争者、当地社会、环境、社会弱势群体及整个社会利益等。

　　1953 年，霍华德·R. 鲍恩（Howard R. Bowen）《企业家的社会责任》一书的出版，使人们进一步认识到了企业社会责任。此后，有关企业社会责任的理论与研究也伴随着企业社会责任运动的实践得到了丰富和发展，学术界和企业界围绕企业社会责任也进行了多方面的积极探讨。

　　虽然 CSR 这个概念广被接受，但却没有一个统一的定义。不同的社会背景有着不同的内容。各种组织和机构、不同的学者等从各自的立场和角度出发，赋予企业社会责任不同的内涵。如，一些重要国际组织，包括联合国、世界银行、OECD、欧盟、世界经济论坛以及学术机构等对 CSR 予以高度关注，并给出了定义。尽管对 CSR 有多种表述，但是其基本内涵和外延一致，即 CSR 是指企业在追求营利的同时，要承担社会责任，发展要合乎社会道德规范，要维护企业利益相关者、特别是劳动者的权益和环境保护，以最终实现可持续发展。

（一）各国际组织对企业社会责任的定义

联合国在《全球契约》中要求跨国公司重视人权、劳工标准、环境保护和反腐败，以克服全球化进程带来的负面影响。

欧盟把社会责任定义为"公司在自愿的基础上把对社会和环境的关切整合到它们的经营运作以及它们与其利益相关者的互动中"。

世界银行提出，企业社会责任是企业与要害利益相关者的关系、价值观、遵纪守法以及尊重人、社区和环境有关的政策和实践的集合。

世界经济论坛认为，作为企业公民的社会责任包括四个方面：一是良好的公司治理和道德标准，二是对人的责任，三是对环境的责任，四是对社会发展的广义贡献。

国际标准化组织认为，社会责任是指一个组织在开展任何活动时都要负责任地考虑对社会和环境的影响，其活动应当满足社会和可持续发展的需要，符合社会道德标准，不与法律和政府间协议相抵触，且全面贯穿到该组织开展的活动之中。

从这些定义中我们可以看出，不同国际组织对社会责任的认识，既有共同认可的内涵，也有不同的侧重和差异。

（二）美国学者卡罗尔有关企业责任的金字塔思想

历史上有很多学者研究过"企业社会责任"理论，至今仍被普遍认可和广为引用的，是美国著名管理学者卡罗尔提出的"企业社会责任金字塔模型"。1979 年，卡罗尔的《公司业绩的三维概念模型》一文认为，企业社会责任可定义为四个层次，参见图 4 - 1：[①]

第一层是经济责任，即企业必须负有生产、盈利及满足消费者需求的经济责任，这是其他更高层次社会责任实现的基础；

第二层是法律责任，指企业的一切活动都必须遵守法律的条款，依法经营；

第三层是伦理责任，指企业的各项工作必须符合公平、公正的社会基本伦理道德，不能做违反社会公德的事；

第四层是慈善责任，指企业必须具有坚定意志和慈爱心怀。它们是非强制性的、非法律要求的。

---

① 李文川、卢勇、张群祥，"西方企业社会责任研究对我国的启示"，《改革与战略》，2007 年第 2 期。

该定义可操作性强，可以为企业提供行动上的指导，对于分析企业社会责任的范围很有帮助。

在卡罗尔看来，这四大部分并非等量齐观，相反，他们的权数各不相同，其权数按经济责任、法律责任、伦理责任和慈善责任依次为4—3—2—1。这一权数关系后来被称为"卡罗尔结构"（Caroll's Construct）。在卡罗尔结构里，企业社会责任具有了明确的内容，并突出了经济因素在企业社会责任中的重要地位。[①]

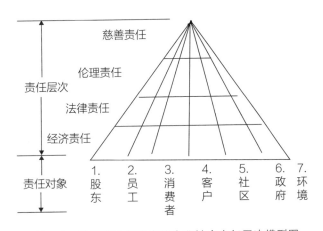

图4-1　基于利益相关者的企业社会责任层次模型图

（三）中国国务院国资委对央企的社会责任要求

2008年1月4日，国务院国资委发布了《关于中央企业履行社会责任的指导意见》。意见要求，中央企业要在三个方面履行社会责任：

1. 法律责任

即法律规范的自觉遵守。国家制定的环境保护、资源节约、安全生产、职工权益保障、消费者权益保护、市场经济秩序等法律规范，全社会都应该共同遵守，这是经济社会健康稳定协调发展的基本保障。自觉遵守法律规范，是中央企业必须履行的社会责任，是必尽责任。

2. 价值创造责任

即企业价值的充分体现。企业的价值体现在多个方面，对股东要给予回报，对消费者要提供优质的产品和服务，对职工要创造更好的劳动、生活和发展条件，对自然

---

① Carroll A. B. , A Three-Dimensional Conceptual Model of Corporate Performance, The Academy of Management Review 4, 1979 No. 4, 497-505.

环境要给予更好的保护，对国家和社会要创造财富、提供就业岗位、缴纳税收，等等。充分体现企业价值，是中央企业基本的社会责任，是应尽责任。

3. 伦理道德责任

即道德伦理的高尚追求。讲操守、重品行，保持高尚的道德伦理追求，是中华民族的传统美德。企业在遵守法律规范、体现企业价值的基础上，还应该对社会承担更大的义务，要有善心、有善意、有善举，热心参与社会公益事业。模范实践对道德伦理的高尚追求，是中央企业在自愿基础上履行的社会责任，是愿尽责任。

此外，中国也有学者按照企业经营行为影响的领域，将企业社会责任分为自我责任、行业责任、社区责任和国家责任四个层级，这四个层级之间存在着层层递进的关系。这种分层的优点是可以基本上穷尽企业需要履行的社会责任。

（四）本书作者对企业社会责任的解读

尽管对企业社会责任存在多种表述，但有一点是相同的，即都超越了企业单纯追求经济效益这个狭小范畴，而以更宏大的视角来考察和规范企业行为，以契合"社会"二字的本质特征。

综合起来，企业社会责任是指企业在创造利润、对股东利益负责的同时，还要承担对员工、消费者、社区、环境等方面的责任，具体包括遵守商业道德、保障生产安全和职业健康、保护劳动者合法权益、保护环境、支持公益事业、保护弱势群体等。这里，需要明确的是：

1. 企业社会责任是一个整体的概念

它是由一些具体类型的责任组成，经济责任和法律责任属于基础层次，伦理责任和慈善责任属于较高层次。各类型的责任之间并非并列关系，也非互不兼容，而是呈持续、动态变化的状态。

2. 企业社会责任并不存在统一的国际标准

没有一个公式适用于所有的企业或任何单独的企业，企业社会责任因企业规模、成长阶段、产业型、战略导向、地理位置、企业内部文化、外部社会压力的不同，在承担社会责任的内容和形式方面有很大的差异。因此，企业并非按照由低到高的顺序，而应根据自身实力有选择地履行社会责任，不能跨越企业发展阶段和规律，否则会影响企业的持续健康发展。

3. 企业社会责任是一个不断发展的、开放式的概念

受文化和社会背景的影响，企业的表现和认知也因社会、文化和时间存在巨大的

差异而有不同。就中国特定背景下的企业社会责任内涵而言，它不仅具有国际社会所共有的维度，而且具有中国特色的独特维度。伴随着全球化步伐的加快，企业社会责任的概念呈现扩大化和复杂化趋势，现代企业对利益相关者的保护不仅包括对本国利益相关者的保护，也包含对各个东道国利益相关者的保护，如捐助慈善事业、合理开发资源、遵守商业道德、保持组织信誉等。

4. 企业社会责任不能无限扩张

尽管社会对企业的期望越来越高，但我们必须强调，企业的社会责任不是可以无限扩展的，而是有限度的。彼得·德鲁克在他的《管理——任务、责任、实践》中专门写了一章《社会责任的限度》。他认为，对于一个企业家来说，仅仅是做得好还是不够的，还必须做好事。但做好事，首先必须做好企业。他说，如果一个企业忽略了在经济上取得成就的限制并承担了它在经济上无力支持的社会责任，企业很快就会陷入困境，因此而损失了企业取得成就的能力，那就是最不负责任的。企业最基本的社会责任就是把企业做好，这是企业履行其他社会责任的前提和载体。企业的社会责任不能无限扩张，还意味着企业与政府功能不能错位，不能把本该属于政府的责任推给企业。

表 4 - 1　企业社会责任的九大目标内容

对股东的责任	企业应遵纪守法，对股东的资金安全和收益负责，对企业的资产进行保值和增值，力争给股东以丰厚的投资回报；向股东提供真实、可靠的经营和投资方面的信息等
对员工的责任	员工是企业财富的创造者，企业应该善待员工。核心内容既包括国际公约中或劳动法意义上的保障雇员实现其就业和择业权、劳动报酬索取权、休息权、劳动安全卫生保障权、社会保障取得权等法律义务，也包括企业按照高于法律规定的标准对雇员承担的道德责任等
对消费者的责任	企业利润的最大化最终需要依赖消费者的认同来实现。因此，企业要充分尊重消费者的合法权益，主要内容包括：提供令消费者满意的产品和服务；尊重消费者的知情权和自由选择权；保护顾客的安全，保障顾客活动赔偿权等
对债权人的责任	对企业债权人的保护应该始于企业设立之际，贯穿于企业营运之中，企业清算结算之时，企业要做到：保证资产保值和增值的责任；及时诚实地披露企业信息；积极主动偿还债务；等等
对供应商的责任	企业的供应商参与了企业价值链的形成，对企业的生产经营有着举足轻重的影响。企业应该恪守信誉，严格执行合同，建立对供应商的核查和评估机制，与供应链体系上下游企业共同承担责任等

续　表

对竞争者 的责任	一个富有社会责任感的企业应当遵循公开、平等、公正的竞争原则。它可以使社会资源得到合理的配置，并最终为整个社会带来巨大的福利。因此，在市场竞争中，企业应当采用合理合法的竞争手段，杜绝腐败和贿赂行为的发生；等等
对社区 的责任	社区是企业赖以生存的环境，只有得到社区支持，才能如鱼得水、畅游自如。企业要扮演好"居民"角色，通过了解社区的具体需求以及企业的条件和可能，积极为当地居民提供就业机会，保护当地的环境，为社区的公益事业提供慈善捐助，协调好企业发展与社区资源合理利用之间的关系；等等
对政府 的责任	企业是一个组织，但它同时也是社会的公民。企业要扮演好社会公民的角色，自觉按照政府有关法律、法规的规定，合法经营、照章纳税，承担政府规定的其他责任和义务，并接受政府的监督和依法干预
对资源环 境的责任	企业是各种资源的主要消耗者，是环境问题的主要责任者。一要按照有关法律的规定尽可能合理地利用资源，减少对环境的污染程度；二要承担治理由企业所造成的资源浪费和环境污染的相关费用；三要致力发展循环经济，实施绿色供应链管，包括绿色设计、绿色采购、绿色生产、绿色物流和绿色回收；等等

【专栏 4-3】

企业社会责任的五大认识误区

误区一：把企业社会责任与标准混为一谈

将企业社会责任等同于《国际劳工标准》、跨国公司的《企业社会责任守则》《SA8000 认证》，这样理解是不全面的。社会责任是一个整体概念，社会责任标准是对社会责任内容的细化和量化。企业社会责任标准大体有三大类：第一类是按照政府标准来界定社会责任，这些标准包括规范企业的全国性及地区性法律法规；第二类是由非政府组织制定的民间标准，这些标准通常选取部分既有的政府及跨政府标准以应用于特定活动等；第三类是由各跨国公司自身制定的供应链行为准则，这些公司有迪士尼、沃尔玛、耐克、宜家等。企业社会责任的认证有第一方认证、第二方认证和第三方认证。某一类社会责任标准只是众多企业社会责任标准中的一个，不能代表社会责任本身。

误区二：将企业社会责任等同于企业捐赠或公益事业

企业社会责任的内容十分宽泛，企业自身的健康发展、依法纳税、创造就业机会、为员工提供合理的薪酬、为消费者提供优质产品和服务、节约资源、捐助环保工程和社会公益福利事业等，都是企业社会责任的范畴。而慈善捐款和公益活动只是企业履行社会责任的一种形式，并不等于社会责任的全部。如果一个企业表面上为社会公益事业做了大量的捐赠，暗地里却偷税漏税、仿冒造假、污染环境、商业欺诈、拖欠工资，这样的企业，捐款只是一块遮羞布。如果一个企业用慈善捐款来沽名钓誉，或者只顾搞慈善捐款而影响了企业的正常经营和发展壮大，或者超过企业的承受能力，这也不是一种理性的、正当的履行社会责任的方法，也不能给社会带来正面的影响。因此，企业通过公益活动履行社会责任要摒弃功利性。

误区三：企业的社会责任就是照章纳税

有人认为企业在照章纳税之后，就算完成了企业对社会的责任。这点把企业社会责任的概念狭隘了。企业社会责任不仅包括合法纳税这一种方式，还有捐款、资助、慈善活动、创办基金会等多种手段。而企业不仅要学会怎样挣钱，还要学习如何花钱，即取之于社会，还原于社会。[①]

误区四：把企业社会责任与企业办社会等同

所谓"企业办社会"是指在计划经济体制下，国家将企业看成是一个行政单位，企业对每一个员工承担了本来应该由社会承担的福利功能，如企业办学校、办医院、办社区等。而企业社会责任则是指在市场经济条件下，企业的经济功能与社会功能相剥离的前提下，企业有目的、有计划地主动承担对员工、对消费者、对环境和对社区的社会责任，实现企业利益和社会发展的双赢。

误区五：企业社会责任是企业自身的事，与政府无关

企业的社会责任并不完全是企业自身的事情，而是一个超越法律概念的

[①]　崔怡，"企业社会责任的八大认识误区"，《WTO经济导刊》，2005年第9期。

一个定义宽泛的问题。维持一个经济体系的正常秩序，不能只依赖企业自觉性，而应当建立在法律和规则的基础上。当前中国一些企业的社会责任意识淡薄，不仅与一些企业家的素质有关系，更重要的是相关职能部门没有承担起相应的监管责任。

误区六：社会责任是大企业的事，小企业还没有实力承担社会责任

这种观点是错误的。社会责任是所有企业应该承担的责任，但企业在不同阶段，由于所拥有的资源和能力条件不同，履行企业社会责任的方式和内容也不同。在孕育期和求生存期，由于所掌握资源较少，能力较弱，社会压力较大，企业就应从树立社会责任观念做起，遵守法律框架下的社会责任；在高速成长期，伴随着自身实力的增强，企业在遵守法律框架下社会责任的同时，更应从企业战略发展的角度，思考更广泛利益层面的社会责任。当进入成熟期，企业已经积累了相当资源，并拥有了一定的能力，企业也就更应该承担起资源节约、社区责任、慈善和公益事业等道义层面的社会责任，塑造良好的社会形象。当进入衰退期，企业必须思考如何真正有效地履行社会责任。当进入蜕变期，如何进行企业社会责任观念的升华就成为企业必须思考的问题。

二、跨国公司社会责任的特殊性

跨国公司与一般企业之间存在着诸多差异，无论是企业的国别属性还是企业运营系统的时空都迥然不同。经济全球化所浓缩的世界版图并未将各国的社会利益都纳入统一的世界社会利益概念范畴之内，东道国社会利益与母国、其他国家及其世界社会利益之间，虽有千丝万缕的联系，却并非简单的正相关关系。简言之，跨国公司社会责任缘起的基础变得更为复杂与潜在，这一切决定了跨国公司与一般企业在社会责任方面存在着特殊性。

（一）跨国公司社会责任的概念框架

跨国公司社会责任的概念是建立在企业社会责任的概念基础之上的，跨国公司比在一国经营的企业的性质和行为更为复杂，在社会责任方面尤其突出。国内学者崔新健根据跨国公司生存空间的性质分类，将跨国公司社会责任的概念框架分成三个不同层次。① 参见图4-2。

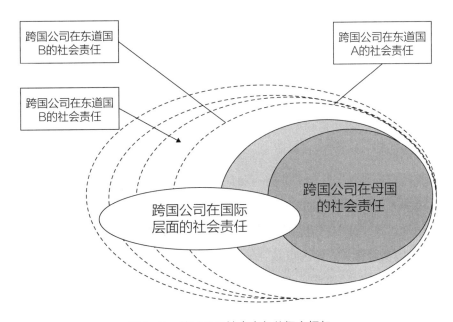

图4-2　跨国公司社会责任的概念框架

1. 跨国公司在母国的社会责任

是指其对总部所在国的社会责任。由于跨国公司只是企业的一种特殊形式及其具有母国属性，所以，无论其经营的范围和导向是国内的还是国际的，在本国与一般企业社会责任概念并无本质区别。

跨国公司的投资虽然遍及全球，但它们仍是以母国为根基的，其总部和大多数股票拥有者仍然留在母国，因此，跨国公司母国作为跨国公司的重要利益相关者对其社会责任的强化具有很好的监督作用。

2. 跨国公司在东道国的社会责任

是指跨国公司在总部以外其他国家版图内的社会责任。尽管从理论上讲，一般的企业社会责任概念同样适合于东道国，但是，由于跨国公司的母国属性以及各东道国之间差异巨大，因此这一概念应用于东道国会诱发一些特殊的问题和反应，尤其是发达国家的跨国公司在发展中东道国的社会责任。

---

① 崔新健，"跨国公司社会责任的概念框架"，《世界经济研究》，2007年第4期。

3. 跨国公司在国际层面的社会责任

是指跨国公司作为一个有机的经营系统在超越一国疆界层面的社会责任，这一层面特指国家层面之上面临的一般性问题，这些问题源自跨国公司内部一体化与跨越国家疆界之间的冲突。

跨国公司作为"世界公民"，其生存的边界为"全球共同体"，而同时其本身又是一个有机的整体，由此在社会责任方面必然会面临系统性（一致的社会责任理念、制度或守则在全球范围的适应性推行）、协调性（社会责任与公司战略、管理风格、管理职能之间的契合性）和共生性（全球和区域正式组织、非政府组织所制定的规则，以及各国或部分国家共同关注的问题）的挑战。

国际上对企业社会责任的共识是，企业所履行的社会责任要符合当地法律、道德、文化标准以及公众的期望，同时企业有做慈善活动的公益责任。

（二）跨国公司社会责任的特点

跨国公司社会责任不同于一般意义上的公司社会责任，它是为维护全球利益而对跨国公司逐利行为的制约，所以，跨国公司较之于一般的公司而言，应该承担更多的社会责任，跨国公司的社会责任应该在全球范围得到强化。跨国公司社会责任具有构筑基础的多元性、主体目标的异质性、社会期望的超标性、评价标准的差异性以及监控规管的复杂性等特征。跨国公司社会责任的强化依赖于国际社会、跨国公司母国、东道国和跨国公司所在社区的媒体、社会团体以及跨国公司自身等利益相关者的合作努力。

1. 社会责任内涵的差异性

跨国公司的经营在地域上面临一个母国与东道国文化差异的问题，其所处的社会环境更为复杂：一是多国消费群体的更为多元化；二是各国在经济发展水平、法律法规的政策倾向性和完善程度、产品技术标准、社会文化等方面具有较大的差异性，人们对"什么是应该做的""什么是符合道德伦理的"这些问题的回答是有差异的，导致不同国家人们对于跨国公司的社会期望存在较大的不同，因而在进行社会责任决策时，部分跨国公司采用"双重标准"或"多重标准"；三是各国的消费者群体和劳工组织的影响力不同，跨国公司对不同国家的利益相关者的诉求重视程度也不同。这些差异使得公司伦理问题成为跨国经营者常常遇到并且必须慎重处理的问题。

2. 利益相关者的更加多元复杂性

跨国公司的利益相关者是一个涵盖范围非常广泛的群体。"从宏观层面上讲，跨国公司的利益相者包括跨国公司母国、跨国公司东道国以及国际组织；从中观层次上讲，跨国公司的利益相关者包括跨国公司所在区域的社会活动团体、媒体、公众等；从微观层次上讲，跨国公司的利益相关者包括跨国公司的各类成员公司（母公司、子公司）、各成员公司的股东以及各成员公司的债权人、客户、供应商、雇员、工会、消费者、自然环境等"① （如图4-3）。

因此，跨国公司社会责任的强化依赖于其宏观、中观和微观三个层次的利益相关者的共同治理。一方面，跨国公司要受到母国和东道国各利益相关者的制约，另一方面，由于跨国公司的巨大影响力，它们往往成为联合国、政府间组织以及国际非政府组织关注的中心。"近年来，很多人开始探讨跨国公司在维护地区稳定方面的作用。自20世纪90年代开始，企业在冲突预防、危机管理和战后重建过程中的作用受到了极大的关注，如联合国、世界银行、世界经济论坛，以及一些非政府组织，如国际和平学会和透明国际等组织纷纷开会讨论跨国公司在维护地区稳定方面的作用。"②

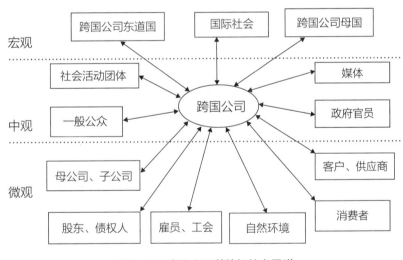

图4-3 跨国公司利益相关者图谱

3. 社会责任行为的"全球性"

跨国公司规模庞大、经济力量强，已成为世界经济的主导力量。"世界经济在地域意义上是主权国家的总和，而在经济活动主体意义上则越来越成为大型跨国公司的

① 吴光芸，"利益相关者合作视野下跨国公司社会责任的强化"，《广西经济管理干部学院学报》，2008年第2期。

② 周俊，"跨国公司的社会责任决策模型及其应用"，《重庆工学院学报》，2007年2月。

总和。"① 因此，跨国公司的社会责任问题是一个全球性的问题，跨国公司社会责任的强化依赖于跨国公司利益相关者的合作引导与共同治理。2002 年 1 月，在纽约举办的全球经济论坛上，由 34 家全球最大跨国公司签署的联合声明——"全球企业公民——对 CEO 和董事领导的挑战"不仅强调企业对所处社区的责任，而且强调在全球化背景下，企业必须要承担一种全球性的社会责任。

4. 社会期望的"超标性"

跨国公司控制着大量的资源和财富，"富可敌国"，在经济全球化进程中的影响力不断扩大，公众认为它有义务有能力承担更为广泛的社会责任。此外，各国消费者对跨国公司那些著名的产品和品牌产生了较高的心理期望，跨国公司特别是提供汽车、家电、医药、食品、饮料、化妆品、体育用品等消费类产品的跨国公司也因此受到了更多的舆论关注，致使跨国公司的一举一动都有可能产生更广泛、更敏感的社会反响。

5. 监控规管的复杂性

跨国公司在全球拥有庞大的分支机构和子公司，面对这样一个庞大的系统可能出现更多的监控失败，如信息沟通不畅、协调性较差等问题。如，有些跨国公司子公司在母公司监控遥不可及的情况下，故意降低母公司企业社会责任标准来执行；有些跨国公司子公司串通当地审计人员，不认真检查出厂产品审核结果与事实是否相符，就打钩放行；有些跨国公司子公司与当地供应商相互勾结，利用与母公司相距遥远无暇顾及的便利，采取歧视员工、雇佣童工、不办理社会保险等违法的用工制度；等等。

综上所述，作为"全球公民"的跨国公司，社会责任的范围和内容比较复杂，要受到母国、东道国和国际社会的三重压力，跨国公司必须对自己行为的社会影响进行更全面、准确的审视，树立良好的公众形象。

（三）跨国公司的伦理道德准则

由于世界各国在历史发展过程中形成的差异，到目前为止，还不存在一种被普遍接受的伦理体系可以作为跨国公司管理者进行涉及伦理问题的决策指南。

许多国际协定和国际组织都提出了相关的协议、宣言、准则、标准。如，联合国推出的《联合国全球协约》《保护消费者准则》，国际劳工组织的《基本原则和权利的宣言》，SA8000 社会责任标准、ISO9000 国际质量认证标准、ISO14000 环境认证标

---

① 田虹，"企业社会责任及其推进机制"，北京：经济管理出版社，2006。

准，等等。这些协定、准则、标准要求跨国公司在追求利润的同时，必须担负起更多的社会责任，提高社会的经济文明程度，促进全球经济长期、和谐、健康、稳定地发展。

国内学者孙同超在综合他人研究成果基础上，将跨国公司在经营过程中需要注意遵循的标准和原则概括为七个方面：[①]

1. 尊重基本人权和自由

主要体现在，跨国公司在经营过程中必须尊重人的基本生存权、自由权、安全权及隐私权；不因种族、肤色、性别、宗教、语言、职业、民族出身、政治信仰不同而歧视；尊重个人自由（如宗教、观点）；尊重当地文化价值与标准。

2. 雇佣行为

遵守所在国相关的人力政策和雇用法律；在所需要的领域帮助创造就业职位，提高就业标准；提倡平等就业机会；消除就业歧视；尽可能优先雇用当地居民；向所有层次的当地雇员提供培训机会；晋升当地人到管理岗位；尊重当地集体谈判权利；与当地集体谈判单位合作；遵守或改进当地雇用标准；消除一切形式的强迫劳动和强制劳动；切实废除童工的使用；向雇员提供健康、安全的工作环境；向雇员提供与职业相关的危害健康的信息或培训；向终止雇用的工人提供一定的补偿。

3. 保护消费者

保护消费者的健康和安全不受危害；促进和保护消费者的经济利益；使消费者取得充足信息，使他们能够按照个人愿望和需要做出掌握情况的选择；开展消费者教育；提供有效的消费者办法；有组织消费者及其他有关的团体或组织的自由，而这种组织对于影响他们的决策过程有表达意见的机会；遵守当地消费者保护方面的其他准则和立法。

4. 保护环境

合理利用自然资源；遵守当地环境保护法；积极保护环境；修复公司经营过程中对环境造成的损害；协助建立当地的环境保护政策与标准；准确评估公司对环境的影响；彻底公开经营对环境的影响；建立监测环境影响的标准。

5. 转移技术

扩大向发展中国家的技术转移，促进当地的技术改造与发展；适应当地需求调整

[①]　孙同超，"跨国公司伦理及其决策机制探讨"，《商业时代》，2006 年 17 期。

技术；采用对当地环境危害小、节约当地资源的技术；尽量在当地从事 R&D，培养研发人才；给予使用公平的营业许可。

6. 避免对当地经济政策的负面影响

这主要表现在，跨国公司的经营活动必须与当地经济发展政策保持一致；避免对所在国通货和国际收支的不良影响；遵守当地有关在股权参与方面的政策；为照章纳税提供真实的信息；公平纳税；尽量使用当地的原材料；将利润再投资于当地经济，促进当地经济的进一步发展。

7. 高标准地参与当地政治

与政府保持高度合作，遵纪守法；避免非法卷入当地政治；不进行行贿或其他不当的支付；不干预当地政府的内部关系；自觉协助政府维护国家政权的稳定、各民族的团结、人民关系的和谐；自觉搞好公司内部员工关系的和谐，保持公司与社会、与环境关系的协调；协助政府保持良好的国际关系。

第三节　国际组织对企业社会责任的推进

经济全球化、生产和消费的国际化，使得企业的社会责任问题已越出国界范围，从国内层面上升到国际层面，客观上需要在全球层面上监控、评估和引导跨国公司的生产经营行为。为此，联合国（UN）、世界经合组织（OECD）、国际劳工组织（ILO）、美国社会责任国际（SAI）、国际标准化组织（ISO）、国际雇主组织（IOE）等国际组织或机构为企业的跨国经营行为制定了一些规则，并成立了相关机构和组织，在全球范围内积极推行企业社会责任。以下简要介绍一些国际组织推进企业社会责任的情况。

一、联合国对企业社会责任的推动

联合国（United Nations，UN）成立于 1945 年 10 月 24 日，是一个世界性、综合性的政府间国际组织，现有 192 个会员国。联合国宗旨为：维持国际和平及安全；发展国际间之友好关系；合作解决国际间属于经济、社会、文化及人类福利性质之国际问题，增进对于全体人类之人权及基本自由之尊重；并构成一协调各国行动之中心，以达成上述共同目的。

1. 联合国"全球契约"计划

自联合国秘书长安南于 1999 年 1 月在达沃斯世界经济论坛上提出"全球契约"计划迄今，推进企业社会责任正逐步成为联合国的一项重要工作。2000 年 7 月 26 日全球契约在联合国总部正式发起并进入实施阶段，并成立了全球契约办公室（UN-GC）。安南邀请商界领袖加入这项国际倡议，与国际组织共同推动国际普遍遵循的企业社会责任和环境责任。联合国人权事务高官署、联合国环境署、国际劳工组织、联合国开发计划署、联合国工业发展组织、联合国毒品控制和犯罪预防办公室成为推进工作的核心。

"全球契约"计划的目的是要"在人权、劳动权和环境方面通过、坚持和实施一整套必要的社会规则"，"使得各企业与联合国各机构、国际劳工组织、非政府组织以及其他有关各方一起结成合作伙伴关系，以建立一个更加广泛和平等的世界市场。"安南希望跨国公司在以下三个方面做出选择：在只被短期利润的计算推动的全球市场和有人道面貌的全球市场之间做出选择；在逼迫人类四分之一陷于饥饿污秽中的世界和在健康的环境中起码给每人富足机会的世界之间做出选择；在不顾失败者死活的自私自利的众声喧闹和强者成功者承担责任，显示出远大眼光和领导才能的未来之间做出选择。

全球契约提倡十项原则，即：

人权：

原则 1 企业应在其影响范围内对国际人权保护给予支持和重视。

原则 2 企业保证不践踏人权。

劳工：

原则 3 企业应维护结社自由权及集体谈判的有效承认。

原则 4 消除一切形式的强迫和强迫制劳动。

原则 5 有效废除童工现象。

原则 6 消除就业和职业方面的歧视。

环境：

原则 7 企业应支持采用预防性措施来应对环境保护的挑战。

原则 8 采取主动行动，促进在环境保护方面采取更负责任的做法。

原则 9 鼓励开发和推广对环境有利的技术。

反贪污：

原则 10 企业应反对各种形式的贪污，包括敲诈勒索和行贿受贿。

全球契约的基础是各国签署的联合国一系列重要的宣言或原则。例如，《世界人权宣言》《国际劳工组织关于工作的基本原则和权力宣言》《关于环境与发展的里约宣言》以及《联合国反腐败公约》等。全球契约希望企业接受并实施在这些宣言或原则中体现的人权、劳工标准、环境保护和反贪污方面的价值理念和原则。

"全球契约"计划提出后，联合国大会通过相关决议，授权联合国开展此类活动，许多联合国成员国表示支持联合国建立各种实施机制，提供相应的资金支持并在国内开展促进活动。联合国"全球契约"计划实施以来，目前已经有包括中国在内的全球160 多个国家的 9700 多家企业以及非企业机构加入，中国石化、华为、联想、国家电网、海尔等都名列其中。

2017 年 9 月 21 日，联合国全球契约领导人峰会在纽约联合国总部召开，来自全球 70 多个国家的近 800 位商界领袖参加了 2017 全球契约领导人峰会，重点探讨如何以负责任的商业行为和伙伴关系实现可持续发展目标（SDGs）和巴黎气候协定的目标。峰会上，全球契约还发布了"商业领袖的 SDGs 蓝图"等新的工具和资源，以支持处于不同阶段的企业向可持续发展迈进。

2. 联合国可持续发展目标

2015 年 9 月 25 日，世界领导人齐聚联合国纽约总部召开可持续发展峰会，正式通过 2030 年可持续发展议程（以下简称《议程》），指导 2015—2030 年间发展工作的政策制定和资金使用，并做出彻底消除贫困的历史性承诺。《议程》包含 17 个可持续发展目标，旨在转向可持续发展道路，解决社会、经济和环境三个维度的发展问题，具体包括：消除贫困，消除饥饿，良好健康与福祉，优质教育，性别平等，清洁饮水与卫生设施，廉价和清洁能源，体面工作和经济增长，工业、创新和基础设施，缩小差距，可持续城市和社区，负责任的消费和生产，气候行动，水下生物，陆地生物，和平、正义与强大机构，促进目标实现的伙伴关系。新的可持续发展议程将适用于世界上所有国家，促进和平、包容的社会，创造更好的就业机会，应对严峻的环境挑战，尤其是气候挑战。

中国是世界上最大的发展中国家，始终坚持发展是第一要务，并将可持续发展作为基本国策。中国政府全面参与了制定可持续发展议程的政府间谈判，并于 2016 年 9 月成为全球首个出台《落实 2030 年可持续发展议程国别方案》的国家，秉持创新、协调、绿色、开放、共享发展理念，全面开展可持续发展议程落实工作，并在多个可持续发展目标上实现"早期收获"。2017年8月，中国发布《落实2030年可持续发展议程进展报告》，阶段性地总结了中国落实联合国17个可持续发展目标做出的贡献和成绩。在12月19日举行的"2017实现可持续发展目标中国企业峰会"中，发布了《中国企业参与2030可持续发展议程倡议书》，并公布"实现可持续发展目标2017中国企业最佳实践"名单。中国贵州茅台酒厂集团有限责任公司、徐州工程机械集团有限公司、ofo小黄车等17家企业成功入选，并在现场把《实现可持续发展目标2017中国企业最佳实践》成果集交给了联合国全球契约组织以及联合国教科文组织的代表。

二、全球报告倡议组织对企业社会责任的推动

1997年，总部位于美国波士顿的非营利组织"对环境负责的经济体联盟"（CERES）和Tellus研究学院发起成立了一个非营利机构，即全球报告倡议组织（Global Reporting Initiative，GRI），最初目的是建立一个指导性框架，保证和帮助企业在CERES的原则之下生产更环保的产品。1999年，随着联合国环境规划署（UNEP）的加入，GRI开始在全球平台上展开活动，以制定、推广和传播全球应用的《可持续发展报告指南》（Sustainability Reporting Guidelines，以下简称《GRI指南》），为世界各国可持续发展报告提供一种通用框架体系，促使组织披露经济、环境和社会这"三重底线"业绩信息成为像披露财务信息一样的惯例。2002年GRI正式成为一个独立的国际组织，并以UNEP官方合作中心的身份成为了联合国成员。GRI总部设在荷兰阿姆斯特丹，并在北美、南美、大中华区、南亚、东南亚和非洲都设有地区办公室。

（一）GRI《可持续发展报告指南》发展历程与社会影响

2000年，GRI发布了第一份指导方针《可持续发展报告指南》，获得了政府、商界、社会和劳工界的强烈响应。此后，GRI分别于2002年、2006年、2011年和2013年发布了几个版本的《GRI指南》（分别简称为G2、G3、G3.1、G4）。《GRI指南》较详细地说明了可持续发展报告的原则、内容、方法及要求等，适用于不同行业和类型的组织。

GRI创建了全球最为广泛使用的可持续发展报告框架和披露标准，包含四个部分：《可持续发展报告指南》、各类《指标规章》（Indicator Protocols）、《技术规章》（Technical Protocols）及《行业附加指引》（Sector Supplements）。其中，《指南》是

所有其他文件的基础，适用于各类组织，是 GRI 最主要的工作成果。考虑到各种行业可能会面临的特殊问题，GRI 提供了可与《指南》一起使用的《行业附加指引》。

多年来，GRI 的可持续发展报告指南一直是各报告机构和投资机构的重要工具，迄今被 90 多个国家上万家机构应用，使得商业、政府、公民社会以及公民个人能够基于关键信息做出更好的决策。目前，绝大多数全球 250 强企业均采用了 GRI 报告框架。这些企业中有很多年营收甚至超过一些国家的 GDP，且拥有遍布全球的供应链，这对全球的可持续发展有着至关重要的影响。

为了加速进步，创造共同语言促进不同组织间的交流和理解，设立全球认可的可持续发展报告标准的需求越来越大。为此，全球可持续标准理事会（GSSB）将 GRI 指南过渡到 GRI 标准，旨在提高全球可持续发展信息的可比性、实用性以及质量。2016 年 10 月，GRI 公布了更新版本的可持续发展报告架构，将于 2018 年 7 月 1 日全面取代目前的 G4 指南，成为全世界 CSR 报告的新标准。新的架构名为（GRI Standards），延续了 G4 指南和 G4 实施手册内的关键概念和披露项，但采用了新的结构和形式，使资讯的呈现更为容易，披露环境、社会与经济等资讯的，更透明同时让报告书的内容与 SDGs 接轨。一些跨国公司正在积极响应联合国 SDG，并将公司支持 SDG 的举措及成果作为企业社会责任报告的重要内容。预计 GRI 标准及联合国 SDG 将会在未来数年对企业社会责任报告的框架、内容、呈现形式产生重大影响。①

（二）GRI 在中国的有关 CSR 活动

2007 年，GRI 在北京设立了办公室，并着手与上海证券交易所开展合作。在 GRI 的协助下，从 2008 年开始，上海证券交易所要求三类上市公司必须披露社会责任报告，包括 230 家作为公司治理板块样本的公司、50 家在境外上市的公司、21 家金融类的公司，并鼓励其他公司进行披露。

2009 年 7 月，GRI 开始设立大中华区办公室，借助中国强劲的全球化势头及其在国际舞台上的新兴领导地位，为政府、企业和非商业团体提供指导和支持。GRI 大中华区办公室工作范围覆盖中国大陆、中国香港、中国澳门、中国台湾，致力于实现如下核心目标：

1. 增加区域 GRI 报告者的数量，推动可持续发展报告编制成为主流标准实践；

---

① G4 指南在经 GSSB 通过过渡到 GRI 标准之前仍保持有效，GRI 标准将以 G4 指南为基础，遵循规定的正当程序要求。

2. 加强与主要行业团体的合作，分享领军报告行业的最佳实践；

3. 与大中华区利益相关方沟通可持续发展报告编制的最新发展动态；

4. 助力大中华区利益相关方在 GRI 的全球网络、进程及活动中发声。

2017 年 11 月 29 日，富士施乐（中国）有限公司与全球报告倡议组织 GRI 共同主办了"《GRI 可持续发展报告标准》简体中文版发布会暨 2017 年 GRI 年会"，体现了 GRI 对中国市场的高度重视，也将有助于更多中国企业了解 GRI 标准并参照该框架披露企业可持续发展的议题和绩效。

三、经合组织对企业社会责任的推动

经济合作和发展组织（Organization for Economic Cooperation and Development，OECD）为政府间国际组织，简称"经合组织"，总部设在巴黎。目前有包括美国、日本和欧元区国家在内的 34 个成员国。

经合组织的宗旨是，促进成员国经济和社会的发展，推动世界经济增长；帮助成员国政府制定和协调有关政策，以提高各成员国的生活水准，保持财政的相对稳定；鼓励和协调成员国为援助发展中国家做出努力，帮助发展中国家改善经济状况，促进非成员国的经济发展。

多年来，经合组织（OECD）积极推动建立跨国公司行为规范。1976 年出台了《OECD 跨国公司行为准则》，这是迄今为止唯一由政府签署并承诺执行的多边、综合性跨国公司行为准则。此后根据全球经济发展的新变化，OECD 对这个准则进行了 4 次修订。2000 年修订的版本对于跨国公司行为做了更加严格的规范。例如，该准则规定，企业应以谋求可持续发展为前提，切实关注环境保护，鼓励竞争，反对垄断，抑制商业腐败，等等。经合组织全部成员国已经认可这个准则，并承诺通过多种方法加以推广。

1998 年 4 月 27—28 日经济合作和发展组织召开部长级会议，呼吁各国政府、相关国际组织、私人领域和 OECD 组织共同合作制定一套公司治理标准和指导方针。1999 年《OECD 公司治理原则》顺利出炉。自此，OECD 会员国和其他国家都在此原则基础上形成了适合本国的公司治理原则。根据近年来全球范围企业治理出现的新问题，OECD 进行了大量调查研究和讨论，2004 年对 1999 年《OECD 公司治理原则》进行修订，以适应新的发展状况和出现的新问题。2004 年新版《OECD 公司治理原则》，强调了公司治理的目标包括"促进经济整体发展，加强市场统一，促进市场参

与者的积极性，培育透明、有效的市场"。新的公司治理准则大大扩展了所谓"利益相关者"的定义范围和对它的重视。准则明确提出应该制定促进员工参与公司治理的激励机制；利益相关者，包括员工和员工代表机构，应该有权自由向董事会表达对公司不合法或违反道德行为的意见，他们所享有的权利不能因此受到损害。基于这些新的认识，欧洲许多跨国公司的战略思维发生了变化，企业更加重视社会责任，经营理念体现"以人为本"的价值观，关注全面协调与社会和谐；关注经济发展与自然环境协调，强调可持续发展。企业目标不仅定位于追求投资者的利益，而且定位于关心客户、员工、债权人、供应商及社区等利益相关者的权益。企业更加注重可持续发展的社会责任。

2008年美国爆发了金融危机，这场危机迅速扩展到全球，美国、日本、欧盟等主要发达经济体都陷入了衰退，发展中国家经济增速减缓，世界经济面临20世纪30年代以来最严峻的挑战。这次危机暴露了《原则》在风险管理和高管薪酬等方面存在的严重缺陷。

为了吸取2008年以来全球金融危机中暴露的公司治理的教训，使公司治理政策框架更好地适应全球经济和资本市场的新变化，2015年OECD与二十国集团（G20）成员一起对原有的公司治理原则进行了修订，本次修订主要涉及风险管理、董事会运作、薪酬制度、股东权利行使、财务披露、机构投资者行为以及股票市场的运作等内容。《G20/OECD公司治理原则》是在更广泛国家参与和综合各方意见的基础上达成的结果。修订后的原则在继承原有框架内容的基础上进行了扩充和完善，它将作为一个指导各国改善治理实践的政策工具，为各国和公司层面进行下一步的公司治理改革提供新的坐标和重要参考。

四、国际劳工组织对企业社会责任的推动

国际劳工组织（International Labor Organization，ILO）成立于1919年，1946年成为联合国的一个专门机构，总部设在瑞士日内瓦，是一个由政府、雇主组织和工会组织共同组成的三方性组织。该组织宗旨是：促进充分就业和提高生活水平；促进劳资双方合作；扩大社会保障措施；保护工人生活与健康；主张通过劳工立法来改善劳工状况，进而获得世界持久和平建立社会正义。ILO在全球各地均设立据点，较为集中在非洲、亚洲及拉丁美洲。中国是该组织创始国之一，1971年该组织理事会根据联大决议，通过了恢复中国合法权利的决议。

国际劳工组织在其90年的历史中，制定了一系列形成国际劳工标准的公约，如1977年的国际劳工组织《关于跨国公司和社会政策的三方宣言》。迄今共通过了180多个相关公约，其中有8个核心公约，形成了该组织所提倡的4个最为重要的基本原则，即：结社自由和集体谈判的权利；废除强迫劳动；工作场合的平等机会和待遇；消除童工。在1998年6月的会议上，国际劳工组织通过了《关于工作中的基本原则和权利宣言》，提供了一个普遍适用的处理劳动和社会事务的基本方针。所有会员国都承诺遵守核心公约中的原则，而且批准公约的国家要使国家的立法和实践与公约标准一致，并建立报告制度，旨在确定会员国在实现核心原则和权利方面的需要，并对这些需要提供技术援助。此外，对于已被批准的公约，国际劳工组织还有一个广泛的监督和执行制度，用于审查工人、雇主组织或会员国提出的申诉。这些公约和宣言直接适用于政府，也包括一些与该组织有关的非政府伙伴的条款。在推进企业社会责任中，包括瑞典的一些国家、认证机构和企业行为准则中应用了这些条款。中国企业联合会是国际劳工局理事会雇主副理事，积极参与了国际劳工组织活动，也参与国际劳工标准的制定工作。

表4-2　近年来国际劳工组织在中国CSR领域的相关活动

项目时间	项目名称	项目目标与主要内容
2009—2016年	企业可持续发展项目	一项主要针对中小企业的管理咨询培训项目，旨在帮助中小企业提高生产力，改善工作条件
2012—2013年	通过立法实现平等，提升残疾人享有的权利与机会	旨在通过建立有利的法律和政策环境，提高技能和增加创业发展机会，消除对残疾人歧视等措施，来帮助残疾人获得更好的工作，增加残疾人的就业机会
2011年	减少艾滋病问题带来的就业歧视	该项目将通过和人力资源和社会保障部的合作，梳理艾滋病相关政策法规，找出存在的歧视性政策，并探索修改的可能性。同时，该项目还将与非政府组织合作，对感染者社区组织进行能力建设，以增强他们应对就业歧视问题的能力；并加强法律援助中心的能力建设，从而为感染者提供艾滋病就业权益相关的可靠的法律咨询和法律援助服务
2010—2011年	推动中国工作中的平等项目	此项目将使国际劳工组织能与政府及更广泛的公民社会组织合作，通过能力建设活动、共享知识信息和收集并分析良好实践经验，在中国推动工作中的机会均等和待遇平等

续　表

项目时间	项目名称	项目目标与主要内容
2010—2011 年	促进劳动世界中的社会性别平等	该项目旨在加强国际劳工组织三方成员和妇联的能力建设，有效执行中国的劳动法律法规，促进制定反对就业歧视的战略
2008—2011 年	中国—联合国气候变化伙伴框架项目	这是中国在气候变化领域开展的第一个联合项目，也是西班牙政府千年发展基金资助最大的项目，涉及九个联合国机构和十个政府部门。国际劳工组织参与其中，共同促进中国的绿色就业
2007—2009 年	中国纺织企业社会责任项目	旨在通过促进企业社会责任，即发展纺织生产企业采纳良好的管理机制和劳动实践，推动中国纺织工业的可持续性价值成长

资料来源：中瑞企业社会责任合作网：http://www.csr.gov.cn

五、社会责任国际对企业社会责任的推动

为了克服各大企业的社会责任守则存在差异给供货商社会责任审核（验厂）带来的不便和负担，并提高公司社会责任在审核和检查上的透明度和公信力，同时避免重复审核，美国社会责任国际（Social Account ability International，SAI）及其前身于1997 年 10 月公布了一个全球通用的社会责任标准 SA8000（Social Accountability 8000），建立了 SA8000 社会责任标准认证制。2001 年 12 月，"社会责任国际"又发布了 SA8000 标准的 2001 年修订版。SA8000 标准原则上每 4 年修订一次，新标准颁布两年后，将颁布根据新标准制定的认证指南。SA8000 标准依据《国际劳工组织宪章》《联合国儿童权利公约》和《世界人权宣言》等 13 个国际条约制定，由 9 个要素组成，每个要素又由若干子要素组成，由此构成社会责任管理体系。其标准要求内容如下：

（1）童工。不使用或支持使用童工；救济童工；童工和未成年人教育；童工和未成年人的安全卫生。

（2）强迫劳动。不使用或支持使用强迫劳动；不扣押身份证件或收取押金。

（3）健康与安全。健康、安全的工作环境；任命高层管理代表负责健康与安全；健康与安全培训；健康与安全检查，评估和预防制度；厕所、饮水及食物存放设施；工人宿舍条件。

（4）结社自由及集体谈判权利。尊重结社自由及集体谈判权利；法律限制时，应提供类似方法；不歧视工会代表。

（5）歧视。不从事或支持雇用歧视；不干涉信仰和风俗习惯；不容许性侵犯。

（6）惩戒性措施。不使用或支持使用体罚、辱骂或精神威胁。

（7）工作时间。遵守标准和法律规定，每周工作不超过 48 小时；至少每周休息一天；每周加班不超过 12 小时，特殊情况除外；额外支付加班工资。

（8）工资报酬。至少支付法定最低工资，并满足基本需求；依法支付工资和提供福利，不罚款；不采用虚假学徒计划。

（9）管理系统。政策；管理评审；公司代表；计划与实施；供应商、分包商和分供商的监控；处理考虑和采用纠正行动；对外沟通；核实渠道；记录。

从以上内容可以看出 SA8000 认证标准把非经营性、非技术性的抽象道德、精神、理念层面的内容标准化，具有标准严格、范围广泛、适用面广的特点，其宗旨是确保供应商所供应的产品，皆符合社会责任标准的要求。这个标准受到了西方社会各界的欢迎。

SA8000 是应市场需求产生的全球第一个供独立或第三方认证体系使用的统一、可供核查的社会责任国际标准，属自愿性标准，任何行业、不同规模的企业都可以自愿申请认证，向客户、消费者和公众展示其良好的社会责任表现和承诺。

六、国际标准化组织对企业社会责任的推动

国际标准化组织（International Organization for Standardization，ISO）1947 年 2 月 23 日正式成立，总部设在瑞士的日内瓦，是国际上制定各类标准的权威组织，由各国制定标准的团体组成，是一个全球性的非政府组织。ISO 的任务是促进全球范围内的标准化及其有关活动，以利于国际间产品与服务的交流，以及在知识、科学、技术和经济活动中发展国际间的相互合作。它显示了强大的生命力，吸引了越来越多的国家参与其活动。

历史上国际标准化组织以制定技术标准为主，近来延伸到管理方面，如 ISO9000 认证标准，继而延伸到环境方面的 ISO14000 认证标准。2001 年该组织又开始着手进行社会责任国际标准的可行性研究和论证。2004 年 6 月最终决定开发适用于包括政府在内的所有社会组织的"社会责任"国际标准化组织指南标准，由 54 个国家和 24 个国际组织参与制定，编号为 ISO26000，是在 ISO9000 和 ISO14000 之后制定的最新标准体系，这是 ISO 的新领域，为此 ISO 成立了社会责任工作组（WGSR）负责标准的起草工作。2010 年 11 月 1 日，国际标准化组织（ISO）在瑞士日内瓦国际会议中心举

办了社会责任指南标准（ISO26000）的发布仪式，该标准正式出台。ISO制定的国际标准均为自愿性标准，世界各国及各组织可根据自身实际需要自主选择是否采用ISO26000。

ISO26000的主要内容分为七章，以简练、精准的语言阐述了与社会责任理论和实践相关的众多问题，包括：社会责任的原则及其核心主题，以及社会责任融入组织的指导准则等主要内容，最终引导组织实现长远的可持续发展。

1. ISO26000"七大原则"：负责制、透明度、道德行为、尊重权利相关方利益、遵守法律法规、遵守国际行为规范、尊重人权。

2. ISO26000七个核心主题：组织管理、人权、劳工实践、环境、公平运营、消费者问题、社区参与和发展。

ISO把企业社会责任（CSR）推广社会责任（SR），使得以往只针对企业的指南扩展到适用于所有类型的组织，其重要性有了显著性的提升，这个变化是整个社会责任运动的里程碑，也是ISO自身的里程碑，因为这是ISO第一次突破技术和管理领域，涉足社会领域标准的制定。

表4-3　ISO26000与SA8000的区别

1	发起组织不同	ISO26000的发起组织是ISO，SA8000是SAI
2	关注重点不同	ISO26000国际标准侧重于各种组织生产实践活动中的社会责任问题，主要从社会责任范围、理解社会责任、社会责任原则、承认社会责任与利益相关者参与、社会责任核心主题指南、社会责任融入组织指南等方面展开描述，统一社会各界对社会责任认识，为组织履行社会责任提供一个可参考的指南性标准，提供一个将社会责任融入组织实践的指导原则。而SA8000其宗旨是确保供应商所提供的产品，皆符合社会责任标准的要求，即SA8000标准要求。它主要关注的是人，而不是产品和环境
3	约束力度不同	ISO26000为企业或组织自主申请执行，而SA8000多为企业客户要求执行，没有达到要求可能会禁止出货或接单
4	性质和作用不同	ISO26000不是管理标准或管理体系，不能用于第三方认证，不能作为规定和合同而使用，而SA8000是一个可认证标准

七、国际雇主组织对企业社会责任的推动

国际雇主组织（International Organisation of Employers，IOE）成立于1920年，总部位于日内瓦，是目前国际上在社会和劳动领域代表雇主利益的国际组织，由世界各

国国家级的雇主联合会或其他形式雇主组织组成，现有成员 126 个。

国际雇主组织目的是在国际场合，尤其是在国际劳工组织促进和捍卫雇主利益，保证国际劳工和社会政策有利于企业的生存，并为企业发展和创造就业营造有利氛围。

2003 年 6 月 2 日，国际雇主组织总理事会一致通过决议，接受中国企联为该组织正式会员，并确认中国企联作为国际雇主组织的中国唯一代表。并作为中国雇主组织的唯一合法代表与原国家劳动部、中华全国总工会一道，组成中国"三方代表团"出席国际劳工大会，参与有关国际劳工标准、国际劳工公约的制订及修订工作，在国际上维护中国企业和企业家的利益。

2005 年 10 月 5 日，国际雇主组织在日内瓦召开了"不断变化的企业社会责任：雇主和雇主组织所面临的问题"国际研讨会，包括中国企联在内的世界 40 多个国家的雇主组织代表、有关专家学者和跨国公司的代表参加了研讨会。与会代表分别介绍各自组织推进企业社会责任的情况，并就如何进一步推动企业社会责任形成一些共识。[①]

一是企业履行社会责任的意义问题。企业履行社会责任，可以在消费者和其他利益相关者心目中增强品牌影响力和企业声誉，从而增强企业的竞争优势，也促进在企业在内部运营过程和与利益相关者的交流中，实现原则与价值观的结合；等等。

二是企业履行社会责任的意愿问题。企业作为企业公民，有责任遵守国家法律、尊重社会道德标准；应使企业以更加有意义的方式履行社会责任，很重要的一点是将企业社会责任融入到他们的文化、运作方式和需求中；每个企业参与企业社会责任的程度取决于他们各自的情况，不能对每一个企业都寄予同样的期望；等等。

三是关于供应链中实施社会责任标准问题。在过去的几年中，推动企业社会责任的主要办法是促使欧美跨国公司改善其在发展中国家供应商的工作条件。但如果目的仅仅是改善发展中国家的工作条件，那么把压力都加在全球市场供应商的身上是不恰当的，因为在有些非出口型行业中，条件差的问题更加严重。更值得注意的是，在对发展中国家的出口商实行社会和劳工准则时，不能将其演变成

---

①　"国际雇主界就企业社会责任问题形成共识"，雇主工作简报 2005 年第 49 期。

贸易壁垒。

四是关于社会责任标准多样化的问题。绝大部分企业社会责任标准和举措都源自发达国家。因此，有理由认为发展中国家不久也会涌现许多新的原则和举措。一个积极的迹象就是企业社会责任已传遍各国，使越来越多的人开始以自己的方式考虑其价值和目标。没有必要将这些社会责任准则纳入一个单一的标准。

第五章　西方国家企业社会责任的演进

　　西方国家企业社会责任经历了几百年企业和经济、社会的发展而逐步形成，并在近一百年里不断完善。总体上看，西方发达国家已经形成了相对成熟的社会责任理论体系和推行企业社会责任的机制，包括企业自己制定行为规范，国家制定各种法律，定期的社会责任报告，第三方的独立评价，企业设立或参与各种捐助基金，以及包括舆论监督、消费者运动、投资者运动在内的各种社会力量和机制，以确保企业履行其社会责任。

　　从全球来看，跨国公司是履行企业社会责任的领头羊，广大的中小企业在其要求或外界推动下参与进行。在中国，真正意义上的跨国公司屈指可数，绝大多数"走出去"的民营企业尚未建立起责任管理体系。在这种情况下，追溯西方国家企业社会责任的演化过程，了解其基本思想脉络和运行体系，不仅有助于中国企业获得业务订单，从长远来看，还将有助于中国企业参与国际竞争，并进一步实现规范化经营。

第一节　西方国家企业社会责任历程概述

　　企业是社会发展尤其是生产力发展到一定历史阶段的产物，企业社会责任运动也是在历史演进中逐渐形成的。欧美跨国公司萌芽于重商主义时期，其发展经历了工业化时期、战后发展时期，现在进入了全球化时期。不同时期的企业形态以及对世界经济的影响不同，这就决定了其承担社会责任的范围和方式也有所不同。本节在借鉴国内学者已有研究成果基础上，将西方国家企业社会责任历史分成六个阶段，便于发现其历史变迁的规律。[①]

---

　　① 陈小华，"世界企业社会责任运动：现状与启示"，《经济研究导刊》，2007 年第 9 期。李依然、孙旭东，"跨国公司社会责任的历史变迁"，《辽宁师范大学学报（社会科学版）》，2007 年 11 月。

一、古典时期（公元前5000—公元550年）

商人的社会和法律地位十分卑微，其角色被定位为社区提供服务，强大的社区精神和压力迫使商人开展社会公益性活动。

二、中世纪时期（1000—1500年）

在教会势力异常强大甚至凌驾于国家之上的中世纪，营利性活动被视为违背基督教精神的洪水猛兽，商人存在的目的就是要服务于公共利益。

三、重商主义时期（1500—1800年）

商人以盈利最大化对自我利益的追求受到鼓励，但同时也要求商人对社区、慈善事业等履行社会义务。

"欧洲重商主义的经济发展是伴随着基督教发展的，教会的力量巨大，因此，这个时期的企业社会责任的基础是长期固定的基督教道德价值观。企业社会责任的主要形式是慈善，慈善被认为是一个宗教的美德，商人被鼓励在获取财富的同时，帮助社会贫困者，并对社会慈善贡献大的商人给予获得特许贸易的奖励。"①

这个时期由于资本主义生产关系的发展、地理大发现，扩大了世界市场以及航海技术的发展，产生了最早的跨国公司：特许贸易公司，如1600年成立的英国东印度公司和1602年成立的荷兰东印度公司，但数量较少，在社会经济生活中占的比重不大。

四、工业化时期（1800—1914年）

亚当·斯密（Adam Smith）在其《国富论》中提出的自由经济理论逐渐成了占统治地位的经济理论，极力鼓吹政府对企业自由和市场自由的鼓励，而非政府干预，对于企业社会责任更是强烈抵制。这时企业的理念就是股东个人利益本位绝对化，企业经营者实现盈利最大化。由于企业的存在和发展对国家和地方的社会经济生活影响巨大，企业社会责任的初步观念也处于胎动之中，直接体现为富有的实业家个人为社会和慈善项目捐助。

---

① 李依然、孙旭东，"跨国公司社会责任的历史变迁"，《辽宁师范大学学报（社会科学版）》，2007年11月。

随着工业革命的产生和发展，特许贸易公司已不适应资本主义工业化时期的发展要求，18 世纪中期以后，特许贸易公司先后被各国政府解散。欧美跨国公司的经营主体在母国，所承担的社会责任也只是在母国。

五、世界大战与冷战发展时期（1914—1970年）

从 20 世纪 30 年代开始，社会对企业的要求是，生产越来越多的商品、提供越来越多的服务，不断提高社会的生活水平。因此经济目标不是企业的唯一目标。一些企业的经营者开始积极解决环境保护、失业和有效利用人力资源等社会问题。这实际上是现代意义上的企业社会责任的起源。企业服务社会的方式也多种多样，战后跨国公司所进行的企业社会责任活动，后来被称为"社会良心运动"。政府也制定了相关的法律法规，鼓励跨国公司积极参与公共事务，这些法律、法规更多的是表现为政府的引导。企业对社会责任的认识大大提高，但承担的社会责任十分有限，实施的范围仍然是在母国。

六、经济全球化加速发展时期（1970年后）

各种社会责任运动促进了社会责任的范围进一步扩大。20 世纪 60—70 年代在美国的消费者权益运动中，促使消费者选择权力及索赔权利的制定。70 年代由学生、环保主义者、工商业人士和政府官员参加的抗议大企业忽视环境保护的示威游行，促使企业对环保的重视。

90 年代的跨国公司"血汗工厂事件"所引发的劳工运动，促进了劳工权益和人权的全球化讨论。在这一时期，社会责任的表现形式进一步扩大到人权、环境保护、劳工权益等方面，企业社会责任和利益相关者相对以前各时期来说，变得更加复杂化和多样化。

同时，在经济全球化的趋势下，经济一体化程度不断提高，在多种力量的共同作用下，企业社会责任运动从发达国家逐步扩展到发展中国家，企业社会责任正在世界范围内形成一种世界潮流和趋势，企业社会责任的范围不仅包括母国也包括东道国和国际社会的利益相关者。

从上述变化我们可以发现，社会已经从不要求企业履行社会责任转变为要求企业履行各种社会责任；社会要求企业负担的责任，已经由昔日的经济与法律责任，扩大到法律规范以外的道德性及自发性责任。因此，在社会环境因素的变迁影响下，现代企业只有积极主动地负起社会责任，并扩大其关注范围及思考层次才能符合现代社会公众的期望。

这些变化自20世纪90年代开始变得日益明显，许多国家的政府、公众和利益相关组织意识到劳工标准的重要性，认识到企业在解决社会问题方面的重要作用，积极推行企业社会责任活动。

第二节　西方国家企业社会责任实施机制与途径

它山之石，可以攻玉。西方是世界上较早研究和实践企业社会责任的国家。要探索中国企业的社会责任建设，有必要认真研究和借鉴以西方发达国家的经验。企业社会责任不能仅停留在形式上（如喊口号，写标语，挂宣传牌等），而要通过切实的工作，从企业战略、治理管理机制、规章制度、思想教育上等方面下功夫，使企业社会责任理念为全体员工认同、接受，并在实际工作中持之以恒，形成共同价值观念、行为准则、价值取向，使之内化为一种自觉行动，这样才能使责任价值观真正发挥作用。

一般来说，西方发达国家在推行企业社会责任机制方面，通常是通过以下三个步骤：首先，建立并完善管理体制。如欧盟一些国家设立企业社会责任大臣，企业设立社会责任总监，并成立相应机构进行宣传、执行、监督。其次，签订企业社会责任协议。如法国电力提出了22项服务承诺，包括尊重环境、信息透明、服务质量、节约能源、预防事故等，与集团各部门、各分公司工会进行谈判协商并签约实施。再次，是定期指导、检查和反馈等。

一、把社会责任理念融入公司的核心价值观

跨国公司在企业责任理念上的新发展，并非心血来潮或一时冲动。体现在公司愿景、使命中的核心理念，是公司价值观的体现，也是公司制定发展战略的指导原则。有资料表明，目前，全球主要的200多家跨国公司，都有自己的社会责任标准，绝大多数公司在其核心价值观中，也将承担相应的社会责任放在重要的位置。《公司使命陈述》作者杰弗瑞·亚伯拉罕斯（Jeffrey Abrahams），在对301家美国顶级公司使命陈述的关键词进行统计时也发现，几乎每一个跨国公司都在不遗余力地倡导顾客、服务、品质、尊重、道德等责任理念。特别是石油、化工、医药等行业巨头，都把"企

业公民"作为公司的核心价值观之一。[1]

表5-1　一些有影响的跨国公司对核心价值观的表述

沃尔玛（Walmart）	服务顾客、尊重个人、追求卓越、诚信行事
通用电器公司（GE）	• 通过技术与革新改善生活质量 • 对顾客、雇员、社会和股东的义务保持相互依存的平衡关系；（没有明确的等级之分） • 个人义务与机遇 • 诚实与正直
三星（SAMSUNG）	人才第一，追求一流，引领变革，正道经营，共存共赢
IBM	成就客户、创新为要、诚信负责
松下（Panasonic）	产业报国、光明正大、友善一致、奋斗向上、礼节谦让、顺应同化、感激报恩
爱立（Ericsson）	锲而不舍、尊爱至诚、专业进取
惠普（HP）	• 热忱对待客户 • 信任和尊重个人 • 追求卓越的成就与贡献 • 注重速度和灵活性 • 专注有意义的创新 • 靠团队精神达到共同目标 • 在经营活动中坚持诚实与正直
丰田汽车（Toyota Motor）	• 上下一致，至诚服务，产业造福社会 • 致力于研究与创造，始终走在时代的前列 • 切忌虚弱浮夸，坚持质朴刚毅 • 发挥团结友爱的精神，营造和谐家庭式氛围 • 具有敬畏感，知恩图报
玫琳凯公司（Marykay）	• 丰富全球女性人生 • 你要别人怎样待你，你也要怎样待别人 • 信念第一、家庭第二、事业第三 • 无条件地帮助他人
阿斯利康公司（Astrazeneca）	• 尊重个性，鼓励多样化 • 开放、诚实、彼此信任并相互支持 • 正直和高尚的道德标准 • 发挥每个人的领导才能

---

[1]　［美］杰弗瑞·亚伯拉罕斯（Jeffrey Abrahams），《公司使命陈述：301家美国顶级公司使命陈述》，上海人民出版社，2004年。

二、设立专门的社会责任管理机构

在实践上，越来越多的公司设立了企业社会责任委员会或类似机构来专门处理企业社会责任事项。到 20 世纪 90 年代中期，美国约有 60%、欧洲约有一半的大公司设有专门的伦理机构和伦理主管，负责处理各种利益相关者对企业发生的不正当经营行为提出的质疑。在这些公司里，有正式的公司社会责任履行计划、系统的项目设计、科学的决策机制和完善的执行程序与控制系统。

比如，德国巴斯夫公司（BASF）建立了一个全球可持续发展指导委员会，这个委员会主要是从战略层面整合公司可持续发展的政策以及指导全公司的运营。如制订短期、中期和长期的可持续发展战略，定期召开会议讨论，检查工作进行的情况，建立有效的激励制度鼓励公司上下积极地投身于可持续发展的工作中。同时，巴斯夫还是世界上第一家在企业内部成立"可持续发展理事会"的企业。巴斯夫在各地区都有类似的可持续指导委员会，根据巴斯夫所在国家和地区的具体情况、相关业务，制订适应该地区或国家的短期、中长期的可持续战略，并督促执行。由于各地区或各国的情况不同，其发展战略则因地制宜，有所区别。比如，在亚太地区，巴斯夫更注重知识产权保护和反腐败。

又如，日本索尼（Sony）公司在 2001 年 7 月成立了执行办公室，对公司全球业务遵守商业道德和法律法规的情况实施全面控制，以增强执行力度。NEC 公司也于 2004 年 4 月 1 日成立了"CSR 推进本部"和"CSR 推进委员会"，加强了整个公司的社会责任体制。佳能（中国）也建立了在华企业集团社会责任推进委员会组织体系，其中，佳能在华企业集团 CSR 推进委员会负责审议 CSR 战略、分享 CSR 信息；佳能（中国）CSR 推进委员会负责制订在华 CSR 战略以及推动 CSR 体系的运行；事务局负责推动重要议题研究，普及 CSR 意识。

再如，韩国 LG 2014 年成立中国 LG 社会责任委员会，LG 电子中国法人长李惠雄担任委员长，各姊妹社法人长担任理事，对在华地区的 LG 各个法人的 CSR 工作进行系统、规范的管理，研究并制定 LG 社会责任管理的政策、战略、规划等；审阅集团年度社会责任计划、批准集团年度 CSR 项目、对外捐赠计划、审阅公司年度社会责任的执行情况及社会责任报告；成立中国 LG CSR 事务局，协调各姊妹社开展 CSR 相关工作。为有效提高中国三星社会责任工作的水平和质量，三星公司于 2012 年成立"中国三星社会责任委员会"，由大中华区总裁全权指挥中国三星的社会责任实践。中国三星社会责任委员会的主要职责为确立中国三星社会责任理念，设定中国三星社会责任发展战略，审核确立中国三星社会责任工作计划，研究社会责任有关重大问题。

三、将企业社会责任理念制度化

如何将公司的行为与价值观保持一致，是公司强化公司责任时应重点考虑的问题。一些跨国公司的经验是将"理念制度化"，通过制定一个个行动政策、指导原则来细化公司业务及员工的行为规范。因跨国公司的业务遍及世界各地，不同的国家或地区法律规定不同、文化习俗不同、经营环境不同，要保证在这些国家的子公司都遵从集团统一的行为准则，无疑需要制定一个明确的集团行动原则。

如，履带拖拉机公司 1974 年推出"世界商务行为守则和经营准则"；丰田汽车公司 1992 年发布了"丰田指导原则"；到了 20 世纪 90 年代中期，在《财富》杂志排名前 500 家的大企业中，有 90% 以上的企业通过制定成文的企业行动宪章来规范其员工的行为。如佳能公司（Canon）在 1993 年制定了"佳能集团环境宪章"，将其作为环境保护活动的基础，坚持"没有环境保证，就没有生产资格"，推进实现环保活动与经济活动的双赢。索尼为了加强集团整体的企业统辖以及全面开展遵守法律法规和道德规范的业务活动，于 2003 年 5 月制定了《索尼集团行为规范准则》，明确规定了索尼集团所有董事、高级职员以及普通雇员都必须遵守的基本事项。世界各地的索尼集团下属公司均已将该准则译成本国官方语言（目前已被译成 26 种语言），并将其作为公司的行为规范准则来实施。此外，索尼还参与策划制定了由日本代表性企业组成的社团法人日本经济团体联合会的《企业行为宪章》，并严格遵守宪章的内容。《Panasonic 行为准则》是松下电器经营理念的具体指针，现已发布包括中文在内的 23 种语言版本。埃克森美孚公司（Exxon Mobil）的《业务行为准则》构成了全球经营体系的框架，规定了每位员工在日常工作中需要遵守的原则。[①]

在美国，公司时常在企业组织章程、行为准则（code of conduct）或是其他内部规章制度中记载关于企业社会责任的相关规定，从而敦促公司更好地履行义务。例如，强生公司（Johnson）在其著名的公司行为准则——《我们的信条》中提到，公司不仅对股东负有责任，更对使用其产品的消费者、公司员工以及社会大家庭负有责任，并进一步在产品生产、员工福利、环境保护等方面细化了公司应履行的各种

---

① 资料来源：王志乐，《软竞争力》，中国经济出版社 2005 年，第 40 页。

责任。

四、把公司责任目标融入整个业务流程

在履行企业社会责任时，目标设定可以结合公司自身的核心业务与核心价值观。目标可以是定量的指标，也可以是定性的行为描述。通常企业在制定目标的同时要确定一个完成时限，并以此为基础检验目标的完成情况。拉法基（Lafarge）、诺维信（Novozymes）等公司在这方面有很多经验。

比如，在拉法基，公司首先制定一个 5 年或者 10 年计划，在这个总计划的基础上，汇报每一年的进展情况，并做出详细说明，同时也根据新情况增加新的目标，这些都反映在公司的《可持续发展报告》中。

又如，2015 年 9 月，联合国可持续发展峰会正式通过 17 个可持续发展目标，为 2016—2030 年全球发展指明了方向。受联合国可持续发展目标的启发，诺维信成为第一批将可持续发展目标与公司目标相结合的企业，相应地制定了 9 个企业长期发展目标，包括到 2020 年让生物解决方案惠益 60 亿人、教育 100 万人了解生物学的潜力、促成 5 项全球性变革、推出 10 项变革性创新、减排 1 亿吨二氧化碳等。不仅如此，诺维信还将健康、食品、水资源、能源、土地使用、化学品和废弃物等 15 个相关的重要领域纳入诺维信可持续发展评估工作之中，持续推动绿色环保的发展理念。针对在可持续发展目标相关领域有非常大潜力的项目，建立"Globe Star"（全球之星）项目组，在决策流程中予以更多重视和关注。

再如，佳能（中国）公司秉承"为绿色而行动"的环境愿景，将环境保护视为企业的使命和责任，持续打造绿色发展产业链，并将绿色理念贯穿于产品的设计、生产、使用、回收等全生命周期及企业经营发展的各个环节。2016 年 9 月，佳能获得中环联合认证中心（CEC）授予的绿色供应链五星级评价证书，成为电子信息行业首家获得五星评价的企业。2017 年 6 月，佳能与供应链伙伴共同发起"绿色消费与绿色供应链联盟"，推动绿色发展方式和绿色生活方式的形成。

在辉瑞，企业社会责任不是一个项目或计划，而是处理和经营业务的方式，更是企业可持续发展的动力，将履行企业社会责任融入到企业战略、组织结构、日常运营中，从而取得经济、社会、环境的三重效益。类似的例子不胜枚举。

五、酌情采用社会责任考核指标体系

确定标准最直接的方法就是采用国际认证的指标体系。如瑞典爱立信公司（Errison）和法国电力集团（EDF）获得英国标准化协会（BSI）颁发的全球范围 ISO14001 审核认证。这个认证包括了所有生产性和非生产性经营活动，不仅涉及监控的关键环保指标，还要求制定不断改进工作的相关目标，并且可以准确地测量结果。

又如，丹麦诺维信公司的工厂也借助 ISO14001 审核认证，在管理模式上全面融入环保理念；通过建立 ISO9000 模式，用以规范清洁的生产环境，这些规范涉及个人卫生、工厂与场地、清洁操作、处理与控制、设备器具、仓储分发等环节。所有这些，都是诺维信所信奉的守则，并依此制定具体目标，以及绩效考核、年报以及与利益相关者保持密切联系的决策和管理体系。

此外，许多公司还根据自身的特点，专门设计了合适的指标体系，使目标量化。例如，索尼公司为了切实增强环保工作的可操作性和评估的科学性，采用下面的等式定义环境使用效率指标：

$$环境使用效率 = 销售额 \div 环境影响度$$

不过，索尼根据自身经营活动的特点，对上述等式进行了改进，制定了一套独特的环境使用效率评估指标，实现了环保评估指标体系的量化。比如：

$$温室气体排放指数 = \frac{报告期：销售额 \div 温室气体排放量}{基期：销售额 \div 温室气体排放量}$$

$$能源消耗指数 = \frac{报告期：销售额 \div 能源消耗量}{基期：销售额 \div 能源消耗量}$$

六、定期发布企业社会责任年度报告

20 世纪 90 年代以来，涵盖经济、环境和社会信息的企业社会责任报告日益受到企业的重视，虽然报告名称及内容呈现多元化特征，但企业社会责任报告的披露已经成为大势所趋。

美国强生公司 1992 年公布了第一个社会贡献报告，1993 年首次公布了环境、健康和安全报告。诺维信从 1993 年开始每年出版《环境报告》。如今，越来越多的跨国公司都在原有的年度财务报告基础上，向股东和公众提供可持续发展报告、社会责任报告或者公司责任报告。如：美国辉瑞公司（Pfizer）、IBM 公司、埃克森美孚（Exxon Mobil）、日本东芝（TOSHIBA）等发布了年度《公司责任报告》。拜耳、BP、菲利浦、松下、法国电力、戴姆勒－克莱斯勒（DaimlerChrysler）等发布了年度《可持续发展报告》。

根据 CorporateRegister.com 网站 2007 年 1 月中旬的统计，当时已有 91 个国家的 3611 个不同公司发布了体现企业履行社会责任信息的报告。[①] 企业社会责任报告总是处于动态的发展过程，从全球范围来看，企业社会责任报告在不同方面显现出一定的趋势。[②]

一是报告数量加速增长。全球范围内发布的社会责任报告由 1992 年的 26 份，上升到 2001 年的 1781 份，进一步升至 2007 年的 3611 份。第一个千份报告数量突破历经了 10 年时间（1992—2001 年），而第二个千份报告的数量突破只用了 5 年时间（2002—2006 年）。

二是报告类型日趋集中。1999 年前，以单项环境报告为主；1999 ~ 2003 年期间，表现出多元化的类型；2003 年之后，以综合性的企业社会责任报告或可持续发展报告为主流。

三是报告关注的议题不断拓展。传统议题主要包括环境、雇员关系和慈善捐赠等。近年来，越来越多的报告关注对以下议题内容的披露：国际标准和守则；气候变化；价值创造；可持续发展目标（SDG）；企业的人权表现；碳减排目标等。

四是行业分布越来越广，金融行业异军突起。此外，其他如零售业、旅游业等服务行业，所发布的报告数量也均有不同程度的增长。这些趋势表明，履行社会责任已不再是在环境方面"有问题"行业的特定议题。

五是报告审验比例有所提高。有第三方审验的报告比例，从 20 世纪 90 年代中期的 10% ~ 20%，提高到目前占比一半左右。

六是报告形式变化。总体变化趋势是：独立完整的责任报告的平均篇幅在增加；优秀报告的篇幅一般较长；电子版本的报告已占据主流；越来越多的报告追求风格的一致性——表现为企业社会责任报告与企业的理念、Logo、报告所传递的重要议题、企业的财务或年度报告的风格以及历年的报告风格等，尽量保持语言、色彩、版面、图案等方面的统一协调。

七、政府对企业社会责任积极引导和管理

发达国家较为注重 CSR 的引导和管理，但方式有所不同。

---

① 薛文艳，"试论我国企业社会责任报告的披露"，《生产力研究》，2008 年第 7 期。
② "企业社会责任报告全球发展趋势"，《WTO 经济导刊》，2008 年第 6 期。

美国是较早颁布法律、法令等强制性手段对企业社会责任行为进行规范的国家，目前已经形成了完善的企业社会责任法律体系。第一，美国各州普遍在自己的公司法中加入了公司的社会责任内容。第二，美国在不同的部门法中，为企业设立了最低限度的企业社会责任，要求企业强制履行。这些部门法包括但不限于《清洁空气法》《洁净水法》《职业安全健康法》《消费品安全改进法案》《破产法典》，等等。第三，美国的判例法经过几百年的变化和演进，也在实践中支持企业履行社会责任。此外，"美国商务部极力推崇 CSR 理念，认为美国公司在世界任何一个地方进行生产经营活动都应当以最高标准的行为准则约束自己。总体上，美国政府对推动公司社会责任行为的参与度较低，美国 CSR 的发展是以民间发起的社会责任投资（SRI，类型股票投资）为杠杆，由 NPO 等市民社会组织充当监督企业行为、追究企业社会责任的主体。美国证券市场将企业社会责任作为判断公司业绩的标准之一。"①

加拿大特别注重国内法和国际法的企业社会责任的法制建设，有较为成熟内含企业社会责任条款的官方投资协定范本。如 2014 年版的加拿大投资协定范本的企业社会责任内容比 TPP 的相关条款更加详细，该范本有五处提到企业社会责任，其中第 16 条"企业社会责任"规定，"每一缔约方应当鼓励在其领土内运营或受其管辖的企业自愿地将国际承认的、已被该缔约方认可或支持的企业社会责任标准纳入此类企业的实践和内部政策。这些标准涉及劳工、环境、人权、社团关系和反腐败。"显然，加拿大范本的措辞比 TPP 更加严格，对缔约方鼓励企业承担企业社会责任的要求更高。

在美国影响下，法国、英国、德国、荷兰等也在各自立法中确立了倾向于就业、工资、工作条件等问题的企业社会责任。

欧盟（包括欧洲委员会和欧洲议会）认识到，社会责任对于经济增长、可持续发展、解决经济发展带来的影响作用巨大，在推动企业社会责任活动方面采取了积极态度，不管是在欧盟层面还是欧盟成员国层面，可持续发展和企业社会责任，都被列入公共政策议事日程。欧盟企业和工业总司、就业总司等设有专门内设机构和人员负责推动企业社会责任工作。欧盟强调，企业社会责任的要求来自市场和社会，其社会性能超乎法律法规。为此，各国政府不需制定新的立法，只需执行好原有的各项公司、企业等法律法规。欧盟的作用是协调各国政府加强法律法规的实施，提高政府透明度，并在各国之间实行信息共享。

① 冼国明，"跨国公司及其在华社会责任"，《2006 中国外商投资报告》，商务部。

2001 年，欧盟委员会向欧洲议会提交了"欧洲企业社会责任框架绿皮书"，并于 2002 年建立了由社会各阶层代表参加的"多方社会论坛"，就企业社会责任在欧洲范围内建立对话和信息交流机制。2005 年欧盟所有国家都制定了企业社会责任战略。2006 年在布鲁塞尔发起"欧洲企业社会责任联盟"，把企业社会责任作为改善欧洲竞争力的"双赢商机"。2011 年 10 月，欧盟通过至 2014 年 CSR 的行动规划，重点内容包括：出台 CSR 良好行为准则；提高 CSR 行为可见度，为最佳实践案例颁奖；通过将来的法律，要求企业披露 CSR 信息；把 CSR 理念介绍到普通教育和职业教育中；建议各成员国出台 CSR 计划；企业将 CSR 纳入经营战略中，企业在第三国开展业务时，遵守 CSR 要求，并关注所在国和关联企业 CSR 行为；对 CSR 执行较好企业，予以市场回报。

德国、英国、意大利、瑞典、法国等国都制定了实施企业社会责任的行动计划。如，德国从 2004 年 2 月起，开始在中国等 11 个国家推行企业社会责任标准，并制定了"三步走"战略：第一步是在各国举办"圆桌会议"，宣传并推广企业社会责任标准；第二步是制定企业行为准则，一般情况下由第三方审查机构制定行动计划，对企业提出建议性措施并进行再次审查；第三步是实施核查。德国政府认为，企业社会责任是一种双赢战略，不仅对德国有好处，对其他国家也大有好处，不履行社会责任的企业，在或长或短的时间内将失去竞争优势，推动企业履行社会责任将是一个长期活动。德国明确联邦劳工和社会事务部是推进企业社会责任的牵头政府部门，并于 2010 年 10 月率先在欧盟成员国中出台了企业社会责任国家战略。其内容框架：在全社会营造一个适合企业履行社会责任的氛围，推动竞争制度框架的建立，以确保企业可通过积极履行社会责任来构筑企业的竞争优势。同时特别鼓励中小企业、员工和消费者都参与到企业社会责任能力建设中。主要目标有两个方面：一是通过提升企业社会责任在社会公众心目中的认知程度，进而在国内外强化德国企业社会责任的特色。二是为实现全球化背景下生态环境保护与经济社会协调发展做出贡献。"行动计划"设定了与企业社会责任活动实践有关的目标、课题、公约和措施等内容。

英国设置有 CSR 主管大臣，法国设置有可持续发展主管部长。2001 年，法国第一个要求国内上市公司必须提供"社会责任年度报告"，报告包括企业在其活动中考虑社会和环境的情况和后果。

澳大利亚国会通过财务服务改革修正案，规定退休信托基金的管理机构在进行投资时，必须告诉投资者对于社会责任的考虑程度。

日本政府也在积极推进制定标准化方面的对策。首先，日本派遣专家参加了国际标准化组织（ISO）有关如何将 CSR 纳入国际标准的讨论。其次，日本经团联与经济产业省合作，开始探讨制定 CSR 的日本国内标准。另外，日本还在评估承担 CSR 的企业的绩效等。但在其他方面，日本政府部门对 CSR 的参与程度远滞后于欧洲。

新加坡也推出了评估企业社会责任和为公司进行相关排名的"企业社会责任指数"，通过表扬方式，鼓励企业负责任的社会行为。

此外，西方各国在政府的推动下，还成立了旨在推行企业社会责任的组织。比较有影响的有：美国社会责任商会（BSR）、英国的道德贸易促进会（ETI）、日本的良好企业公民委员会（CBCC）等。各国政府组成的国际组织则进一步推动了企业社会责任标准的形成，包括 AA1000（英国）、SA8000（美国）、CSM2000（德国）等。

八、加强对企业社会责任的审计

社会责任审计是评价与报告那些在传统的企业财务报告中没有涉及的企业成果和影响，如对环境的保护情况、对员工利益的保护情况等，旨在全面了解和掌握企业社会责任的履行情况，督促各方面的工作，保护各企业利益相关者的利益。

近 40 年来，企业的利益相关者对企业履行社会责任情况信息披露的要求日益提高，企业社会责任审计活动也越来越得到理论界和实务界的重视。一般认为，对公司进行社会责任审计的机构分为两大类：一是公司外部机构；二是公司自身。

美国是企业社会责任审计的发源地。"在美国，对公司进行社会责任审计的机构主要有以下几类：第一类是投资基金组织。审计的目的一是为了确保资金投向那些从事有社会责任感的活动、道德水准较高的企业，二是对公司施加压力，促使其遵守投资者要求的标准。第二类是社会公共利益监督机构，例如，环境保护协会、消费者权益保护协会，等等。审计的目的是为消费者、投资者、政策制定者、雇员更好地做出经济决定提供信息，同时也对公司起到监督作用。前两类都可归为公司外部机构进行的审计。第三类是公司自身进行社会责任审计，目的是为了了解自身的责任履行状况。"[1]

在欧洲，大型跨国公司在注重自身履行企业社会责任的同时，为了避免供应链上游企业因 CSR 缺乏而影响品牌形象或产品质量，纷纷通过非政府中介组织对上游企业

---

[1]　姜虹，国外企业社会责任审计研究述评与启示，《审计研究》2009 年 3 期。

开展针对 CSR 的社会审计（中国企业称之为验厂）。例如，商界倡导社会责任协会（BSCI）是欧洲最大的商界倡导社会责任的非政府组织机构，代表着进口商和经销商的利益，拥有 750 家会员。中国是其会员企业上游产品的最主要的采购国，BSCI 开展社会审计（验厂）的对象 80% 在中国大陆，其他 20% 主要是印度、孟加拉国、越南等。随着 BSCI 会员数目不断扩大，越来越多的采购商和经销商投身到其供应链中，也有越来越多的供应企业被迫申请接受其验厂。

"在英国，从 20 世纪 70 年代末到 80 年代中期，大型公司的年报平均近半页包含的是自愿披露的社会和环境信息。20 世纪 90 年代这种信息已增至 4 页，具有特定规模的公司被迫报告有关他们的慈善捐赠情况等具有社会性质的信息并提供有关职员条件和就业实践的可靠信息。"①

法国的社会责任审计报告是世界上较完整，也是较有特色的，1977 年政府就以正式法令规定企业必须编报"社会责任负债表"，用货币金额揭示企业履行社会责任的情况。

在德国，除了要求企业编制"社会资产负债表"以外，还要说明对社会责任目标的实现程度。企业社会责任审计的数据来源之一是公司内部各种文件、记录、各种审计数据和新闻报纸、商业期刊、公司报告等公共记录；二是对员工、经理、供应商、经销商、顾客、投资商、专家、新闻记者等的访谈和问卷调查。企业社会责任审计的内容是企业对有关的经济与社会问题的活动绩效。这些问题可能随产业不同而体现不同的侧重点，但一般都体现利益相关者的要求和伦理的导向。

第三节　西方国家企业在发展中国家社会责任实践

跨国公司是实践企业社会责任的先锋，它们不但在本土履行，而且还通过其采购活动、经营活动等把它传播到世界各地。随着发展中东道国科技的进步与经济的发展，国民的生活水平不断提高，大多数人的温饱问题已得到解决，其重点必然转向提高生活质量，对人权、环保等非物质利益方面的追求将逐步加强，这必然要求跨国公司对东道国经济社会发展的贡献应从经济利益方面扩展至环境、社会文化等方面，从而承担更广泛的社会责任。目前，跨国公司在发展中国家实施社会责任的主要形式有

---

①　侯历华，《企业社会责任的中西比较及启示》《商业时代》，2006 年第 32 期。

三种：查厂、验厂、第三方认证、能力培训。

一、责任实施的主要内容：生产行为守则

跨国公司要求整个商品供应链的所有合作伙伴共同遵守统一的生产守则。跨国公司的生产行为守则（Code of Conduct）是指跨国公司制订的具有自我约束性质的、针对生产经营过程的规范。此类规范通常通过经济影响力向跨国公司自身、子公司和分公司，以及关联公司推行一定的劳动标准和环境标准。而在大多数生产行为守则中，劳动标准通常都居于重要的地位。

20世纪90年代初，美国服装制造商Levi-Strauss位于塞班岛的服装加工厂在类似监狱的工作条件下使用年轻女工的事实被曝光。为了挽救其公众形象，该公司草拟了第一份公司社会责任守则（也称生产守则）①。此后，北美和欧洲的人权行动主义者、工会和NGO将消费者运动的视线引向一系列大型跨国公司，随后，耐克（Nike）、沃尔玛（Walmart）、迪士尼、通用电气、锐步（Reebok）、麦当劳等大型跨国公司也纷纷仿效，制定了自己的生产守则。

它们不仅加强了自我约束，同时还要求合作伙伴严格执行这些规则，对于严重违反规则或者拒不遵守规则的工厂，则对其取消采购订单，甚至供应商资格。如，沃尔玛公司制定了供应商守则，内容涉及多项基本劳工标准。每年定期评估，以确保合约工厂持续符合标准并不断改进。麦当劳公司于1993年首次发表"社会责任守则"，并于1998年决定首先在中国实施其供应商社会责任监督计划。瑞典爱立信、沃尔沃等企业把善待员工、资源有效利用、生产者责任延伸（生产者必须负责产品使用完毕后的回收、再生或弃置的责任，将生产者责任向下游延伸）与供应链体系的上下游企业特别是供应商共同承担责任，作为企业推行社会责任的一致行动。

就内容而言，多数生产守则以联合国《世界人权宣言》和国际劳工组织的"基础性条约"为蓝本，再参考本国的劳动法、行业规范制定，每一家公司的守则可能内容各不相同，但基本内容均包括五类，突出表现在尊重人权和保护环境方面的一致性：

（1）消除剥削性童工；

（2）废除强迫劳动；

（3）就业无歧视；

---

① 所谓生产行为守则，是指公司主要是跨国公司制定的具有自我约束性质的、针对生产经营过程中的规范。

（4）结社自由和集体谈判权；

（5）其他。如环境保护、慈善活动和社区关系等。

"据经合组织（OECD）统计，到 2000 年为止，全球共有 246 个生产守则，其中 118 个由跨国公司制订，92 个由行业协会和贸易协会制订，32 个由非政府组织制定，4 个由国际组织制订。如今，全球各种类型的生产守则已经超过 400 多个，其中最有影响的是由'国际社会责任组织'（SAI）于 1997 年制定的 SA8000 标准。"①

实践中跨国公司基于其经济影响力，可以较为方便的将这类规则在其自身及子公司、分公司，甚至其产业链条上的其他关联公司中推行。这在客观上对环境标准和劳动标准的制定和传播起到了一定的推动作用。

二、社会责任实施的三种主要方式

跨国公司在中国等发展中国家实施社会责任的方式主要包括三种："查厂"、第三方认证和培训。其中，跨国公司"查厂"是最主要的实施方式。

（一）查厂、验厂

所谓"查厂"，就是采购方（跨国公司）在订单下达前或货物交付前，派遣本公司的专职人员或委托第三方公证行的专业人员对供应商或分包商的资料、现场、员工进行实地调查，判断其是否符合本公司生产守则的要求，并以此作为订单下达和货物接收的依据。"查厂"已经成为中国外贸加工行业耳熟能详的新名词。

在中国，跨国公司社会责任审核最初出现于 1995 年，集中在东南沿海地区的玩具、服装出口加工企业。但随着企业社会责任运动的不断发展，1997 年以来审核的地域范围和行业范围迅速扩大。从沿海到内地，从玩具、服装出口企业到几乎所有的外贸加工行业，被迫接受审核的企业日趋增多。关于中国曾经接受社会责任审核的企业数量和被审次数，统计数据相差较大，少的 8000 多厂次，多的 15000 多厂次。实际数字远不止这些。但凡从事出口加工的企业，特别是生产贴牌出口劳动密集型产品的企业，基本上都或迟或早、或多或少地接受过审核。②

（二）第三方认证

各种劳工组织、人权组织等非政府组织联合各大跨国公司，一起制定了不少社会责任守则和认证标准，其中较有影响的有 SA8000、FLA（公平劳工社会守则）、

---

① 中国企业改革与发展研究会，"企业社会责任的发展及现状"，2007 年 9 月 24 日。

② 严运楼、苑立波，"企业社会责任运动对就业与福利的影响"，《集团经济研究》，2007 年。

WARP（环球服装社会责任守则）、ICTI（国际玩具商协会守则）、ETI（道德贸易行动守则）、OHSAS1800（职业安全健康评价标准系列）等。

在中国开展的第三方认证主要包括两种：一是 SA8000 认证；一是行业性社会责任标准认证。由于 SA8000 针对的主要是劳动密集型产业，因此，通过认证的企业大多集中在服装、玩具、制鞋、纺织等行业，且集中在广东、福建等珠三角地区。

（三）开展能力培训

主要是在发展中国家开展工人发展能力培训项目及研究项目。例如，部分跨国公司在中国珠三角、长三角开展劳工能力培训；支持相关研究项目，如田野调查等综合发展援助研究项目等。

三、责任实施带来的积极效应和问题

跨国公司社会责任标准的实施，将迫使本土企业更多地关注社会责任问题，在一定程度上推动了企业劳动条件的改善，有利于企业树立良好的形象。但在实践中还存在一些亟待解决的问题，如守则的透明度问题，采购商每年验厂带来的高成本问题，多层次复杂供应链中守则实施的监控问题，守则标准差的跨文化解释问题，生产守则的本土化适应性问题，等等。

第四节　跨国公司在华社会责任行为及影响

改革开放 40 年来，越来越多的外资企业来到中国，他们在中国改革开放的良好环境中成长、发展，已成为活跃在中国社会和经济舞台上的一支重要的力量。他们是中国改革开放的直接受益者，同时也是中国经济社会发展的重要贡献者；他们在中国取得长期长足发展的同时，也积极地履行了社会责任，由此涌现了一大批履行社会责任的先进企业和优秀案例。

对于大多数外企而言，他们把履行社会责任作为企业文化的重要组成部分，纳入了企业管理体系，积极践行。

外商投资企业整体上能够较好地将履行社会责任与自身发展战略相结合，发挥专业优势，通过理念和措施上的创新，开展外商投资企业社会责任项目，解决各种社会问题，取得了较好的经济效益和社会效益，形成一定的示范效应，有力地推动其他企业开展社会责任实践。

一、管理好自己在华投资的企业

跨国公司在华大规模投资，建立了一大批合资或独资企业。他们要求其在华企业承担股东责任，为跨国公司股东创造价值；要求其在华企业保障劳工工作和生活基本标准；要求其在华企业减少排放，保护环境。总体来说，跨国公司在中国推进公司责任最主要的途径，是管理好自己在华投资的企业，在负责任的商业行为方面发挥示范和带动作用。

近年来，涌现出许多跨国公司在华企业在强化公司责任方面的事例。如2003年8月，壳牌在华与中国海洋石油公司合资的中海壳牌石油化工有限公司发表了"可持续发展——计划与进展"的报告。报告总结了中海壳牌项目建设过程中取得的环境业绩和社会业绩。

又如，巴斯夫公司在中国积极推进公司社会责任和环境责任。作为化学工业公司，巴斯夫特别关注在中国推动"责任关怀"的发展。巴斯夫大中华区总部有一个专门的"责任关怀/质量管理"部门，旗下7个分支，分管"责任关怀"的7个目标。在工厂层面，每一个工厂都有7个人分别负责贯彻"责任关怀"7个方面的实施，并随时与大中华区总部沟通。

二、带动供应商强化责任

跨国公司在中国推进公司责任的第二个途径是供应链管理。

20世纪90年代中期，西方发达国家跨国公司开始加强对进入其供应链的中国企业进行以劳工标准为主要内容的社会责任审核和评估，并试图将劳工标准与国际贸易规则挂钩。例如，麦当劳、锐步、耐克、迪士尼、沃尔玛等公司相继开始对中国供应商和分包商实施以劳工标准检查为内容的社会责任运动，一些公司还在中国公司内设立了相关的社会责任部门，并委托有关公证机构作为审核机构，对于中国的供应商和分包商的企业劳工标准执行状况，进行监督审核。一些从事企业社会责任认证的国际组织，也都相继在中国登陆。

日韩公司在华也积极推进供应商管理，加强在品牌及产品质量方面的社会责任。例如，索尼中国严格执行《索尼供应链行为规范准则》，开发、引入了与其他同行共享的"责任采购"框架，要求二级供应商遵守相关行为规范准则，加强供应商考核与认证管理，共同为客户提供安全、可靠的优质产品。

中国松下认为，以责任价值链建设为导向，进而带动产业链上下游协同发展、互利共赢，是企业践行社会责任的最优方式。2016年9月5—9日，松下集团在广州、大连、上海三地分别举办供应商CSR采购方针和环境法规说明会，向与会的408家供应商详细介绍了松下供应链CSR推进准则以及外部最新环境法规的动态，要求供应商开展CSR自主检查，提升供应商履行企业社会责任的意识。

佳能（中国）公司将社会责任融入供应链管理，对新引进的供应商增加了现场考察环节，与供应商签订的合同中均包含要求供应商遵守相关法律法规的内容及佳能《供应商和合同方环境、职业安全与健康（EHS）管理基本要求》，通过公平、严谨的审核与评估促进供应商履行社会责任。2017年6月，佳能（中国）公司与供应链伙伴共同发起"绿色消费与绿色供应链联盟"，推动绿色发展方式和绿色生活方式的形成。

中国三星在所有供应链环节推行负责任的经营，保障工作场所的安全，确保劳动者的权益，尊重并遵守国际劳动相关规章制度。三星电子于2012年起专设了负责供应链劳动环境的部门，中国三星也于2013年起在中国地区的生产工厂设立了专门机构，负责所在工厂和供应商的劳动环境的监督和整改工作。

中国三星积极构建供应商评价系统，2013年引进了由三星电子制定的《全球采购行动规范》和《供应商行动规范》，对合作满两年的供应商进行每年一次的定期评价。评价内容包括技术、质量、应对能力、供货期、价格、环境、财务、守法八项指标。根据评价结果，中国三星对供应商进行跟踪管理，旨在通过自行评价、改善薄弱环节、持续的事后跟踪管理，提升供应商自身竞争力，并构建可持续的供应。

三、发布在华企业社会责任报告或案例

社会责任报告是企业履行社会责任意愿、行动和绩效的重要载体，是与利益相关方沟通的重要工具。外资企业，特别是一批领先的跨国公司是企业社会责任报告的先行者，不仅在全球范围发布公司责任的报告，而且在中国引进了公司责任报告制度。通过中国化的公司责任报告，跨国公司不仅直接向中国政府、企业和媒体报告了其强化公司责任的进展，更具意义的是，这些报告推广了跨国公司全球范围发展的新理念，极大地推进了强化公司责任的潮流在中国的发展。

例如，荷兰壳牌公司、德国拜耳公司及日本的东芝、松下等公司已经连续十多年出版了中文版公司责任报告。近年来，外资企业发布报告的数量明显增长，同时外资

企业、特别是欧洲企业已开始探索将企业社会责任报告与年报相融合的综合报告。根据中瑞企业社会责任合作网提供的数据，截至 2015 年 10 月底，通过企业主动寄送、企业官方网站下载及网络查询等方式，该机构共收集到外资企业发布的企业社会责任报告 98 份，2017 年底进一步增加到 142 家，其中环境报告的比重高，表明外资企业对环境尤为注重。"从整体来看，外资企业报告质量整体高于中国企业社会责任报告的平均水平，在可比性、可读性、可信性和创新性方面优势显著，其中在可比性方面表现得极为突出，注重跨年和行业内的绩效比较。"①

为督促外资企业发布中国区社会责任报告，推进外资企业履责和信息披露更加规范化、标准化，2017 年 12 月，中国外商投资企业社会责任工作委员会正式发布实施《中国外商投资企业社会责任报告编写指南》。《指南》借鉴国内外企业社会责任和社会责任报告相关标准，吸收外资企业在中国编写和发布社会责任报告的经验，筛选出更加符合外资企业社会责任履责重点和特征的 40 个核心指标，涵盖责任治理、合规、本地贡献、客户（消费者）、供应链、环境、员工、社区等 8 大议题，更加具有针对性和适用性，旨在为外资企业披露社会责任信息、编写及发布社会责任报告提供参考。

此外，自 2007 年起，有越来越多的跨国公司参与了由中国外商投资企业协会征集的《中国外商投资企业社会责任案例》。其中，《中国外商投资企业履行社会责任案例 2017》中有 68 家外商投资企业的 73 个社会责任实践案例分别入选"发展战略""价值共赢""品质卓越""员工关爱""绿色和谐""公益创新"六个领域的优秀实践奖项；68 家企业来自 17 个国家和地区，一些优秀案例企业代表分享了在履行社会责任方面创新的思维和举措。

四、积极参与发布企业社会责任宣言与倡议

2006 年 3 月，中国外商投资企业协会投资性公司工作委员会（ECFIC）在北京发布了《企业社会责任北京宣言》，共有西门子、摩托罗拉、微软、IBM、大众汽车、通用电气等 66 家外企签署了此宣言，承诺将致力于企业社会责任，在规范企业自身发展的同时，用实际行动响应中国政府共建和谐社会的号召。根据该《宣言》，ECF-IC 成员企业将在涉及法律、纳税、知识产权、就业、员工权益、环保、社会公益、企

---

① "金蜜蜂在华外商投资企业 CSR 报告研究 2015"，《WTO 经济导刊》，2016 年 5 月。

业信息披露、企业公民等 12 个方面严格自律，积极履行企业社会责任，助力中国社会经济发展。

2007 年 7 月，上海市外商投资企业协会首次向全市数万家外资企业发出"履行社会责任"的倡议书，呼吁外资企业保护环境、节约资源、降低能耗，保障员工合法权益，积极参与社会公益事业，依法向社会、消费者及时、准确、公正披露企业相关信息等。

2007 年 8 月，"中国外商投资企业社会责任论坛暨案例展"在京召开，戴尔（中国）有限公司总裁闵毅达代表中国外商投资企业协会所属 1400 多家企业宣读了《在华外资企业履行社会责任倡议书》，数百位外商投资企业代表在倡议书上签名。此次在华外资企业履行社会责任的倡议内容包括：守法经营，依法纳税，保护知识产权，向社会提供高质量的产品与服务；保护员工合法权益，建立和谐劳资关系；保护生态环境，节能减排，建设环境友好型、资源节约型社会；积极参加社会公益事业，贡献中国和谐社会建设；带动供应链上的企业共同履行社会责任，让履行社会责任成为所有企业的共识和行动。在华外商投资企业表示，他们是中国改革开放的直接受益者，同时也是中国经济发展的贡献者；展望未来，更加需要中国可持续发展的平台。

2016 年 6 月，为践行联合国 2030 可持续发展议程，在继续深入实施"中国金蜜蜂 2020 社会责任倡议"的基础上，《WTO 经济导刊》联合国家电网、南方电网、英特尔（中国）、杜邦中国、伊顿中国、宜信、广西玉柴机器集团有限公司、北控集团、广州石头造环保科技股份有限公司、雀巢中国、复星医药集团和全球契约中国网络共同发起"金蜜蜂全球 CSR2030 倡议"，以共同愿景、责任竞争、精准实践、跨界合作、共享价值作为关键词，致力于贡献全球向可持续发展轨道的转变。这是全球的先锋企业和专业组织对实现 2030 可持续发展远景目标的意愿和行动的一次集体表达，而更多金蜜蜂全球 CSR2030 倡议议题的发起也将拓展开又一幅更宽广的可持续发展的长卷。

五、召开或参加推进公司责任论坛或会议

近年来，跨国公司以及联合国等国际组织在中国召开或参与了一系列推进公司责任的研讨会、报告会，介绍跨国公司最新的公司责任理念，探讨在中国推进公司责任的途径。这些会议有的是外国跨国公司召开的，有的是外国公司与中国公司、商会协会、研究机构联合召开的，也有的是中国政府与中外企业合作召开的。如 2005 年 1

月，商务部研究院跨国公司研究中心在众多跨国公司参与下，召开了主题为"科学发展观与跨国公司在中国的社会责任"论坛，近百家中外跨国公司代表参加了会议，并且就跨国公司在华的社会责任和环境责任等问题进行了讨论。2008年9月，商务部外资司在厦门第十二届中国国际投资贸易洽谈会期间，主办了"跨国公司企业社会责任研讨会"，商务部以征求意见的形式发布了《外资投资企业履行社会责任指导性意见》。2016年10月，上海市商务委员会和上海市外商投资协会联合召开2015年度上海市外商投资"百强企业"发布会暨"责任—创新—共享"外企社会责任论坛。会议发布了2015年度百强企业（营业收入、进出口总额、纳税总额、吸收就业人数）名单和外资企业社会责任（中国）报告发布单位名单。2017年5月，中国外商投资企业协会在北京举行社会责任工作委员会成立大会及委员会第一次工作会议，宣布正式成立"中国外商投资企业社会责任工作委员会"。佳能（中国）成为社会责任工作委员会首届秘书长单位，佳能（中国）涉外关系及企业品牌沟通部总经理鲁杰被推举为首任秘书长。

六、积极为行业社会责任发展建言献策

很多跨国公司直接参与了参与行业社会责任指南的编制工作，分享企业社会责任经验。

例如，2016年8月，中国工业和信息化部颁布实施的SJ/T 16000—2016《电子信息行业社会责任指南》。作为电子行业履行企业社会责任的先进企业，松下电器自2014年起便参与了工信部牵头的SJ/T 16000—2016《电子信息行业社会责任指南》的编制工作，并积极响应行业协会社会责任方针，将规范贯彻在企业的日常经营之中，为行业社会责任的发展做出贡献。2016年10月，在松下的带领下，电子信息企业、社会责任机构和媒体的30余位社会责任专家走进杭州松下工业园区，体验了杭州松下体验空间里的智能家电产品，并就社会责任相关议题开展讨论，共同推进行业社会责任先进理念和优秀实践的传播。2017年，松下继续参与《电子信息行业社会责任指南 SJ/T 16000—2016》配套标准《电子信息行业社会责任治理水平评价指标体系》的制定。

佳能（中国）在推动企业自身发展的同时，也积极为行业健康发展与社会进步建言献策，将"共生"理念和实践经验传递给更多的企业。2016年10月，佳能（中国）加入中国电子工业标准化技术协会社会责任工作委员会，成为推动电子信息行业

可持续发展的一分子，并被评为 2016 年度中国电子工业标准化技术协会优秀会员。

巴斯夫在自身做好企业社会责任的同时，积极带动行业做好企业社会责任。2006 年，巴斯夫依托中国可持续发展工商理事会（CBCSD）平台首倡并发起"1 + 3"企业社会责任项目。所谓"1 + 3"，是指由一个 CBCSD 会员企业，带动其供应链的 3 大业务合作伙伴（供应商、客户和物流服务供应商），通过传递经验和分享全球最佳实践，将履行 CSR 的意识推广到整条供应链。这些受益公司，继续复制此模式，进一步带动各自供应链上的合作伙伴，加入"1 + 3"项目的行列，形成"滚雪球"效应。巴斯夫希望通过促进供应链上企业相互间的学习与合作，积极推进产业链上企业社会责任的落实，再经由合作伙伴的继续推进辐射整个行业，力求改变化工行业高污染、高能耗和高排放的固有印象，促进化工行业的可持续发展。

2008 年及 2009 年，巴斯夫"1 + 3"企业社会责任项目被联合国全球契约组织当作最佳企业社会责任案例向其他全球契约成员和所有企业传播和分享。与此同时，国际化工协会联合会也将该项目列入其《能力建设手册》并在行业内推广。迄今为止，该项目已经在国内 130 余家企业中传播。

继"1 + 3"成功实施后，巴斯夫和《WTO 经济导刊》共同提出"金蜜蜂理念"，即通过传递 CSR 的最佳实践，提高本土企业核心竞争力，培育更多"蜜蜂型企业"。2008 年，首次合作发布了"金蜜蜂企业社会责任中国榜"，用以表彰在 CSR 领域有出色表现的企业，鼓励更多企业发挥"蜜蜂效应"。榜单设立至今，累计已有 2000 多家企业主动参加活动，约 200 家企业获得"金蜜蜂型企业"称号。

七、不断创新社会责任实践的内容与形式

企业社会责任不仅是一个理论问题，更是一个实践问题。面对中国国情及新形势新要求，不同跨国公司立足专业优势，结合自身业务特点，开展了极富创新性的社会责任实践。一大批极具特色且富有代表性的 CSR 实践项目突出涌现，在让社会环境变得更美好的同时，企业自身的可持续发展能力和竞争实力也得到了增强。

例如，2011 年，百事（PepsiCo）大中华区与中国农业部达成协议，承诺共同建设并运营采用先进灌溉、耕作和作物管理技术的可持续示范农场，在中国农业系统推广最佳马铃薯种植实践经验，帮助中国的农业种植者提高产量，增加收入。目前百事公司在华的食品业务包含 6 家食品生产厂和 7 个可持续示范农场；在中国农业开发领域的投资已经超过 3 亿元人民币，为来自全国十余个省、自治区的上百名农业专业技

术和管理人员提供了先进技术和工艺的培训，有 1 万多农民从百事在中国的农业项目中获益，而且对于治理荒漠化和改造环境也起到了积极的推动作用。

三星公司紧跟中国"精准扶贫"战略，引进三星电子全球五大公益项目之一——分享村庄模式，2014 年与中国扶贫基金会签署战略合作协议，承诺每年投入 1000 万元用于陕西富平、河北南裕两地开展三星分享村庄项目。通过实地调研当地资源情况，因地制宜做出村庄发展规划，精准投放资金和资源，建立村民合作社经营模式，帮助村民实现可持续增收。

针对当前全世界学龄儿童中最为复杂的挑战：即营养不良和肥胖率双重高涨的情况，雀巢集团于 2009 年提出"雀巢健康儿童全球计划"，即通过向学生传播先进、权威的营养健康知识，树立儿童正确的平衡饮食习惯，提高身体素质。目前，该项目已在雀巢有业务运营的 84 个国家展开。"中国儿童营养健康教育项目——雀巢健康儿童全球计划"2010 年 5 月正式启动，该项目由中国营养学会牵头，雀巢（中国）有限公司独家支持，针对 6～12 岁的城市和农村的学生以及教师传播正确的营养健康知识，培养小学生从小养成良好的饮食习惯，建立健康的生活方式。截至 2017 年底，"中国儿童营养健康教育项目——雀巢健康儿童全球计划"历经 7 年，已经覆盖了安徽、北京、河南、湖北、广东、贵州、江西、江苏、辽宁、四川、山东、上海、天津、山西、云南、新疆、西藏、陕西等 18 个省区市，3.7 万名教师、500 万名小学生因此而受益。

为响应国家健康扶贫和强化基层医疗的政策，在国家卫生计生委医政医管局的指导下，辉瑞（中国）支持国家卫生计生委医院管理研究所开展为期三年的"县在起航"——县级公立医院管理及临床重点专科能力建设项目，以县级公立医院管理者和临床医生为主要培训对象，在全国分片区推进。项目自 2015 年启动至今，已组织开展的系列医院管理培训覆盖超过千家县级医院，近千名县医院管理人员参与；举办的临床专科培训，覆盖了全国 31 个省市自治区，培训心内科、神经内科、呼吸内科、重症学科骨干医师超过 1700 人。同时开展了远程培训，覆盖了近万名临床医生。这些措施有力地推动了中国县级医院综合能力的全面提升，助力健康中国战略的实施。

2017 年 4 月，德国思爱普（SAP）公司在中国启动"自闭症人才项目"，释放特殊天赋。通过与相关机构携手针对自闭症谱系中的人才特点，打造一套适合中国的体系，涵盖招聘、培训、录用、上岗和留任等方面。作为首家在中国开展自闭症人才项目的科技公司，SAP 相信，企业开展创新的基础是创新流程参与人员的多元化，以及他们为企业带来的独特视角。而对于目前中国正在探索自闭症人群就业问题的相关机构来说，这是一个令人期待的合作尝试和突破，是整个社会自闭症人才及家庭的福音。

八、部分跨国公司在华社会责任存在的主要问题弱化及根源

应该说，多数跨国公司在中国守法经营，并在强化公司责任方面不遗余力，成为在中国推进公司责任的积极力量。但我们也应看到，在华外资企业中也存在一些责任弱化问题，直接影响了跨国公司在华的企业形象、声誉和经营业绩。国内对外资的负面效应批评较多的问题集中表现在：

（1）双重标准。极少数跨国公司在产品质量、技术标准、售后服务、环保标准、社会责任标准等方面实行双重标准。

（2）价格转移问题。跨国公司普遍实行全球化经营战略，利用其全球网络，转移价格或者利润。

（3）非法避税问题。一些大型跨国公司在中国做资本转移，使得中国子公司账面连年亏损，而把一部分实际收入归于注册地境内的母公司获取更划算的税收减免。

（4）环境污染问题。有些跨国公司利用发展中国家竞争吸引政策的机会，将污染严重的产业转移到中国，在生产经营过程中，降低环保标准，甚至存在重大环保违规行为。

（5）侵犯劳工权益。一些国际有名跨国企业频频爆出虐待劳工，延时生产，压低工价等丑闻。问题集中发生在出口加工贸易行业，以及电子、纺织、服装、玩具、制鞋、工艺等劳动密集型企业。

（6）商品、服务质量存在严重问题，产品质量遭到中国消费者多次或者重大投诉。

（7）极少数企业对官员和企业主管进行贿赂，直接触犯中国法律。

（8）不遵守中国《工会法》，拒绝甚至公然对抗组建企业工会等。

（9）社会责任信息披露不全面及数据失实。一些跨国公司在中国社会责任信息披露方面不积极，不重视，不全面，有时避重就轻。比如环保、员工责任、慈善活动等很难看到详实的数据报告。更有甚者，信息披露存在着严重失实的现象。

跨国公司出现的这些问题，既说明我们的法律政策不够健全及监管不力，也表明跨国公司自身治理管理存在缺陷。

·案例 5.1·

佳能公司的社会责任管理经验借鉴

日本佳能公司自 1937 年创业以来，始终秉承"共生"的企业理念，以创造世界一流产品为奋斗目标，向多元化和全球化发展。目前，佳能的事业以光学技术为核心，涵盖了影像系统产品、办公产品以及产业设备等广泛领域。位于东京的集团总部与美洲、欧洲、亚洲和大洋洲的各区域总部紧密联系，构筑了全球化与本土化有机结合的经营体制，全球员工人数约 19.19 万人。

佳能的中国事业始于 20 世纪 70 年代末。从最初的技术合作到独资建厂再到成立销售公司，不断探索经营模式的创新和变革。1997 年 3 月，佳能（中国）有限公司成立，全面负责佳能在中国市场销售的各项工作。佳能（中国）始终秉承"共生"的企业理念，厚植于中国市场，完成了以华北、华东、华南、华西、东北、西北六大区域总部的建设，形成了覆盖全国的销售和服务网络，努力为广大中国用户提供高品质的产品和服务。

佳能（中国）公司希望在推动企业自身发展的同时，也能够积极为行业健康发展与社会进步建言献策，将"共生"理念和实践经验传递给更多的企业，让社会责任之声愈发响亮与强烈，深入人心。2016 年 10 月，佳能（中国）加入中国电子工业标准化技术协会社会责任工作委员会，成为推动电子信息行业可持续发展的一分子，并被评为 2016 年度中国电子工业标准化技术协会优秀会员。

一、佳能的社会责任理念与构想

佳能（中国）始终以"感动常在"为根基，秉承"共生"的发展理念，携手各利益相关方有序推进社会责任工作。

（一）社会责任理念——共生理念

"共生"（Kyosei）是佳能一直秉承的企业理念。共生是指忽略文化、习惯、语言、民族等差异，努力建设全人类永远"共同生存、共同劳动、幸福生活"的美好社会。佳能（中国）全面理解并贯彻"共生"理念，致力于与政府、客户、伙伴、员工、环境、社会等各个利益相关方共生。

（二）全球优良企业构想

为成为受世界人民爱戴与尊敬的全球优良企业，佳能遵循"共生"的企业理念，自1996年起推进中长期经营计划"全球优良企业集团构想"。2016—2020年是计划的第五阶段，包含7项主要战略。参见表5-2。

表5-2　佳能公司"全球优良企业集团构想"中长期经营计划

第一阶段 1996—2000年	第二阶段 2001—2005年	第三阶段 2006—2010年	第四阶段 2011—2015年	第五阶段 2016—2020年
实施现金流经营，实现了"整体最佳"和"利润优先"的意识转变。推动业务的选择与集中、生产创新、开发创新等各项经营创新	高举"全主营业务世界第一"的旗帜，随着时代的潮流，通过在网络环境下竭力推进产品数字化，进一步增强了产品竞争力。同时，改善遍及全世界集团公司的体制	在进一步巩固既有业务、扩大新业务，推进新成长战略的同时，为了实现能及时应对经营环境急剧变化的实时管理，彻底强化了供应链管理，并进行了IT革新	● 通过创新提供世界最佳产品 ● 将革新性技术推广到全球 ● 争取实现世界最佳生产制造 ● 向所有人奉献最高的价值 ● 为建设可持续发展的社会做贡献 ● 培养继往开来的人才	● 建立新生产体系，实现45%成本率 ● 强化扩大新业务，开拓新领域 ● 重新构筑适应市场变化的全球销售网络 ● 强化开放创新的研究开发能力 ● 构建全球日美欧三级体系 ● 培养具有全球视野的跨国人才 ● 再次强化佳能精神，使其成为新成长的原动力

（三）企业DNA（基因）

佳能历经80年的发展，始终秉承创业以来代代相传的企业DNA，即"以人为本""技术至上""顽强进取"的精神。以创新型企业起家的佳能所拥有的顽强进取精神，以及凭借自身技术力量始终追求差异化的姿态，已经渗透到社会的每个角落。佳能不断地为社会提供新的价值，而支撑它的就是实力主义、健康第一主义等以人为本的企业文化。为了实现百年的可持续发展，佳能将切实地将此企业DNA不断传承下去。

（四）三自精神

"自发、自治、自觉"是佳能的"三自精神"，它是公司行动指针的原点，从创业之初一直被沿用至今。对于在传承企业DNA的同时力争成为全球优良企业的佳能而言，"三自精神"至今也是佳能最重要的行动指针。

"自发"是指做任何事情都应采取积极、主动的态度。

"自治"是指自我管理、自我约束。

"自觉"是指应充分认识自己的立场、角色和作用。

（五）社会责任组织体系

佳能（中国）建立了在华企业集团社会责任推进委员会组织体系，充分发挥其统筹和协调功能，依靠众多跨职能团队，对整个公司的企业社会责任工作进行管理，在业务运营中规划、制定、监督社会责任战略的有效执行。

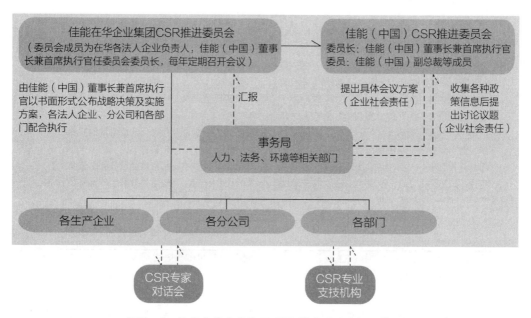

图 5-1　佳能在华企业集团 CSR 推进委员会组织体系

表 5-3　佳能 CSR 机构职能

佳能在华企业集团 CSR 推进委员会	审议 CSR 战略，分享 CSR 信息
佳能（中国）CSR 推进委员会	制订在华 CSR 战略以及推动 CSR 体系的运行
事务局	推动重要议题研究，普及 CSR 意识

二、社会责任实质性议题筛选方法

佳能（中国）认真研究分析国内外各项方针政策，识别并筛选出对公司和利益相关方都重要的实质性议题，并绘制实质性矩阵，指导公司有的放矢地开展社会责任工作。

（一）背景分析

国家宏观政策导向：深入解读中国宏观政策及电子信息行业相关最新政策法规，领会中国可持续发展的宏观政策导向及趋势。

国内外社会责任标准研究分析：梳理全球报告倡议组织 GRI《可持续发展报告指南》（G4 和 G-standards）、国际标准化组织《社会责任国际标准》（ISO26000）等相关国际标准，同时参考中国国家标准《社会责任报告编写指南》（GB/T 36001—2015），以及《中国企业社会责任报告编制指南》（CASS-CSR3.0）、《电子信息行业社会责任指南》（SJ/T 16000—2016）等国内标准，了解全球及中国可持续发展议题管理及信息披露的最新要求。

行业对标：对行业可持续发展战略及管理、实质性议题、指标进行全面对标，研究确定行业热点议题等。

利益相关方访谈与调研：通过对佳能（中国）部门访谈，生产企业调研，员工、合作伙伴访谈，线上线下问卷调查等形式，了解利益相关方对企业的期望与诉求。

公司发展战略规划：结合佳能（中国）发展战略规划，识别对公司实现战略目标意义重大的关键议题。

（二）议题识别

根据与公司活动、产品、服务有关的影响来识别实质性主题和议题，包括公司内部和外部的各种具体情况，识别出对公司可持续发展以及利益相关方都重要的议题。

（三）议题排序

按照"对公司可持续发展的重要性"以及"对利益相关方的重要性"两个维度，对实质性议题进行重要性排序。

（四）议题审核

将实质性议题内容转化为报告内容，并对报告内容进行内外审核：由公司董事会和社会责任工作委员会审核、各业务部门审核、外部机构协作共同完成。

三、佳能（中国）公司的利益相关方沟通策略

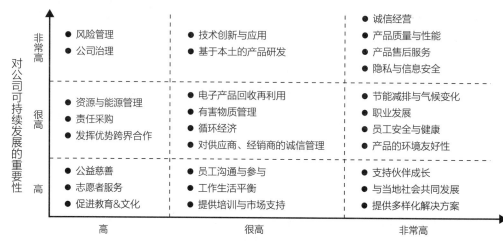

图 5 -2　实质性矩阵

佳能（中国）公司所获得的价值源于众多的利益相关方，公司一直坚持通过构建有效的沟通机制同利益相关方建立紧密联系，为利益相关方搭建良好的内、外部沟通平台，通过官网、官方微博、官方微信、开放日、《企业社会责任专刊》等形式，与利益相关方进行更积极、广泛的交流与沟通。与此同时，我们主动倾听利益相关方的期望和诉求，并将反馈意见融入公司有关决策的制定当中。

表 5 -4　利益相关方期望与回应措施表

利益相关方	对企业的期望	佳能（中国）公司的回应与措施
行政机关和政府机构	● 贯彻宏观政策 ● 诚信守法经营 ● 依法纳税 ● 带动就业	● 参与政策、规划调研与制定 ● 依法合规经营，严格执行零不诚实文化 ● 专题汇报 ● 接受监督和考核
教育和研究机构	● 开展合作	● 社会责任培训与调研 ● 为高校教学提供支持
非营利组织	● 保持密切联系，信息共享	● 参与和组织社会贡献活动 ● 保持沟通渠道畅通
环境	● 遵守环境法律法规 ● 环境保护 ● 节能降耗 ● 生产绿色产品 ● 循环经济	● 建立环境管理体系 ● 开展环保培训与宣传 ● 践行环保公益 ● 环境信息公开 ● 生命周期环境管理

续 表

利益相关方	对企业的期望	佳能（中国）公司的回应与措施
客户	• 提供优质产品 • 优化客户服务 • 保护客户信息安全 • 本地化产品和服务	• 深耕本土、持续创新技术 • 制定质量管理体系 • 建立全方位服务网络 • 开展客户满意度调查 • 提供专业解决方案
股东和投资者	• 持续创造价值的能力 • 良好的信息披露 • 防范经营风险 • 廉洁的商业环境	• 建立董事会、召开股东大会 • 公开透明企业信息，保障投资者知情权等 • 建立投资者关系管理体系 • 强化合规和内控体系
供应商和经销商合作伙伴	• 遵守商业道德 • 公开、公平、公正采购 • 互利共赢、共同发展 • 扶持供应商和合作伙伴成	• 制定公平、透明的采购政策 • 严格审核与认证 • 加强沟通，搭建交流平台 • 组织开展相关培训，给予多方面支持
员工	• 员工基本权益保障 • 关注员工职业发展 • 员工关爱 • 生活与工作平衡	• 制定并执行职业健康安全管理体系 • 建立长效人才培训机制 • 建立工会 • 开展员工文化娱乐活动 • 关怀特殊员工
地区和社会	• 加强沟通与交流 • 开展社会贡献活动 • 支持公益事业 • 民族文化振兴 • 健康行动	• 制定影像公益战略，持续开展"影像公益" • 开展影像文化交流和传播活动 • 组织社会公益活动 • 组织志愿者活动
其他企业	• 公平竞争 • 开展战略合作	• 反对商业贿赂 • 签订战略合作协议

四、打造责任供应链

佳能（中国）恪守公平、公正的采购原则，尊重供应商的独立性，不断深入与供应商的合作关系，加强供应商社会责任意识，通过评估及激励机制，引导供应商履行社会责任，不断向供应商传递先进的经营理念，并为供应商提供支持和帮助，共同为客户提供安全、可靠的优质产品。

（一）优化供应链管理

佳能（中国）将社会责任融入供应链管理，对新引进的供应商增加了现场考察环节，与供应商签订的合同中均包含要求供应商遵守相关法律法规的内容及佳能《供应商和合同方环境、职业安全与健康（EHS）管理基本要求》，通过公平、严谨的审核与评估促进供应商履行社会责任。

佳能（中国）严格遵守采购的基本流程和要求，优先考虑选择《合格供应商名录》中的公司作为候选供应商，对候选供应商的方案和报价进行综合考察与评估，并最终选定供应商（参见表5-5）；同时持续加强信息管理和知识产权保护，与部分供应商签订《供应商承诺书（著作权声明）》，响应《电器电子产品有害物质限制使用管理办法》（中国 RoHS）的要求，向供应商普及 RoHS 知识，确保供应商供货产品符合中国版 RoHS 要求。

表5-5　融入社会责任理念的佳能（中国）供应商管理流程

流程	供应商开发	供应商合作选择	供应商合作交易	供应商绩效评估
融入社会责任因素的考核内容	• 新引进供应商调查事项：经营管理、财务状况、组织运营、产品质量、环境保护、风险管理…… • 重要产品采购：生产现场检验，确保产品品质	• 综合考虑质量、成本、交期、服务、环保、提案的匹配度、风险控制能力、专业性等因素	• 及时签订合同 • 公平交易 • 根据合同要求，及时支付款项	• 通过向供应商提出合作过程中发现的不足，间接推动供应商在服务、管理体系等方面做出改善

佳能（中国）重视供应商资源优化，在每笔采购过程中，对供应商的表现均进行评价，随时考察供应商的执行能力，为年度供应商评审提供数据支持；每年对合作供应商进行绩效评审，并根据评审结果决定未来与供应商的合作方向，确保建立高效、稳定的"佳能式供应商队伍"。参见图5-3。

（二）支持供应商成长

通过与供应商的积极沟通，佳能（中国）为供应商提供有针对性的支持，建立责任供应链激励机制，持续加强与供应商之间的沟通交流，帮助供应商提高产品和服务质量，改善自身管理状况，最终实现共同发展。

此外，佳能在华生产企业也重视供应链管理，积极推进供应商发展，通过培训、技能竞赛等方式，支持供应商成长。如佳能（中山）每年定期携手供应商举行"协作活动"，开展针对经营层的改善意识教育，以现场诊断与

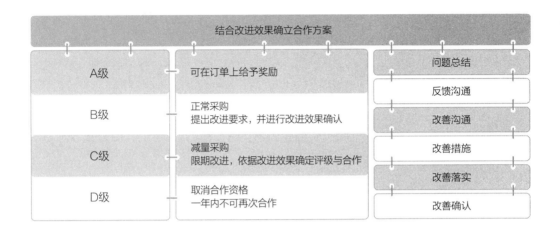

图5-3 佳能（中国）供应商绩效评审政策

标准化作业流程制定等方式，帮助供应商强化经营体制。佳能（苏州）组建了专门的团队向供应商提供专业的培训和指导，针对个别供应商出现的问题，通过组建专案组来帮助解决，并与供应商建立了企业高层互访机制，双方领导每季度就合作情况进行总结探讨，以期获得更好的成效。此外，佳能（苏州）将多家供应商聚集在一起举办竞技大赛，通过比赛、交流等方式让供应商了解最新的技能和生产效率，激励供应商不断提高履责水平，提供更优良的产品和零配件。

（资料来源：《佳能（中国）企业社会责任报告2016—2017》。）

第六章 中国企业社会责任现状与方向

在中国，企业社会责任意识可以追溯到久远的过去，但企业社会责任理念的真正形成，则始于 20 世纪 90 年代。受国际社会责任运动的影响，以及自身对可持续发展的深层思考等，中国政府在转变经济增长方式、规范企业行为、加强市场监管方面出台了很多措施。中国企业在承担社会责任方面也做出了很多努力，特别是中央企业、走向国际的跨国企业对社会责任有了较高程度的重视。但从整体上看，国内理论界对企业社会责任的研究还处于起步阶段，企业在社会责任的议题选择、管理机制、信息披露、责任标准设立等方面，与国际上大跨国公司相比还存在着一定的差距。中国企业评价协会发布的《2017 中国企业社会责任 500 优评价报告》指出，虽然目前中国已经有众多企业意识到履行社会责任对企业可持续发展的战略意义，但仍然存在较多企业社会责任担当不足、执行环节不尽如人意的情况，一些企业为了追逐利润违背基本的商业伦理，肆意破坏公共资源，造成了严重的产品安全问题和环境污染问题等。因此，必须进一步强化中国企业的社会责任。只有重视并积极履行社会责任的企业，才能得到国内和国际社会的认同，这不仅是对企业自身的形象、前途负责，更是对社会和国家负责。

第一节 中国企业社会责任多元推进格局

中国企业社会责任运动虽然起步较晚，但自 2006 年后在政府的主导和积极推动下，进入了快速发展阶段，逐步在总体上形成了政府引导、行业推动、企业实践、社会参与、国际合作五位一体、多元共促的社会责任推进格局。

一、政府从多个层面积极引导

企业社会责任涉及经济、社会、环境各个领域，企业能否有效地承担起社会责任，政府的推动和引导至关重要。随着社会主义市场经济的深入发展，中国政府越来越重视企业社会责任，并希望全社会都来关注和参与企业社会责任活动，营造良好氛围，引导和促进企业积极主动地履行社会责任。

一是推进企业社会责任法制化。2006 年 1 月 1 日生效的《中华人民共和国公司法》修订案在其总则第五条中明确规定："公司从事经营活动，必须遵守法律、行政法规，遵守社会公德、商业道德，诚实守信，接受政府和社会公众的监督，承担社会责任。"十分鲜明地提出公司要承担社会责任，并提出遵守法规和社会公德的具体要求。2007 年全国人大常委会表决通过了《中华人民共和国劳动合同法》。

二是中央高层领导的肯定和倡导。2006 年 3 月，温家宝同志对国家电网公司发布 CSR 报告的批示指出，"这件事办得好，企业要对社会负责，并自觉接受社会监督"。2008 年 11 月，胡锦涛同志在"亚太经合组织十六次领导人非正式会议"上明确指出，要"规范引导，强化企业社会责任"。2009 年 1 月，中央政治局集体学习时强调，引导企业履行社会责任，支持企业多留用民工。2012 年 12 月，中央经济工作会议明确"强化大企业责任"。2013 年 3 月，习近平同志在南非出访时要求中国在非企业积极履行社会责任。2016 年 4 月，习近平同志在网络安全和信息化工作座谈会上强调："只有富有爱心的财富才是真正有意义的财富，只有积极承担社会责任的企业才是最有竞争力和生命力的企业。"

三是将企业社会责任的理念融入国家发展战略和党的方针政策中。2006 年 10 月，党的十六届六中全会明确提出，要"广泛开展和谐创建活动，形成人人促进和谐的局面。着眼于增强公民、企业、各种组织的社会责任"，不但对企业履行社会责任提出了明确的要求，而且要求公民、各种组织都要增强社会责任。2013 年 11 月，党的十八届三中全会将社会责任提升为国有企业改革的六大重点之一。2014 年 10 月，党的十八届四中全会明确提出将"社会责任立法"作为依法治国的一项重要任务。2015 年 9 月，中共中央国务院印发《关于深化国有企业改革的指导意见》，提出国有企业要成为自觉履行社会责任的表率。同年 10 月，党的十八届五中全会首提"创新、协调、绿色、开放、共享"五大发展理念。2016 年 9 月，国务院总理李克强在纽约联合国总部主持 2030 年可持续发展议程主题座谈会上，发布了中国政府制定的《中国落

实 2030 年可持续发展议程国别方案》，彰显了中国积极参与全球经济治理，愿意和敢
于承担与其自身能力相当的国际责任、与国际社会一道为实现全球可持续发展贡献力
量的实力和气魄，也使国际社会听到了中国在全球发展和国际秩序构建方面的声音。
2017 年 9 月，《中共中央国务院关于营造企业家健康成长环境弘扬优秀企业家精神更
好发挥企业家作用的意见》首次以专门文件明确企业家精神的地位和价值，并提出要
引导企业家主动履行社会责任，增强企业家履行社会责任的荣誉感和使命感，引导和
支持企业家奉献爱心。

四是中央政府相关部委从各自的职能出发制定和出台一系列社会责任方面的规章
制度或指导文件。其中，国资委对中央企业社会责任的引导政策是最为完整，也是最
为系统的。2008 年以来，国资委先后发布了《关于中央企业履行社会责任的指导意
见》《中央企业"十二五"和谐发展战略实施纲要》《关于中央企业开展管理提升活
动的指导意见》《关于国有企业更好履行社会责任的指导意见》等文件，明确规定了
中央企业、国企履行社会责任的核心、目标、原则和具体的要求，并于 2012 年起开
展了为期 2 年的社会责任等专项管理提升活动，举办了多次大规模的企业社会责任专
题培训班，2015 年启动了中央企业"十三五"社会责任战略规划研究。商务部也把
推进公司责任作为一项重要工作，2008 年 9 月在厦门举行的第 12 届中国国际投洽会
期间，以征求意见的形式发布了《外资投资企业履行社会责任指导性意见》；2012 年
9 月印发了《对外承包工程行业社会责任指引》等文件。2015 年 6 月，国家质检总
局、国家标准委联合发布了 2015 年中国国家标准 19 号公告，宣布社会责任国家标
准——《社会责任指南》（GB/T 36000—2015，简称国标 36000）自 2016 年 1 月 1 日
正式实施。同时发布的还有与之相配套的《社会责任报告编写指南》和《社会责任绩
效分类指引》。社会责任国家标准适用于所有类型的组织，其颁布施行不仅意味着履
行社会责任有了"规定动作"，更标志着中国社会从"企业责任"时代步入"全民责
任"时代。此外，工信部推进社会责任试点和电子信息行业履行社会责任；环保部推
动企业参与生物多样性保护；标准委推进社会责任标准化；认监委推动认证机构发布
社会责任报告。

五是越来越多的地方政府通过相关政策、指引、标准、评估办法，促进区域内企
业履行社会责任，提升区域责任竞争力水平。迄今约有 20 个省（直辖市）发布了 30
多份指引类文件。例如，2007 年 7 月，上海发布《浦东新区企业社会责任导则》。
2009 年 12 月，陕西省发布《陕西省工业企业社会责任指南》。2012 年 7 月，浙江省

印发《关于推动全省工业企业积极开展社会责任建设的若干意见》，2015 年成立省级企业社会责任促进会，为推进企业履责提供组织保障。2015 年，深圳市发布《关于进一步促进企业社会责任建设的意见》《企业社会责任要求》《企业社会责任评价指南》。2016 年 10 月，北京市出台了《关于市属国企履行社会责任的指导意见》；2017 年 2 月，江苏省发布《江苏省企业社会责任建设指导意见》，4 月，制定实施了《江苏省企业社会责任建设试点示范工作方案》。部分地区还探索通过制定 CSR 地方标准、设立企业社会责任奖等措施推进企业社会责任建设。

二、行业协会等非政府组织推动

企业社会责任是一个企业难以全面自觉履行、政府无法全面运作的领域，这为行业协会和其他非政府组织发挥作用提供了广阔的空间。例如，行业协会通过积极开展社会责任基础研究、标准制定、咨询、研讨交流、培训、认证及绩效评价等相关工作，对行业企业的 CSR 意识、管理和实践进行全面的培训、指导和监督。迄今已有 40 多家行业协会发布了行业 CSR 指南，为会员企业 CSR 实践提供了标准和工具。

例如，2005 年以来，中国纺织工业协会在全国范围内先后推出《CSC9000T 中国纺织企业社会责任管理体系》《CSC9000T 实施指导文件》《纺织服装企业社会责任报告纲要》及《"一带一路"中国纺织服装行业企业社会责任风险管理指南》，对上千家企业的管理者和员工代表进行社会责任基础普及培训，对上百家骨干企业进行了社会责任评估，对行业协会推动 CSR 起到了积极的示范作用。目前，CSC9000T 目前已在国际上得到了较为广泛的认可，极大地提升了中国纺织服装行业的国际形象。

2008 年以来，中国工业经济联合会先后发布了《中国工业企业及工业协会社会责任指南》《中国工业企业（工业协会）社会责任指南实施手册》《中国工业企业社会责任评价指标体系》等，积极倡导和推进中国工业企业和工业协会履行社会责任，连续多年在人民大会堂组织发布年度"中国工业经济行业企业社会责任报告发布会"，影响力日益扩大。

2012 年，中国对外承包工程商会（CHINACA）受商务部委托特编制《中国对外承包工程行业社会责任指引》。

2014 年，中国企业评价协会、清华大学社会科学学院历时近两年，创新起草并发布了《中国企业社会责任评价准则》，包含"法律道德"等 10 个一级评价指标、"遵守法律法规"等 63 个二级和三级评价指标，为中国企业履行社会责任提供了较为科学、系统的参照体系和标准，以及实践上的指导。

2014 年，中国五矿化工进出口商会（CCMC）与德国国际合作机构（GIZ）合作，组织专家编制了《中国对外矿业投资社会责任指引》。2017 年又正式对外发布了《可持续天然橡胶指南》，填补了天然橡胶种植、加工领域无可持续发展标准的空白。

2016 年，在工信部指导下，中国电子工业标准化技术协会（EICC）发布了《中国电子信息行业社会责任指南》，2017 年，发布了 T/CESA 16003—2017《社会责任治理水平评价指标体系》《电子信息行业社会责任建设发展报告》及 SJ/T 16000—2016《电子信息行业社会责任指南》实施手册，探索在电子信息产业领域推动企业社会责任建设。

2017 年，《中国医药企业社会责任实施指南》的发布，标志着中国医药行业有了具备行业特点的企业社会责任标准。

2017 年 12 月，由中国标准化研究院牵头制定的 GB/T 35770—2017《合规管理体系指南》国家标准经国家质量监督检验检疫总局、国家标准化管理委员会正式批准、发布，并于 2018 年 8 月 1 日起实施。

中国可持续发展工商理事会自 2003 年成立以来，迄今连续举办了 13 届会员大会和可持续发展新趋势报告会，上千位会员企业和工商业、政府和学界及社会组织高层领导、代表参加。

三、中国企业尤其是央企的社会责任工作取得重要进展

作为企业社会责任的实施主体，中国企业近十多年来从意识提升到不断实践，走上了一条发现责任价值、提升责任管理、加强责任沟通之路。整体上看，国有企业履行社会责任的意愿和能力上比民营企业强（因为多数民企为中小微型企业，这些大多在为生存而奋斗，自然会对企业社会责任不够重视，甚至还时不时地违法经营以实现生存），特别是中央企业在国资委持续推动下，认真贯彻落实党中央、国务院的一系列部署和要求，全国 140 多家央企开始了对标管理的实践，配合国资委 2012 年 3 月份发起的用两年时间进行管理提升活动，纷纷寻找标杆对象，瞄准世界 500 强或同行业先进企业进行同业对标，对标找差距、认清短板、细化措施、追赶一流、实现赶超以及跨越式的发展，社会责任管理和实践在"质"与"量"上都实现了大跨越。中国社会科学院企业社会责任研究中心自 2009 年以来发布的《企业社会责任蓝皮书》显示，9 年来中央企业社会责任发展指数持续增长，显著领先于其他企业。

（一）对企业社会责任的认同和认识不断深入

随着企业社会责任理念的广泛传播和发展，中国企业的社会责任意识普遍增强，大多数企业能够在内部文件或对外公布的发展战略中包含社会责任的内容，同时越来越多的企业高层在公开演讲或活动中表明对社会责任的态度或社会责任工作开展情况，一些企业还探索将社会责任和可持续发展的理念融入企业的使命、愿景和价值观之中，形成符合企业发展战略、经营业务和文化特色的社会责任理念。如中国石化的"每一滴油都是承诺"、中国铁物的"要成为绿色供应链服务的提供者"、东风公司的"东风化雨，润泽四方"等，都充分表明了企业实现与经济社会持续发展的积极追求。有关调查显示，八成以上的中央企业制定了企业社会责任战略/规划，将社会责任工作与公司总体工作同步规划、同步实施。

（二）开展社会责任调研夯实履责基础

为了增强社会责任工作的理论性、前瞻性和系统性，近年来国资委先后开展了一系列重大课题研究，为推动中央企业社会责任工作奠定了坚实的理论基础。与此同时，许多企业高度重视社会责任研究工作，通过组织开展社会责任标准、管理实践等领域的课题研究，以及加强专项社会责任调研，提出系统的企业社会责任实施规划。国资委综合局和中国社科院企业社会责任研究中心共同编制发布的《中央企业社会责任蓝皮书（2017）》调研结果显示，96%的中央企业关注社会责任新兴趋势，31%的中央企业主导开展了社会责任研究课题，29%的中央企业开展了社会责任标准制定，87%的中央企业组织过社会责任培训会议，42%的中央企业加入外部社会责任相关组织。

（三）企业社会责任治理机制进一步健全

近年来，绝大多数国企和大型民企都加强了社会责任组织机构和制度建设，全部中央企业都明确了社会责任工作机构、相关职能部门和下属单位工作责任，兵器工业、中国电子、中国华能等企业建立了社会责任专门部门或处室。许多企业制定了社会责任管理专项工作制度，一些企业根据管理提升活动的要求进一步梳理社会责任相关制度和管理办法，推动社会责任管理规范化。同时，中央企业还积极推动社会责任"向下走"，将社会责任管理扩大到二级甚至三级企业。

（四）企业社会责任领域进一步扩大、议题更加明确

改革发展过程中出现的各种矛盾和现实问题表明，新时期的社会责任建设已不单单只是传统意义上的"拔刀相助"和"扶危济困"，而是与服务型政府建设、中国特

色和谐社会建设等一系列有利于经济社会持续协调发展和企业经营方式创新等重大课题紧密联系在一起。中国企业的社会责任建设也逐渐从经济责任扩展到全面责任，表现为对利益相关者利益的关注，包括股东、员工、消费者、社区、环境和商业伙伴等。许多企业根据业务特点，选择与企业经营活动最为相关、对利益相关方具有重大影响的议题履行社会责任，并实施滚动调整和动态优化，实现了经济效益与社会效益的有机结合。

（五）社会责任与企业经营的融合不断深化细化

一个企业的社会责任工作是不是产生了价值，关键要看是否实现了社会责任与企业经营的融合，促进企业管理的优化。近年来，许多企业不断探索责任融入之道，积极将社会责任融入企业战略、日常运营、职能管理、供应链管理和海外运营，推动企业与社会、环境持续健康发展。《中央企业社会责任蓝皮书（2017）》显示，95%的中央企业在一定程度上实现了社会责任融合，90%的中央企业推动下属企业履行社会责任，超过80%的中央企业推动供应商履行社会责任。

（六）社会责任沟通机制进一步完善

越来越多的中国企业主动与社会各界沟通，以责任报告为载体，以"互联网＋"为手段，提高社会责任沟通的广度、深度和精准度，在与利益相关方充分沟通的过程中，持续打造社会责任品牌。《中央企业社会责任蓝皮书（2017）》显示，94%的中央企业开展过利益相关方的沟通活动，约90%的中央企业发布过社会责任报告，33%的中央企业发布过如环境报告、扶贫报告、公益报告等专项报告，46%的中央企业聘请第三方机构对社会责任报告进行评级，87%的中央企业在官网设立了社会责任专栏，96%的中央企业构建了负责任的品牌形象。

（七）社会责任实践水平不断提升

2009年以来，国资委先后开展了3次中央企业优秀社会责任实践征集活动，与中国社科院社会责任研究中心共同编撰出版了《共享责任，共创和谐：中央企业优秀社会责任实践（2009—2013年）》案例，对总结社会责任工作经验、提升工作水平、增强影响力起到了积极作用。同时，许多企业广泛开展内部社会责任优秀案例评比活动，认真总结优秀案例成功经验，建立优秀案例奖励制度和传播机制，充分发挥其示范效应。中国移动、中国诚通、中国联通等央企将社会责任实践案例征集作为能力提升的制度性工作，华电集团、中化集团等企业案例入选联合国全球契约组织最佳社会责任实践。

四、企业社会责任运动广泛深入发展

进入 21 世纪以来，中国学术界就企业社会责任问题进行了广泛和全面的研讨。在这一时期，涌现了一批企业社会责任组织，包括中国企业联合会全球契约推广办公室和可持续发展工商委员会、中国社会工作者协会企业公民委员会、广东省企业社会责任研究会、深圳市企业社会责任促进会、商务部《WTO 经济导刊》中国企业社会责任发展中心、中国社会科学院经济学部企业社会责任研究中心，等等。此外，全国各地举办了许多相关论坛、研讨会和评奖活动。

例如，《WTO 经济导刊》从 2006 年开始的社会责任十大事件评选活动已持续 10 年，累计的年度十大事件已达 100 件。2017 年 11 月，由中国社科院企业社会责任研究中心指导、中国社会责任百人论坛主办的"2017 中国社会责任百人论坛暨首届北京社会责任展"在京举行，会议连续第九次发布《企业社会责任蓝皮书（2017）》首次发布《家用电器制造企业社会责任蓝皮书（2017）》《汽车企业社会责任蓝皮书（2017）》《企业扶贫蓝皮书（2017）》《中国企业社会责任报告指南 4.0（CASS - CSR4.0）》等最新研究成果；召开"跨国企业公益发展对话"、"汽车社会·角色"、"精准扶贫，助力攻坚"、"开启报告价值管理新时代"等主题论坛，与参会嘉宾共同探索中国社会责任未来发展的动力与方向。2017 年 6 月，"金蜜蜂全球 CSR2030 倡议"正式发布，《WTO 经济导刊》携手 9 家企业 1 家机构围绕联合国可持续发展目标，结合各自专业优势，发起 8 个新的议题并明确了目标与实施路径。截至 2017 年 6 月，共有 21 家企业和 2 家机构成为了金蜜蜂全球 CSR2030 倡议伙伴。

五、国内外交流与合作不断增强

国际合作既是国际先进社会责任理念与特色实践"引进来为我所用"的重要方式，也是推动中国本土社会责任思想与优秀实践"走出去贡献全球"的重要窗口，中国高度重视社会责任领域的国际交流与合作，各界主要通过政府间社会责任合作、与国外社会责任组织的合作、与国外推进社会责任的其他组织的合作三种形式开展国际社会责任对话。

自 2006 年起，中国政府开始与发达国家政府签订社会责任合作协议，在政府层面开展社会责任国际合作。如，国资委与联合国全球契约、全球报告倡议组织、瑞典大使馆企业社会责任中心等国际组织开展了广泛的交流与合作，拓宽了社会责任工作的国际视野。2007年4月，商务部世贸司和德国国际合作机构（GIZ）共同执行"中德贸易可持续发展与企业行为规范项目"，为期四年，旨在促进中国发展有中国特色的企业社会责任。同年6月，商务部又与瑞典外交部共同签署了《关于企业社会责任合作的谅解备忘录》，促进双方企业走向可持续发展。

与此同时，中国的社会组织与国际社会责任组织之间的合作也越来越广泛，与欧洲企业社会责任协会、世界可持续发展工商理事会、欧洲对外贸易协会倡议商界遵守社会责任组织、日本企业市民协议会、全球契约等机构开展了相关合作，与国际相关推进社会责任发展机构，如全球报告倡议组织、碳披露项目等也有很好的交流与合作。

不少中国企业根据实际情况，积极加入国内外重要的社会责任机构，参与国内外社会责任标准的制定，增强在国内外社会责任舞台上的影响力。

例如，"2010年5月，国际标准化组织在丹麦哥本哈根举办的ISO26000社会责任国际标准的第八次大会上，中国代表团以自己的智慧和行动为ISO26000的修改和完善做出了贡献。在本次大会上，中国代表团提出的尊重差异性原则理念被加入到ISO26000原则章节的总则中，标志着全球第一个社会责任国际标准的制定中融入了更多的中国诉求，中国已经成为社会责任国际标准的积极参与者和建设者。"[1]

又如，全球契约中国网络自2011年11月成立以来不断发展，成员数量达到300余家，企业和组织成员涵盖社会的各行各业，国内外企业、政府部门、NGO（非政府组织）、研究机构都积极参与其中，在企业界发挥了持续引领作用。中国移动2013年成为全球报告倡议组织中国区首批机构利益相关方，中国石化成为联合国全球契约组织理事会成员，充分借助知名社会责任机构平台提升影响力。

第二节 中国企业跨国经营中社会责任成效

中国企业在国际化过程中，也越来越重视在海外的社会责任问题。现代跨国公司更需要关注员工、环境和社会等问题，并承担相应的责任，即践行"企业公民"职责。如中石油、中海油、中石化、中信、中远、宝钢等国企，在海外谋求自身发展的同时，积极回馈当地社会，包括支持教育事业，参与公益活动，扶助欠发达地区，依

---

[1] 殷格非，"如何争得社会责任领域的国际话语权？"《WTO经济导刊》，2010年第6期。

法纳税，社区共建，以及对各种自然灾害提供援助等，得到当地人民的拥护和政府的肯定、支持，从而为企业在当地的长期发展创造了一个和谐的社会环境。但我们也注意到，一些"走出去"的中资企业在经营中社会责任意识比较淡薄，没有很好地承担社会责任，给中国企业的声誉和品牌建设乃至中国的国家形象造成了不良影响，也阻碍了中国企业继续"走出去"的步伐。为此，需要进一步提高中国企业社会责任感，以更积极的态度融入国际经济体系。

一、政府积极规范和指导境外投资经营行为

中国开展对外经济合作的基本原则是"平等互利、讲求实效、形式多样、共同发展"。平等互利，就是双方的合作是平等的，不附带其他附加条件的、互惠互利的合作；讲求实效，就是注重合作的实际效果；形式多样，就是不拘泥单一的合作方式，鼓励多种形式的经济合作；共同发展，就是强调合作双方要共同发展。

中国政府要求企业在开展对外经济合作的过程中，严格遵守驻在国的法律、法规，在人员入境、居留等方面遵守有关国家和地区的签证、居住许可等要求。同时，近年来，中国政府各部门开始重视海外企业的社会责任问题，出台了一系列规章制度或指导文件，如《关于进一步规范我国企业对外投资合作的通知》《境外中资企业（机构）员工管理指引》《对外投资合作环境保护指南》《中国境外企业文化建设的若干意见》《中国对外承包工程行业社会责任指引》《规范对外投资合作领域竞争行为的规定》《民营企业境外投资经营行为规范》等，中国已初步构建起以市场为导向、企业为主体的境外投资政策体系。一方面，强化"走出去"服务保障，在推进"放管服"改革中，让守法合规的企业"走出去"更加便利。另一方面，加强了对外经济合作领域信用体系建设，将不规范行为情节严重、影响恶劣的境外投资经营活动主体和相关责任人纳入信用记录，实施联合惩戒。当然，无论是行为规范还是联合惩戒，最终目的都是指引企业境外投资依法合规、诚信经营，既要遵循商业逻辑，也要践行社会责任，用实际行动塑造中国企业境外投资的良好形象。

实践中，中国企业尤其是央企在海外的合规运营情况优良。根据商务部研究院跨国公司研究中心及中国社会科学院企业社会责任研究中心近两年对20多家中资企业海外履行社会责任情况的实证调研，这些受访企业在诚信经营，反腐败，反商业贿赂，反不正当竞争等等各个方面都制订了相关的制度和措施。另据国家发改委政策研究室和中国社会科学院企业社会责任研究中心近两年对50多家央企海外的履行社会

责任情况问卷调查结果，有近 1/5 的企业认为其社会责任领先于所在东道国的其他企业，能起到带动的作用；有一半以上受访中资企业认为处于一个较好的水平；有近 1/4 的受访企业觉得他们在当地运营没有什么负面信息。

例如，中国电建在海外运营中始终坚守遵守国际公约和商业道德，不断完善国际业务发展管控制度体系，严格遵守当地法律法规和风俗习惯，合规经营。近年来，公司新修订和颁发了 17 个国际业务管控制度，如《驻外机构管理办法》《国际业务合规经营指导意见》《境外非传统安全与突发事件应急处理管理办法》《境外劳务用工指导意见》等，这些制度和办法对规范公司在国际市场上营销和履约行为，加强在建项目管理、保障员工权益、促进国际业务健康持续发展起到了重要作用。国家开发投资集团有限公司秉承"诚信、共赢"的合作理念，严格遵守业务所在国的法律法规，恪守国际贸易与商业道德准则，现在已经获得了主权及准主权级国际信用评级，首次成功发行境外债券，有效认购 78 亿美元。

二、尊重人权和环保是中资企业共同关注的两大重要议题

在海外运营中，根据当地的经济文化和法律等具体情况，消除歧视、注重性别平等、开展人权教育、关注弱势人员、注意避免强制劳动和使用童工，是中资企业履行社会责任的重要关注点。同时，防止环境污染，保护当地生态环境，注重生物多样性保护等已经成为海外中资企业履行社会责任的重要内容。

根据中国社科院企业社会责任中心 2016 年对 50 多家央企海外企业社会责任实证调研结果，有 76% 以上的受访企业表示已经建立了较为完善的职业健康和管理的制度，基本上能杜绝职业病的发生；有 87% 以上的受访企业已经建立了完善的安全生产管理的制度；有 77% 受访企业表示在立项之前会开展第三方的环境评估，而且根据环境评估的情况提出改进建议和办法，逐步落实。

例如，中远在 2001 年就建立了包括国际环境管理体系、职业卫生管理安全体系在内的综合管理体系，成为国内首家获得三大管理体系认证的企业。中远还一直积极支持环保和海上反恐等行动。例如，为确保油轮船队的安全和环保，投入大量资金改造双壳油轮，并按国际规定进行严格的安全管理。

中国海油 2006 年就发布了《中国海洋石油总公司生产经营型投资项目社会责任管理指导意见》，要求各新建项目投资决策前要分析评价项目所在地的社会环境及对项目的适应性和接受程度，并通过制订社会影响管理方案实施各项减缓消极影响的

措施。

中石油在南美的安第斯项目实施严格的安全环保规程，制定利益相关方参与的环保管理制度，全程实施环境影响监测，作业完毕后第一时间恢复地表原貌，最大限度减少生产活动对当地自然生态的影响。

神华澳大利亚公司沃特马克公司，坚持"零伤害"安全理念，保障员工第一权益与企业首要社会责任。公司基于澳洲标准，委托专业咨询公司制订高质量的《工作健康与安全管理制度》，规范和指导公司、勘探承包商及顾问公司的各项工作活动，设置安全健康管理人员和部门，并且根据项目推进情况，不断完善更新《工作健康与安全政策》以及《工伤管理政策》等。公司近4年来未发生任何工伤事故。

中色股份公司在哈萨克斯坦阿克托盖、巴夏库两个世界级的铜矿选厂中，为了适应世界上最高标准的P6施工管理模式，无论从施工进度、职业健康安全管理上，都遵循最高标准，自我加压。当地的冬季漫长而寒冷，为了赶工期赶进度，中色股份哈萨克斯坦项目部采用保温棚、热风机等国内从未有的取暖和保温措施，确保冬季施工顺利进行。

神华澳大利亚公司沃特马克公司坚持"绿色运营"环保理念，历时6年开展澳洲政府有史以来最为严苛的环评审批工作，截至2014年底，公司已投入的环评及环保资金约4400万澳元，项目投产前预计还需投入6500万澳元。同时，公司采取了一系列环境缓解措施，承诺不在"黑土地"下进行长臂井工开采，实施严格的复垦修复计划，开展考拉研究并实施迁徙计划等。

中国节能环保集团有限公司为"一带一路"建设提供最佳环保技术和实践、积极参与国际环境治理等方面开展实质性合作。

三、促进当地就业与人才素质提升

中国企业在外投资经营，普遍推行"属地化管理"原则，充分利用当地的人力资源，也为当地创造了大量就业机会。

例如，中国电建坚决贯彻"本土化"的劳动用工原则，并投入大量的培训力量提高本地员工技术技能。一方面，派出国内优秀的工程技术和管理人员，在工作现场加大对当地工人的培训，广泛开展实施了"一帮一"活动，把操作工艺及技术要点教给本地员工，培养本地员工逐渐成长为可以从事驾驶、设备操作、修理、砌石、混凝土等较高技术要求的工作，另一方面，公司逐步完成同国内的培训基地和培训师资，从国外优秀的员工中选派人员到国内参加培训，再由这些完成培训的员工组成培训讲师团，返回本地对其他员工进行培训。2014 年，中国电建赞比亚分公司员工本地化比例达 88%，劳动合同率为 100%，员工培训覆盖率达 100%。

中国建筑股份有限公司在阿尔及利亚一直重视资源属地化，积极建设技工培训学校及工地技校，目前雇佣 5300 多名当地员工，甚至出现了父子两代人同时在分公司工作的情况；同时与约 300 家当地专业分包商/供应商长期合作。

中色股份目前在中国境外生产经营企业和项目的本地员工比例已达到 87%，30% 以上的中层岗位已由本地员工担任。在哈萨克斯坦工程项目中，除了项目管理人员、财务人员是中色股份外派人员之外，尽量雇用当地居民，同时加强人员的技能培训。截至 2017 年 5 月，中国有色矿业集团在境外拉动当地就业 2 万人，捐助公益事业超过 3000 万美元。

根据世界经济论坛与波士顿咨询公司 2012 年联合发布的《中国企业国际化新兴最佳实践——全球企业公民挑战》报告，2006—2010 年，中国企业在海外市场雇用当地居民的数量以 28% 的速度增长。2010 年，中国企业在海外市场雇用了近 100 万名员工，其中 71% 为当地居民。海外中资企业关注本土员工的成长，制定适宜的培训体系和科学的职业发展通道，为当地员工骨干提供理论培训。

另据国务院国资委综合局披露的有关信息，近年来，在"一带一路"沿线国家和地区，共有 47 家央企参与了 1676 个项目的建设。如中交参与建设的蒙巴萨到内罗毕铁路长 480 公里，是东非铁路网的重要组成部分，不到三年就完成了建设。在建设过程中，使用当地员工达到 3.5 万人，提供了近 5 万个就业岗位，有效拉动肯尼亚 GDP 增长大约 1.5 个百分点。

四、推动当地相关产业与经济发展、技术进步

随着"走出去"战略和"一带一路"倡议的推进，世界许多国家和地区闪烁着中国企业的身影。特别是在非洲、东南亚、南美洲发展中国家，中央企业技术较为先进，承担了大量水电油运等基础设施的建设及供应任务，在资源能源开发、重化工业体系建设和促进技术转移等多方面，为促进所在国家和地区加快发展做出了突出贡献。在这方面，有许多优秀的案例。

例如，2002 年，中远经过认真调研和艰苦谈判，决定将班轮挂靠濒临关闭的美国波士顿港，不仅获得了优惠的港口装卸条件，成功与当地进出口大客户签订了合约，

也为波士顿港带来了巨大的转机，使 9000 个面临失业的工人重新获得了就业机会，并带动该港进出口货量一年内分别增长了 4 倍和 2 倍多。这在马萨诸塞州乃至美国引起了轰动。为此，美国众议院运输和基础设施委员会主席詹姆斯·奥博塔专门就中美海运关系在美国国会发表讲话，对中远为促进双边海运关系的发展所发挥的积极作用给予了高度评价。

又如，中国南方电网公司以定制运维手册，促进优秀技术转移。由于老挝的电力系统还不完善，后期的维护保养守则也相对缺乏，云南国际公司专门组织相关专家为老挝变电站的后期运维定制操作手册，同时编制完成的还有北部电网项目和高抗项目的定制计算招标文件及技术规范书、培训计划。除此之外，公司在了解培训的需求后，以手册为基础，开展有针对性培训，获得了广泛的好评。

再如，中国有色矿业集团不忘与项目所在国共同发展，共同成长的初心，一是强化发展的包容性共进，为释放项目所在国经济潜力提供中国智慧。二是建立经济特区，经济开发区是中国改革开放经济腾飞的重要经验之一。在中亚，东北亚，东南亚，非洲等项目集中的区域，中国有色引导企业上下游联动，积极推动东道国工业升级换代，打造了循环经济产业链，实现了资源的高效环保，综合利用，将更多工业附加值留在了当地，迄今中国有色矿业集团在境外累计纳税超过 40 亿元人民币。以在赞比亚开发为例，中国有色集团是赞比亚最大的中资企业，在当地致力发展配套产业和服务业，建设具有辐射和示范效应的有色技术工业为主的综合性园区。目前合作区累计投入基础建设资金 13 亿元人民币，61 家中外企业入驻，完成投资超过 110 亿元人民币，实现销售收入超过 850 亿元人民币。站在成立十周年的新起点上，合作区正在追寻技术先进和实用性相结合，环保生产和资源综合利用相配套的原则，全力建设非洲最佳投资平台。与东道国实现了你中有我，我中有你的利益共同体和发展共同体。

据近年来对数十家海外中资企业的实证调研，八成以上受访企业表示，在同等条件下，会优先去采购所在地的产品和服务。而从实践中来看，确实在过去 3 年中，这些海外的分支机构也帮助了东道国的供应商和分包商去提升了他们的技术和管理的水平，带动了当地的经济增长。

五、积极参与社区慈善和当地公益事业

中国很多海外投资企业急当地群众之所急，想当地群众之所想，积极支持当地各

种公益事业的发展，包括捐赠善款及物品，为所在地的减贫脱贫、教育医疗、防灾救灾等，做出应有的贡献与当地政府和人民建立了和谐友好关系，使公司在当地可以长期持续地发展。

例如，中石油"十五"期间仅在苏丹和哈萨克斯坦两国投入的公益资金就高达6000多万美元。2004年印度洋发生强烈地震并引发海啸，给印度洋沿岸各国带来巨大的灾难，中国石油集团100万员工通过中国红十字总会向受灾国捐款1257万元人民币。

2003年阿尔及利亚地震后，虽然中建自身也遭受了不小的损失，但依然参与到当地的救援和灾后重建工作中，捐助50万美元和200套临时住房，成为当时捐助额最高的公司。

2004年，印度尼西亚遭遇了8.7级地震，致23万人遇难，50万人无家可归。中国电建深入当地广泛开展灾后重建工作，帮助当地人民重建家园。其中，中国·印度尼西亚友谊村是由中华慈善总会和中国红十字会募资，中国电建承建的，占地22.9公顷，共有606套标准砖混结构住房，配有学校、托儿所、诊疗所、运动场、商场、清真寺、小公园、人造湖等设施，还有两个大型地下水井，四通八达，出行极其方便。整个友谊村既是中国民间海啸援建项目中规模最大、资金投入最多的项目，也是在亚齐特别行政区众多援建工程中出类拔萃的项目。

自2009年起，神华澳大利亚公司沃特马克公司连续5年每年投入100万澳元成立沃特马克社区基金，涉及卫生、儿童及老年人福利和环境项目等。此外，在30年服务年限内对冈尼达市、利物浦平原市、特姆沃斯三地提供总额约1300万澳元自愿资助计划，改善当地民生设施，为当地经济和社会发展提供持续动力。

2013年至今，中国华电在巴厘岛的项目公司捐资支持当地3所学校的设施改善，直接受益学生达千余人，同时修建村公所和附近5座清真寺，直接受益者达到5000人以上。

中国有色矿业集团在缅甸积极捐助当地学校、中缅友谊佛教学校等，架设140千米长的车入电线时，增加投资1700多万元人民币，采用高塔架线方式，未砍伐一棵树，保护了当地珍稀的森林资源。在蒙古国，中色集团又为当地修建了广场、花园、道路和剧院等基础设施，为当地员工修建了职工住宅楼，当地发生口蹄疫和草原火灾，中方救援队伍总是第一时间赶到。在赞比亚设立的中赞友谊医院是唯一由中国人自主经营的医院，出资在这里实施的中国赞比亚光明行活动，为当地109名白内障患者成功实施了手术。院长被当地人亲切地称为白求恩式的中国医生。

2016 年 3 月，由中国南方电网公司投资捐建的老挝那磨县 CSG 小学正式无偿移交乌多姆塞省教育与体育厅使用。该小学建设规模为：教室 9 间、足球场 1 个，以及学生座椅、教师讲桌等其他配套设施，项目于 2015 年 11 月 7 日开工，2016 年 2 月 7 日竣工。

2017 年初，腾讯公益慈善基金会与坦桑尼亚的 Watsi（一家在线众筹医疗保健平台）合作，赞助了一项名为 Plaster House 的公益项目。该项目位于坦桑尼亚第三大城市 Arusha，是一个联合国际医生和志愿者专门为当地饱受疾病和残疾痛苦的孩子提供医疗救助和学龄教育的医院。

海尔集团 30 余年以来在全球范围内积极投身社会公益事业，在"一带一路"上，海尔同样用真情回报当地社会。据不完全统计，目前海尔集团用于社会教育事业、对口支援帮扶、扶贫救灾助残的捐款、捐物等共计 5 亿多元人民币，成为海内外社会公益事业的积极力量。

六、发布海外社会责任报告

随着"走出去"步伐的不断加快，中国企业开始注重将社会责任报告作为国际交流的重要工具。归纳起来，目前海外报告形式大抵分为五种：一是直接翻译型，即将中文报告直接翻译或删减后翻译成英文和多语种报告，这是目前中国绝大多数企业惯用的做法。二是发布海外区域报告，披露公司在某一地区的社会责任履行情况，如中石油发布《中国石油在拉美》、中钢发布《中钢集团可持续发展非洲报告》。三是发布海外国别报告，披露公司在某一国家的社会责任履行情况，如中国有色集团发布《缅甸 2012 社会责任报告》《蒙古国 2013 社会责任报告》。四是发布海外整体报告，披露公司在海外整体社会责任履行情况，如国机集团发布《国机在海外》。"[①] 2018 年 1 月，国家开发投资集团有限公司首发《海外社会责任报告（1995—2017 年）》，报告全面展示了国投在境外投资运营中履行经济、社会和环境责任的实践和成效。截至 2017 年底，国投国际业务涉及 78 个国家，营收 333 亿元人民币，其中"一带一路"沿线占比超 2/3。五是在海外发布企业社会责任报告。例如，肯尼亚当地时间 2016 年 3 月 24 日，中国路桥工程有限责任公司在肯尼亚首都内罗毕发布《蒙内铁路项目

---

① 赵宝柱，中国企业海外社会责任沟通的又一次创举，《WTO 经济导刊》，2016 年 4 期。

2015年度社会责任报告》，这是中国企业发布的第一本海外项目社会责任报告，也是中国企业第一次在海外首发社会责任报告，为中国企业海外传播做了一次很好示范。一方面在项目施工过程中发布阶段性进展报告，创新沟通方式，开启了一种"又说又做，边做边说；说了要做，做了要说"的沟通模式。另一方面在项目所在地——肯尼亚首都内罗毕发布社会责任报告，避免了因在国内发布中国企业海外报告而出现"国内不关心，国外不知道"的尴尬，充分展现了中国路桥愿意与东道国利益相关方真诚沟通并接受监督的决心和态度。这是一次开创性、有益的尝试，这将为众多"走出去"中国企业提供一个有益的借鉴。

第三节　中国企业社会责任差距及建议

近年来，中国企业的社会责任在实践和管理层面都取得了积极成效，但与国际一流公司相比，还有不小的差距，社会各界仍有不少批评声音。事实上，就总体而言，无论是民营企业，还是国有企业，它们的社会责任都尚存诸多需要改进的地方。根据中国社科院企业社会责任中心发布的《企业社会责任蓝皮书（2017）》数据，超七成企业得分低于60分，处于三星级及以下水平；近五成企业为一星级，仍在"旁观"；11家企业得分为零，未披露任何社会责任信息，表明中国企业社会责任的发展依然任重而道远。

一、战略性和长期计划性仍比较缺乏

中国企业社会责任工作起步晚，大多数企业对CSR处于一种偶然、被动响应状态。即使在一些开展了CSR的企业中，对企业社会责任的认识和执行也有偏差：有些企业是因为主管部门或地方政府要求而开展；有些企业是为了应付采购商的要求而开展；有些企业基于危机事件和社会压力的回应；有些企业社会责任报告信息披露不全面、不规范，完全成了一本"广告"。这种被动接受状态，企业社会责任建设难以达到应有的效果，往往会造成这样的结果：企业社会责任的实施并没给相关企业的管理、质量、品牌带来改善，反而增加了企业的成本；在CSR相关国际标准的制定和国际论坛中难以听到我们企业的声音，体现不了出口企业的利益等。

中国企业应从被动地应对利益相关方的呼应，逐步演进到基于综合价值创造的追求，进而转变为主动制定并实施企业社会责任战略。企业应该认识到承担社会责任也是一种投资，是在价值观上的投资，其回报是无穷的。因此，在实际经营过程中，企业应视社会责任如同产品战略、市场战略、技术战略等事关全局发展的一项重要职能战略，根据企业的内外部情况的不同，实施不同的社会责任战略。如在某一特定的时期，应制定具体的社会责任目标，还必须根据环境的变化，适时调整其社会责任战略。"世界很多企业已经将社会责任视作推动竞争力的核心要素，中国国企应以这些一流企业为标杆，对自己的理念、方法进行重新梳理和优化。同时加强品牌建设，将社会责任融入品牌战略之中，提升国际竞争力。"①

二、准确性和可操作性不够强

很多企业提出的社会责任多数是理念性、愿景性的口号式描述，内容空洞、雷同，缺乏准确的界定，没有找到一个恰当的结合点，难以对实际操作进行具体指导。

为此，需要清晰界定企业社会责任的内容边界和主要议题。许多企业的经验表明，结合自身优势，探索出富有自身特色亮点和模式是一个可以尝试的路子。首先，紧密结合国情、行业特性和企业业务特点，瞄准与企业经营活动密切相关、对利益相关方具有重大或潜在影响的议题，在广泛的社会问题与企业经营优势之间找到结合点，并把社会责任融入到企业的战略、决策、运营和管理中。其次，要将这个连接领域作为履责的重点，做出亮点和特色。例如，公益性更强的国企，在社会责任方面应以提高服务水平、安全率为重点，完成公共事业目标；对于具有特定功能的国企，包括军工企业和电网等，则以兼顾经济效益和社会效益为重点，找到其中平衡点。再次，要针对不同国家和地区在法律、宗教和文化习俗等方面的差异和要求开展社会责任实践。最后，还要适时对核心责任议题进行动态优化。这样做的好处是，一方面，企业运用自己的特长投资解决了社会或环境的某一问题，赢得社会声誉；另一方面，可直接或间接地改善自己的竞争环境，提高自己的市场竞争力。

三、系统性和创新性不够

很多企业履行社会责任很多还处于非系统的、一事一议的状态，实践太碎片化，企业社会责任工作的重点以编发社会责任报告为主。这不仅会使 CRO 们走向"边缘化"的窘境，更会使企业社会责任工作走向死胡同，必须尽快向深入推进企业社会责

---

① "国资委陈锋：国企改革应与推动社会责任相结合"，中国新闻网，2014 年 06 月 18 日。

任管理实践创新转向。

近年来，企业社会创新（CSI，Corporate Social Innovation）越来越受到全球商界领袖及各国政府的重视和倡导。CSI 鼓励企业综合运用运营资源，发挥自身资源、专业和技术优势，结合可持续发展的社会议题（如中国发展过程中面临的城镇化、老龄化、低碳经济、脱贫减困等），提出创新性、系统性解决方案，以实现社会经济的共享价值。

"企业社会创新将企业社会责任的目标从一般化的合法合规、公开透明而有道德的商业运营提升到响应社会可持续发展议题层面，提升了企业价值观追求，在解决社会问题的过程中实现授人以鱼不如授人以渔，再到'渔场'搭建的根本性变革，创造、引领和满足新的市场需求，不断改善商业形态和价值创造范式，同步实现运营效益和企业综合社会价值创造。一批致力于通过创新性商业运作贡献于社会议题解决和社会福祉提升的社会企业将应运而生，焕发出可持续发展的强大活力，也将获得更多的相关方和社会公众认同和支持，获得更好的品牌影响力和良好声誉。"[1] 未来中国 CSR 升级版将在驱动力、内容范畴、方式路径三个方面取得新突破，表现在企业综合价值的提升和持续性发展的推进。

四、责任机制及评价标准体系不太成熟

当前，西方企业界已形成较成熟的社会责任机制，以确保企业社会责任的履行，而中国还没有形成促进企业履行社会责任的有效机制。一方面，企业内部制度和自身组织保障不完备；另一方面，社会缺乏对中国企业社会责任的评估使用的标准体系及有效的监督、考核、激励、奖惩机制等。因此，企业社会责任执行与不执行区别不大，执行好与执行差区别不大。结果，导致许多企业采取观望的态度，能拖则拖，能避则避，这是当前中国企业失责事件频繁发生的不容忽视的外在因素。

建议加强基础研究，探索建立具有中国特色的企业社会责任标准体系和评价体系。不断跟踪 CSR 国际发展形势新变化，参照国际标准和行业标准，研究建立符合中国国情和企业发展实际的实用、规范、开放的社会责任标准体系，探索建立行业组织评价、企业自律自评与社会性评价相结合的评价体系，充分发挥评价对提升工作水平的重要作用，推动企业社会责任规范发展。

---

[1] 李文，"蓄力启航，以 CSR 升级版助推中国全面建成小康社会"，《WTO 经济导刊》，2015 年第 12 期。

五、责任信息的披露不够及时、全面和多元

一些企业信息披露不及时、不全面，对突发的社会责任危机处置还不够灵敏，发布综合性非财务报告，在中国仍不是一个普遍的实践，很多企业没有意识到披露企业社会责任报告，对提升企业社会形象，提高企业综合能力和国际竞争力的意义与作用。此外，传统的"家丑不可外扬"的心态使中国企业"遇事回避"，在遭遇社会责任冲突时，回避媒体采访，不主动出面澄清事实、阐述自己的观点，这实际上是拱手让出话语权，客观上助长了媒体报道一边倒的倾向，其结果就是别人主导了舆论，舆论影响了群众和政府、议会、司法部门，企业则处处被动。

建议加强社会责任的信息披露工作，丰富社会责任沟通形式，包括：积极探索利益相关方参与的方式方法，研究建立企业有关重大事项决策征求利益相关方意见的制度；创新报告发布内容与形式，如编制社会责任海外报告、国别报告、网络实时报告等方式，更好地发挥社会责任报告的影响力；用多种语言通过企业网站、微博、微信等各类社交网络新兴媒体，及时地向东道国政府和民众披露内容更为丰富的企业社会责任信息，提高对关键指标执行情况的披露频率；运用海外利益相关方乐于接受的方式和易于理解的语言，讲好企业责任故事；成立危机公关和舆情监测处置部门，加强海外形象危机控制等，这些做法有助于增进利益相关者的理解和互信，减少企业经营面临的阻力，促进中国企业与当地社会、经济、文化和环境的和谐发展，实现共赢。

六、在发挥责任报告价值上有待突破

近年来，许多企业已经发布社会责任报告或可持续发展报告，一些企业社会责任报告质量已经处于世界领先水平，这是中国企业社会责任发展史上很了不起的事情。但从中国目前企业社会责任报告的披露来看，还存在着以下几方面的问题：[1] 一是报告本身的质量也有待改进。"许多报告披露的信息不够全面、不够深入，一些报告只是一份成绩单，对存在的问题披露分析不够。报告规范性也有待提高，从参考标准、发布时间、编制和发布形式都需要改善。"[2] 二是企业在披露报告前后缺乏与利益相关方的有效沟通。在报告编制过程中的沟通、发布后的传播、意见的采集与反馈等多个环节，利益相关方的参与度不够，从而造成了信息沟通不畅，没有具体分析利益关联

① 参见薛文艳，"试论我国企业社会责任报告的披露"，《生产力研究》2008 年第 7 期。
② 彭华岗，"央企社会责任报告不是编写材料"，《21 世纪经济报道》2013 年 3 月。

者的信息需求，从一定程度上影响了报告的实用性。三是对社会责任报告的认识仍然存在不少误区。有的企业认为社会责任工作的全部内容就是发布社会责任报告，有的仅仅把社会责任作为一份总结或是对外传播交流的媒介等。正是基于这样的认识，导致社会责任报告作为企业推进社会责任管理、持续改进社会责任工作、提升管理水平和竞争力这些方面的作用还远远不够，社会责任报告的核心价值还没有发挥。

建议企业要在发挥社会责任报告价值和推动利益相关方参与上下功夫。一是不断提升社会责任报告质量，增强报告的规范性，行业可比性和国际影响力。企业可参考最新的国内外社会责任报告编制指南，注重对国际最新趋势和行业标准的参考和应用，借鉴国际国内先进报告的经验，从报告议题选择的恰当性、绩效数据收集披露的系统性、社会责任实践展示的全面性等方面有针对性地提高报告质量。有条件的企业要积极探索发布国际化经营中的社会责任国别报告和重要社会责任议题的专题报告，注重内容在不同环境下的针对性和适应性。在条件允许的情况下，企业对披露的社会责任报告，应由内部信息审核转为独立第三方的审核认证，增强报告的可核实性和可验证性，从而提高报告的可信度。二是进一步发挥报告的管理价值，把社会责任报告作为企业持续改进管理的一个抓手。在报告编制过程中更加注重高层和各个部门参与，更加注重吸收利益相关方的建议和反馈，通过对社会责任指标体系进行对标分析，发现存在的问题和经营短板，明确改进重点及方向，并采取有效措施实施改进，规避风险，发现机遇，从而持续提高企业的管理水平和竞争力，这应该是比报告的传播价值更为重要的方面。

七、少数中国企业社会责任缺失现象依然严重

改革开放 40 年来，中国的企业得到很大发展，为社会、为人民群众提供了丰富的产品和服务，为市场繁荣、经济增长和人民生活显著改善做出了巨大贡献，并通过税收等形式履行着社会责任，涌现出一大批遵守法律、坚守道德、注重公益的企业和企业家。但同时我们也看到，一些企业尤其是一些中小型企业缺乏应有的社会责任意识，违法违规、急功近利、过度开发、污染环境、逃避税收、财务欺诈、拖欠工资、忽视安全、坑害顾客、商业行贿等现象时有发生，这些行为造成了企业与员工之间、企业与消费者之间、企业与投资者之间、企业与自然环境之间的不和谐，影响了中国对外投资的整体形象，降低了企业的竞争力，严重制约和阻碍了企业的

可持续发展。

究其原因：一是与中小企业发展的阶段性与局限有密切关系。中小企业大多处于资本积累阶段，员工素质普遍不高，缺失责任意识，一些中小企业连最基本的盈利都不能保证，更谈不上践行社会责任的意识和实践了。二是与中资企业国际化经验和能力不足有关。世界各国法律体系复杂、立法标准不同，中资企业跨国经营时间普遍不长、经验缺乏。由于对东道国的经营管理、人权保障、环境保护等方面法律法规不熟悉，无意识违反当地法规的行为时有发生，守法合规成为海外中资企业运营的重大挑战。三是高危行业涉足较多。海外中资企业在建筑、矿山、危险化学品等高危行业投资较多，安全生产和环保责任重大。但部分企业由于受到短期利润驱动、环保意识缺失、技术水平不足等负面因素的影响，职业病的隐患增加，并造成不同程度的环境问题，难免受到当地的警告、甚至处罚。四是海外供应链社会责任管理难度大。由于技术水平的差别，海外中资企业的部分供应商所提供的产品或服务达不到相关标准；再加上文化与价值观的差异，海外中资企业与当地的供应商之间易产生沟通障碍，互信度不高，无法建立持续的伙伴关系，不利于推动供应链上的企业履行社会责任。五是政府监管不力。"从约束机制来看，我国有关中小企业社会责任的法律、法规尚未系统化，使得中小企业处于不同程度的无法可依、有法不依、执法不严、违法不纠的状态；从激励机制看，相比国外将企业社会责任纳入战略经营体系和政府政治计划，中国缺乏鼓励中小企业社会责任建设的常态环境，激励机制尚未制度化、长期化、常规化。政府监管不力不仅表现为母国（中国）的监管不力，而且也包括东道国的监管不力"。① 目前，中国企业"走出去"的主要目的地是广大的发展中国家和新兴经济体，由于受限于经济发展水平和法制化水平等因素，中国中小企业投资的东道国政府并非都能通过法律法规、行政监管和政策激励等措施有效地约束海外企业的投资行为，这也给中国中小企业在东道国逃避社会责任提供了可乘之机。

因此，政府要切实加强对推进企业社会责任的分类指导和统筹，采取政府引导、法律强制、建立企业诚信体系建设数据库、政策激励、行业自律、社会监督、企业自身规范相结合的办法，通过建立企业履行社会责任激励约束机制，来实现构建和谐社会这一重要目标。我们相信，中国企业能够通过更好地履行社会责任，实现依托社会、融入社会、贡献参与，进而实现自身的可持续发展。

---

① 胡大立、邓玉华，"中小企业社会责任实现机制探究"，《中国流通经济》，2013 年第 27 期。

·案例6.1·

中海油：扮演好国际公民角色

中国海洋石油集团有限公司是国务院国有资产监督管理委员会直属的特大型国有企业，是中国最大的海上油气生产运营商。公司成立于1982年，总部设在北京。经过30多年的改革与发展，中国海油已经发展成主业突出、产业链完整、业务遍及40多个国家和地区的国际能源公司。公司形成了油气勘探开发、专业技术服务、炼化与销售、天然气及发电、金融服务五大业务板块，可持续发展能力显著提升。2017年11月1日，总公司更名为"中国海洋石油集团有限公司"，由全民所有制企业改制为有限责任公司（国有独资）。2017年，公司在《财富》杂志"世界500强企业"排名中位列第115位；在《石油情报周刊》杂志"世界最大50家石油公司"中排名位列31位。截至2017年底，公司的穆迪评级为A1，标普评级为A＋，展望均为稳定。

作为联合国全球契约成员，中海油结合公司业务特点，坚持全球契约在人权、劳工、环境和反腐败方面的十项基本原则，积极回应联合国2030年可持续发展17项目标，努力做到经济增长、环境保护和社会进步之间的平衡发展，彰显中国海油的责任担当。在生产经营活动快速走向全球的同时，中国海油也将履行社会责任的视野扩大到全世界的范围。

一、强化安全合规运营

安全、合规经营是中海油在全球立足之本。公司始终坚决维护国际公约和商业道德，严格遵守当地法律法规；提高员工守法意识，严格执行合同约定。公司陆续出台了15项管理制度或办法，并指导各区域设立了95项内控管理子办法，形成了一套相对完备、有效的海外业务制度体系。

（一）坚守安全生产的底线

中国海油面对复杂的经营环境，坚持科学、依法、合规开展海外安全生产工作，持续推进体系化建设，组织专项安全生产检查，提升安全文化，改善安全生产绩效。2016年，公司进一步推动所属单位建立与完善海外项目的HSE管理方案、定期跟踪海外项目的HSE风险和项目进展情况。组织开展尼克森加拿大卡尔加里总部及长湖油砂设施 HSE 审核、对国际公司印尼 SES 油田延期项目设施设备评估情况进行安全审查，对伊拉克米桑油田进行新项目投产前安全检查。高度关注海外安保形势，加强与国际安保及应急救援力量（Control Risks、国际 SOS 等）的业务交流，有效推动建立海外安保信息的收集、预警发布的工作机制。2016 年 9 月，尼克森所属 Scott 油田和金鹰油田分别实现 1000 天及两年未发生损失工时事故。尼克森英国公司也凭借优异的安全绩效获得 2016 年英国油气行业海洋安全奖。

2017 年，公司继续牢固树立"红线意识"和"底线思维"，积极培育海油特色安全文化，持续加强安全生产检查，完善应急管理体系，安全生产形势保持基本稳定。中国海油连续三年荣获全国"安全生产月"和"安全生产万里行"活动优秀组织单位荣誉称号，渤海石油局和气电集团管道输气有限公司荣获先进单位荣誉称号。此外，2017 年 2 月，海油工程凭借 Zawtika1B 项目荣获泰国国家石油公司颁发的安全管理"突出贡献奖"。这是海油工程首次获得泰国国家石油公司颁发的高级别安全荣誉。海油工程制定了该项目的安保安全健康环保（SSHE）计划，采用隐患分类、趋势分析、领先性指标达标等有效措施，提前一个月实现机械完工，并创下了从海上到陆地的"零安全事故"记录，获得了业主的高度赞誉。

（二）坚持依法合规经营

1. 公司不断完善风险管理体系，防范并降低企业的运营风险。2015 年，中国海油进一步完善了涉外资产审计实施细则、境外机构采办管理办法、产权管理细则等境外资产管理制度；强化了海外审计，关注海外项目提质增效情况，特别针对敏感资产提出了具体建议。

2. 国际公司利用微信、现场培训等手段积极开展海外作业相关法律法规合规培训。例如，中海油伊拉克公司为了让广大员工了解当地法律，在生产生活中遵守当地法律，系统梳理、更新与研究伊拉克新劳动法、社会保险、HSE、公司注册与合规、进口与海关、外国判决与裁决的执行、反腐败、政府指令和不动产 9 个领域的法律法规，及时解决了经营中的法律问题；重点开展了 6 个专题法律培训，提高了公司全体员工的法律意识，切实保障了公司合法、合规、合约运营。再如，海油发展中东区域中心持续关注和跟进阿联酋税务法规变化。积极组织德勤（Deloitte&Touche）会计师事务所、盈科莎彦律师事务所（Yingke & Shayan Legal Consulting）等法律机构针对 2018 年拟实施增值税（Value Added Tax）对油气公司影响以及在阿联酋设立离岸公司的法规制度开展培训。此外，公司 2016 年在微信平台开辟"培训天地"栏目，开展"普法小课堂"活动，至今已针对美国《海外反腐败法》（FC-PA）开展了 8 期详细解读，重点介绍 FCPA 与公司业务有关的关键条款和应对措施。

表 6-1　中海海外审计工作

序号	海外审计常态化工作机制	国际公司强化海外资产审计
1	有效扩大海外资产审计覆盖面。联合账簿审计做到两年一审，高风险项目做到一年一审；加强全系统海外审计资源统筹	● 对海外 2 个勘探项目、1 个开发项目实施内控审计 ● 对 3 个非作业者项目实施联合账簿审计 ● 全力配合国资委集中重点检查和境外国有资产检查专项工作 ● 组织协调印尼政府对在印尼各单位的上级管理费的审计
2	建立所属单位定期向总部汇报海外审计情况的机制	
3	加强海外审计成果的运用。安排重点项目的整改跟踪审计，完成海外审计发现的典型案例汇编，定期组织海外审计经验交流	

3. 积极参与业务所在国和地区相关法律法规制定。例如，乌干达公司参与制定新石油法。中海油乌干达公司自 2011 年起，积极响应乌干达政府号召，参与乌干达新石油法制定。在石油法修订过程中，乌干达公司与合作伙伴共提出修改意见数百条，组织并参与讨论会、研讨会 10 余次。为新石油法出台做出了突出贡献。在新法颁布后，乌干达公司组织公司人员对新法规进行详细分析解读，做好宣传贯彻工作。

二、主动执行国际高标准，环保体现在每一个环节

环境责任已成为国际市场与投资者评价企业的重要指标之一。为此，中海油建立起了严格的环境保护的各项制度，在生产过程当中主动执行国际高标准，加大技术投入，以减少对环境的污染。

作为能源企业，中海油的环境责任体现在三个方面：

一是确保自身生产经营行为各个环节的清洁与安全，最大限度地减少对环境及生态的影响。多年以来，中海油在温室气体减排、节约能源、防治污染物、废弃物控制、清洁能源的开发、溢油响应、构建绿色供应链等多方面

做出了努力，尝试通过各种技术手段和行动将能源对环境的影响降到最小，以在业务所在国清洁、高效、负责任的运营方式与各利益相关方共同打造可持续的能源未来。2017 年，获得国务院国资委授予的第 4 任期"节能减排优秀企业"荣誉称号，并被工信部指定为《绿色工厂实施导则》行业标准起草单位。

在环境保护方面，中国海油采用体系化管理的方法，所属企业根据自身业务特点不断健全相应的 HSE（健康、安全、环境）管理体系；把环保工作作为生产管理的重点内容，针对钻井、海上工程施工尤其生产等作业环节建立了环保管理程序；年度考核内容中，实行环保工作目标管理；制定了《工业建设项目环境保护管理规定》，要求各建项目：严格执行建设项目环境影响评价和审批制度；执行环境保护措施和主体设施同时设计、同时施工、同时投入使用的"三同时"制度；要求工业建设项目应该采用清洁生产工业：项目建成后，污染物排放必须达到国家和地方规定的标准；对于收购兼并项目必须进行环境保护的尽职调查。

中国海油海外作业区生态系统多样，存在多种具有重要自然和社会价值的生物种类。中国海油严格按照联合国和所在国生物多样性保护规定开展作业活动，深入研究作业活动对生态系统造成的影响，与当地环保组织合作开展系统性保护活动。

表 6 -2 　中国海油严格按照联合国和所在国生物多样性保护规定在国内外开展作业活动

航行期间 加强环保教育	影像作业期间 严格进行污染物管理	作业期间将对海洋 生物的影响降到最小	作业结束
• 动员全体船员学习垃圾分类、放置与处理管理办法 • 播放北极圈环保教育	• 严格按照国际船舶防污染公约以及公司要求进行船舶垃圾管理 • 定期对全船人员进行垃圾管理培训 • 专人负责垃圾站管理 • 每月进行溢油应急演练 • 定时检查甲板油污并及时清洁	• 设立海洋哺乳动物观察专岗 • 在作业开始前激发空气枪，提醒动物远离作业区域 • 一旦发现动物闯入作业区域，立即停止作业	• 不留下一片垃圾 • 不留下一滴油污 • 不伤害一个海洋生物

二是致力于清洁能源与可再生能源产业的发展，为社会提供清洁无害的能源，推动中国能源消费结构的优化。中国海油作为一家以勘探开发石油与

天然气为核心业务的能源企业，倡导"使用清洁无害的材料和能源，保护环境和资源"的环保理念，并通过各种形式的培训和宣传，使得该理念渗透到中国海油的各个层面。

LNG 技术创新引领发展。LNG 作为清洁能源，是中国能源转型过程中的主体能源。中国海油秉承"贡献清洁能源，筑梦碧海蓝天"的愿景，加强技术创新，不断突破 LNG 产业链关键技术与设备制造壁垒。中国海油所属气电集团已成为全球第 5 家拥有大型天然气液化技术的公司、国内唯一大型 LNG 全容储罐核心技术的拥有者。

三是积极参与环保公益活动。如中海油服墨西哥公司员工在"世界环境日"到来之际，来到卡门北海滩，开展了"环保人人有责，共同保护大自然"的环保公益活动。尼克森公司运用环保手段处理已经关停的阿尔伯塔省 Balzac 气电厂的 9 万吨待处理硫化物。东南亚公司持之以恒开展环境保护活动，赞助作业区周边千岛地区岛屿上的红树林种植活动，目前红树林已形成规模，为这些岛屿的水土保持和生态保护做出了重要贡献等。

三、关爱员工，激发活力

中国海油秉承"以人为本，关爱员工"的理念，认真履行企业对员工的责任，高度重视员工的权益保障，积极畅通员工的发展通道，关爱员工身心健康，提升员工的幸福感，努力实现企业和员工的共同发展。

（一）权益保障

中国海油严格遵守联合国及业务所在国家的法律法规，尊重人权、奉行平等，积极引导合作伙伴、供应商和承包商共同遵守相关规定。公司严格落实各项用工政策，反对任何形式的歧视，积极构建和谐稳定的劳动关系，维护员工合法权益。

（二）为员工提供良好的薪酬

中国海油全面保障员工各项合法权益，建立正常薪酬增长机制，使员工的待遇逐步与市场机制相匹配、与公司效益增长挂钩，让员工充分分享企业发展成果。2017 年，公司探索实施"精准化激励"，提升骨干人才的薪酬市场竞争力。

1. 构建全面有效的员工保障制度，解除员工的后顾之忧。除五大社会基本保险外，还为员工提供人身意外伤害保险、商业补充医疗保险、未成年子女补充医疗保险等补充保险以及企业年金和住房补贴等。

2. 重视员工的健康安全，建立健全员工劳动保护机制。中海油建立了完善的健康安全环保（HSE）管理体系，通过教育员工珍惜生命与珍爱家庭来牢固树立安全文化，加强安全培训，实施健康促进计划，并积极开展职业病预防，严格执行员工定期体检、特殊工种专项体检制度；为异地流动员工发放一次性安家补助费和综合补贴及提供临时周转住房等。

3. 优化用工体系，积极推行员工本地化制度

中国海油尊重员工依法享有的基本人权，尊重不同文化背景员工的价值观、个性和隐私，积极推行员工本地化制度。公司以合同管理为核心，以岗位管理为基础，规范市场化用工管理；反对任何形式的不人道待遇和强迫劳动，严格遵守作业所在地用工规定；坚持男女平等、同工同酬的原则，对不同种族、国籍、信仰、性别、年龄、婚姻状况及受特殊法律保护的员工均一视同仁。

2017 年，公司员工总数为 9.8 万人，女性员工比例 20%，中层及以上女性管理人员比例 0.4%；少数民族员工比例 3%；公司现有海外工作人员5991 人，其中外籍员工 4767 人，海外员工本地化率为 80%（其中，东南亚公司员工本地化率已高达 96%）。2017 年，公司招聘应届毕业生 417 人，员工劳动合同签订率 100%，社会保险覆盖率 100%，员工流失率 2%。全年在任何地区的任何作业中未发现雇佣童工和强制劳动等违规情况，未收到人权问题申诉。

4. 搭建晋升通道，鼓励本地员工与企业共同发展。中海油秉持"人人都能成才"的观念，畅通管理、技术和技能三类员工的职业发展通道，建立与之相匹配的选拔、培训、评估、晋升与认证考核的"四位一体"人才培养体系，有计划、分步骤地提升员工的专业能力和工作绩效，使各类人员术业有专攻，晋升有通道。2017 年，107 人当选集团公司所属单位技术专家，2 人当选集团公司技能专家；88 人获得高级技师职业资格，357 人获得技师职业资格。

在东南亚公司，一批高素质的印度尼西亚员工陆续走上了部门经理、高级经理、副总裁等高级管理岗位。在尼克森公司，自 2009 年以来一直致力

于开展学徒计划。2016 年，尼克森公司由于为员工提供最佳工作环境，以及对职业发展和个人成长的贡献和推动，再次入选加拿大阿尔伯塔省最佳雇主70 强。最佳雇主70 强评选标准包括：工作氛围，职业健康、财务及家庭福利，雇员沟通，社区参与以及培训和技能发展。2017 年，尼克森公司培养的11 名学徒已在公司的海外部门任职，其中尼克森青年学徒 Sam Ash 获得英国青年职业学徒奖。

表6 -3 建立国际化人才的培养使用体系

科学选拔	有效培训	起用人才
• 举办内部人才测评师培训班 • 完成国际化人才能力模型和选拔方案 • 开展人才量化测评 • 推荐国际化人才入库管理	• 针对短板安排课程 • 国内分期集中培训，国外高校学习	坚持凡涉及国际化人才的使用，优先从库中筛选推荐候选人才竞聘海外公司岗位选派人才赴海外公司轮岗交流

示例：尼克森公司高级管理人员培训体系
1. 高级领导发展培训（针对公司高层的能力培训）
2. 地区经理培训（针对地区经理的职业培训）
3. 新任领导培训（针对新上岗领导的能力培训）
4. 提升能力培训（对即将升入领导层人员的上岗培训）
5. 总部交流培训（与中国海油总部的轮岗交流）

四、与业务所在地携手并进，共创可持续发展机会

中国海油与业务所在地政府和社区是相辅相成的命运共同体。公司长期致力于与当地社区携手并进、共发展，建立和谐融洽的沟通和协调机制，提供就业机会和职业培训，开展覆盖面广、切实有效的社会公益活动，帮助社区居民提高生活和教育水平共同创造可持续发展的未来。

（一）设立社会公益基金，积极回报社会

中国海油海洋环境与生态保护公益基金会是中国海油发起的非公募基金会，2012 年7 月9 日获民政部批准成立。中国海油公益基金会致力于海洋环境与生态保护，推动海洋生态科学研究与技术开发项目，支持海洋领域的国际交流与合作活动以及其他公益慈善事业。5 年来，基金会突出特色定位，健全管理体系、扩大帮扶范围、加强项目监管，在扶贫援藏、海洋环保、公益合作等三大类项目上累计投入 4.16 亿元。获得过"中国妇女儿童慈善

奖"、"光明勋章奖"、"最具爱心机构与团体奖"等多项荣誉，2017 年在民政部组织的社会组织评估中，被评为 4A 级基金会。

（二）提供就业机会、开展实习活动、组织职业培训

阿根廷 Bridas 公司与当地基金会设立了奖学金，建立青年学习计划。2017 年接收 20 个学校 1000 名学生见习、实习。此外，Bridas 公司还在贫困社区提供基础技能培训，帮助贫困者走出困境。2017 年，东南亚公司对作业区周边的千岛县当地社区的 20 位贫困居民开展了水下摄影和珊瑚礁移植培训，鼓励当地社区开展旅游观光业和海洋环保产业，做到经济发展和生态环保双赢。尼克森公司积极鼓励女性学习理工科专业。2017 年 5 月，公司邀请 11 所中学的 15 名女学生来公司参观，并请公司 40 名女性员工现身说法，向参观学生介绍了理工科女性职业发展规划。

（三）捐资助学：翻建学校校舍、捐赠教学设备、开展教师培训

乌干达公司连续 5 年面向霍伊玛省的中小学生推出中海油绩优奖学金项目，累计 330 名学生受益。公司先后选派 8 名学生赴中国留学。2017 年，留学生 Lamech 在中国石油大学（华东）第二届辩论比赛中获得了一等奖。留学生 Rahman 荣获 2017 年中国政府优秀来华留学生奖学金。2017 年 8 月，首批留学的 Patrick 和 Silage 获得硕士学位，并返回乌干达在当地高校从事教育工作。2017 年，东南亚公司为当地 3 所小学翻建了新的校舍，资助当地中学设立图书馆和电脑室，为 30 名中学教师开展了"知识传授策略与实践"培训，有效提高了所在社区教育的软硬件水平。伊拉克公司在开展油田作业的同时，注重发扬传统，与当地民众建立了如兄弟般的感情，公司每年预算 500 万美元，用于当地教育和基础设施建设。

（四）扶危助困：组织志愿服务、开展公益捐赠、改善社区条件

2016 年东南亚公司向当地医院捐赠医疗设施。中海油东南亚 SES 公司为作业区周边的 Bangka 岛、Sebira 岛、East Lampung 地区的 Karang Anyar 村和 Belitung 岛社区居民提供了医疗下乡服务，为这些岛屿和村庄的居民提供免费体检、简易医疗服务并发放常用药品，受到社区居民的赞赏。活动共投入费用 2.5 万美元，四个地区 1000 余名社区居民因此受惠。

尼克森奋力应对阿尔伯塔省森林火灾。在阿尔伯塔省宣布全省进入火灾紧急状态后，尼克森公司 2016 年 5 月 4 日紧急关闭作业区，派车协助 550 名

员工及其家属撤离到安全地带，并为其安排避难所和日常食宿用品；及时开通电话求助热线，随时应答员工和家属求助需求。尼克森公司员工自发组织救火队，协助政府消防机构开展救火工作；在火灾发生后，尼克森员工开展募捐活动，共计收到捐赠衣物 250 余箱、电脑 100 台。尼克森公司还向红十字会捐献善款 10 万美元等，践行了公司"致力于为社会服务，以人为本，履行社会责任"的郑重承诺。

（资料来源：中海油公司 2005—2017 年社会责任报告；中海油网站。）

·案例 6.2·

华为公司的合规风险管理

华为是全球领先的信息与通信技术（ICT）解决方案供应商，1987 年在深圳成立。华为围绕客户的需求持续创新，与合作伙伴开放合作，在电信网络、企业网络、消费者和云计算等领域构筑了端到端的解决方案优势，为电信运营商、企业和消费者等提供有竞争力的 ICT 解决方案、产品和服务，并致力于使能未来信息社会、构建更美好的全连接世界。目前，华为有 18 万多名员工，在全球建立了 100 多个分支机构，产品和解决方案已经应用于 170 多个国家和地区，服务全球超过 1/3 的人口，在 2017 年《财富》世界 500 强中排名第 83 位。

华为在全球践行企业社会责任，坚持"公平经营，消除数字鸿沟，绿色环保，提升供应商 CSR 管理，关爱员工，回馈社区"的企业社会责任战略。在当地，始终坚持回报社会，坚持本地化运作，促进当地经济发展，并努力为所在国家和社区的公益、教育和赈灾救助事业做出贡献。2016 年 8 月，在联合国全球契约中国网络主办的 2016 实现可持续发展目标中国峰会上，华为荣获"实现可持续发展目标先锋企业"称号。2016 年 10 月，在中国社科院连续第八年发布的《企业社会责任蓝皮书》，华为社会责任指数达到 88.6 分，位居中国民营企业第一名。

一、合规经营的必要性和价值

一个组织要有铁的纪律，没有铁的纪律就没有持续发展的力量。华为最优秀的一点，就是将十七万员工团结在一起，形成了这种力量。公司发展这么快，腐败这么少，得益于我们在管理和控制领域做出的努力。

——任正非总裁 2016 年 12 月 1 日在华为监管体系座谈会讲话

（一）什么是内、外合规

2017 年 8 月，任正非总裁在子公司监督型董事会年中工作会议上的讲话指出，"公司走到今天这么规范，这几年子公司监督型董事会的贡献很大。面对未来公司业务快速增长，我们要改进考核方法。在内、外合规的条件下多产粮食就是最好的结果。"

1. 对外合规：公司要守法，遵守各国法律、联合国决议，而且在敏感地区视美国国内法为国际法。在处理某些具体问题时，业务部门不一定能做到每句话都合规，如果稍微过了一点边界，专家要有善后处理措施。

2. 对内合规：子公司监督型董事会要明确边界线，要求大家不能触碰。当然，也要区分业务操作性错误和违规边界性错误。有些地方是工作错误，不适合内、外合规监管。这样定出原则，设好边界线，中间留有一定自由度，下放经营权给作战部队去冲锋。

（二）合规的必要性和价值

华为认为，合规经营不仅是企业生存的保障，更是企业长期健康发展的基础，能为企业带来长远的经济效益。面对错综复杂的商业环境，华为用法律遵从的确定性来应对国际政治的不确定性，以跨越宏观环境的不连续性风险。优秀的合规制度能为企业带来差异化竞争优势，使企业在复杂的经营环境中走在竞争对手的前面。

表6-4　合规经营的必要性和价值

被动	主动
1. 外部法律强制性要求	1. 确保公司和个人行为的可预测性、确定性
2. 违法将面临巨额罚款	2. 增强企业竞争力
3. 引发经营危机	3. 获得更多市场份额
4. 高管面临刑事责任等	4. 推动更高的准入门槛等

典型案例：西门子全球贿赂案，2008 年被美国和德国有关监管部门罚款 26 亿美元；2015 年德国大众"尾气门"事件被美国司法部罚款合计 190 亿美元；2014 年法国巴黎银行就其被控与美国黑名单上的国家进行交易一案，同意支付美政府开出的 89 亿美元创纪录罚款

二、华为合规管理的方法与实践

合规管理是近年来世界一流企业适应市场监管日趋严格的新形势，在企业内部组织开展的一项重要管理活动，也是企业提升管理水平的重要手段。华为也不例外，恪守商业道德，遵守国际公约和法律法规，是华为全球化合规运营的基石，也是华为一直秉承的核心理念。华为倡导公平竞争，保障贸易遵从和保护知识产权，反对任何形式的腐败和商业贿赂，合规经营。华为积极对标业界最佳实践，将合规要求嵌入公司的政策、制度与流程，并适配专业团队执行运作。公司法人遵守各国法律规定，守法经营，要求全体员工遵纪守法；遵守联合国决议，遵守美国、欧盟法律。

（一）认真研究全球外部合规环境与形势

近年来，美国、英国等发达国家以及联合国、OECD等国际组织正在全球范围加大企业合规反腐的力度，中国等发展中国家和地区也加大了反贿赂的立法及执法。华为对此高度重视，有专门的团队常年对全球外部合规环境与形势进行跟踪和分析，以进一步健全合规管理体系，化解风险，在经济全球化大潮中做大、做强和做久。

1. 系统梳理和研究企业合规体系重要国际标准。包括：美国1977年颁布的美国《海外反腐败法案》、2002年通过的《萨班斯法奥克斯利法案》、2004年修订后的《针对机构实体联邦量刑指南》；英国2011年7月开始实施的《反贿赂法》；以及国际组织如联合国全球契约组织设立了第十项原则；OECD理事会2009年12月通过的《关于进一步打击国际商业交往中贿赂外国官员的建议》，2010年2月通过的《内控、道德与合规最佳行为指南》，2011年新修订版OECD《跨国公司行为准则》；亚太经合组织（APEC）2014年在北京会议通过了《北京反腐败宣言》，《亚太经合组织预防贿赂和反贿赂法律执行准则》、《亚太经合组织有效和自愿的公司合规项目基本要素》；国际标准组织2014年12月发布ISO19600《合规管理体系——指南》等重要文件，其目的是为公司设立一套行之有效的合规管理体系。

2. 基本原则：二八原则。即将有限的资源主要用于风险等级中高的合规建设，将其余资源用于风险等级较低合规建设。合规工作是基于"风险管理"的制度建设过程。

（二）优化合规管理模式

华为始终坚持合规经营，并将合规要求融入到公司的日常运营过程中。华为在贸易合规、网络安全等重大合规领域，建立了符合业界标准并经过第三方审计的合规遵从运作体系。

华为积极与相关政府主管机构开展合规交流并通过了相关政府审计，获得政府主管机构的认可。华为还坚持与其他利益相关方进行例行的合规沟通，不断增加透明度，增强彼此的理解与信任，共同营造以"严格遵从"为基础的良性商业环境。

华为通过外部顾问和公司法务部对全球合规体系建设、贸易合规、知识产权保护、反贿赂与反腐败、人力资源管理等各方面的合规事宜提供法律指导，协助各部门开展合规经营活动，识别、评估、明确遵从要求，并提示内外部法律风险。

"因地制宜、量体裁衣"的合规管控体系

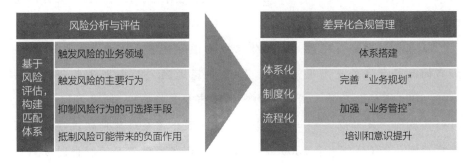

图 6 - 1 "差异化管理" 是华为合规管理的基本思路

（三）致力企业合规文化建设

完善的合规制度离不开渗透全公司上下的合规文化，华为持续对内、对外强调和宣传合规文化，以发挥其在合规体系中的作用。2016 年，华为轮值 CEO 郭平接见外部合规顾问团队，表明了华为重视合规的一贯态度和立场，对外展现了华为在合规方面的进展持续得到公司高层的重视和支持。华为也多次向政府机构和合作伙伴传递公司合规理念和展示合规建设成果。华为会继续推行相关的个人问责制度，进一步夯实合规文化的建设成果。

（四）健全全球合规运营体系建设

2016 年，华为大力推动海外区域子公司合规运营体系建设。组织上，华为在 97 个国家或地区任命和培养了合规官；业务上，引入国际知名顾问，以德国子公司为试点，对标德国 IDW PS 980 标准，对合规管理体系成熟度进行全面评估，将业界先进的合规管理理念、方法引入华为，采用科学方法论管理合规风险，确保子公司的"合规目标承诺达成"与"合规能力建设达标"。华为还建立了子公司监督型组织，对子公司的合规运营进行系统性的监督，确保子公司合规管理目标与集团的合规运营战略一致，实现子公司在当地合规运营。2015 年，全球共计 122 个国家子公司向当地子公司监督型组织累计完成 235 次合规专题工作汇报，确保各子公司合规管理目标与集团的合规运营战略保持一致，实现各子公司在当地的合规运营。

（五）严守全球各地适用的贸易法律法规

华为严格遵守全球各地适用的贸易法律法规，通过政策、组织、流程、系统工具等将合规要求纳入各职能部门的业务之中，建立了端到端的内部遵从制度（ICP），并在外部权威机构的评估审计中获得高度评价，有效地管控各业务单元的进出口管制风险。

同时，华为密切关注国际局势变化，保持合规敏感性，及时有效识别重点国家和地区的合规风险，保持与相关政府主管机构、行业及合作伙伴的沟通交流，构筑良好的外部合规形象，有力地保障华为全球业务的稳健。

（六）加强知识产权保护

华为尊重他人知识产权，始终以开放、积极友好的态度，遵守和运用国际知识产权规则，通过协商谈判、交叉许可、产品合作等多种途径解决知识产权问题。针对恶意知识产权侵权行为，华为会通过司法程序维护自身的权益。

华为是全球最大的专利持有企业之一，公司研发投入位居世界前列，因此知识产权保护符合华为自身的利益。截至 2016 年 12 月 31 日，累计共获得专利授权 62 519 件。华为累计申请中国专利 57 632 件，外国专利申请累计 39 613 件。其中，90% 以上专利为发明专利。

截至 2016 年 12 月 31 日，华为加入了 360 多个标准组织/产业联盟/开源社区，担任超过 300 多个重要职位，在 IEEE - SA、BBF、ETSI、TM Forum、

WFA、WWRF、OpenStack、Linaro、OPNFV 和 CCSA 等组织担任董事会成员。2016 年提交提案超过 6000 篇，累计提交提案 49 000 余篇。

2016 年，华为公司中国发明专利授权数量位居企业第 2 位，欧洲专利授权数量位居企业第 7 位，美国专利授权数量位居企业第 25 位。

（七）全面落实反行贿、反腐败措施

华为坚持诚信经营，对贿赂和腐败行为持"零容忍"的态度。对内，华为加强对员工的道德和法律遵从意识宣传教育，要求所有员工学习并签署《华为员工商业行为准则》，且每年通过在线考试的方式进一步强化员工的反腐败反商业贿赂意识。华为对实名举报人的私人信息严格保密，切实保障实名举报人的合法权益，严禁对举报人进行直接或间接方式的歧视、刁难、压制或打击报复等违纪行为。对外，华为注重施加对供应商的影响，将相关要求纳入供应商合同，并要求供应商学习和签署反贿赂诚信廉洁协议。华为提供投诉渠道，鼓励知情举报道德与法律违规行为。

华为遵守运营所在国家、地区所有适用的法律法规以及相关国际公约，在公司指导原则下开展反行贿、反腐败等的流程建设和体系建设，并采取一系列措施，全面落实反行贿、反腐败实践。

1. 组织建设：建立子公司监督型组织，并设立和任命合规官。

2. 制度政策的制定：公司管理层的承诺函、反贿赂和反腐败制度、员工商业行为准则、礼品和接待制度、处理和投诉制度。

3. 全面推行：子公司制定颁布整套的反贿赂政策，全面推行，不留死角。

4. 纳入供应商合同：反行贿、反腐败等商业道德要求已经融入供应商与华为合同中。

5. 反行贿、反腐败培训：开展全员华为员工商业行为准则培训，并针对销售、采购等重点岗位员工进行专项培训和宣传。

6. 风险评估和改进：开展合规风险评估，全面识别可能存在的风险与不符合，落实责任人，推动改进。

（八）参加世界海关组织大会，分享华为贸易合规实践

华为将贸易合规和海关遵从置于公司商业利益之上，并遵守 WTO 和 FTA 的规则以支撑全球贸易运作。2014 年 4 月 28 日，在西班牙马德里召开

的世界海关组织（AEO）大会，华为高端专家 James Kenneth Lockett 作为唯一一家受到邀请发言的制造商代表，发表了"Perspective：Huawei Experience"的主题演讲，向来自89个国家的超过1000名与会的海关官员分享了华为在贸易合规方面的最佳实践。

（九）发布海外子公司合规运营白皮书

2016年，华为继续深入推动海外子公司合规体系建设，启动合规运营白皮书的编写和发布工作。白皮书作为合规管理及运营的指导性文件，对子公司内部的合规管理政策与目标、合规组织与责任界面、合规运作机制以及重大合规风险管理策略等进行了定义和描述，从而指导子公司的合规运营。2016年，华为俄罗斯、英国等100多个子公司都已发布了合规运营白皮书。

"我们在俄罗斯所做的一切业务行为都要秉持高标准的道德行为及治理标准，合法、公平、诚实地开展业务。只有对当地政府、客户、行业伙伴、全体雇员负责任的商业行为，才能确保业务长期的成功，并赢得相关利益关系人的信任与信心。"

——华为俄罗斯子公司首席执行官

（资料主要来源：华为投资控股有限公司《2015—2016年可持续发展报告》。）

主要参考文献

1. 何曼青，《超级竞争力——经济全球化潮流中跨国经营的文化支持》，国际文化出版公司 2002 年出版。

2. 王志乐，《软竞争力》，中国经济出版社 2005 年出版。

3. 王志乐、何曼青，《2006 跨国公司中国报告》，中国经济出版社，2007 年出版。

4. ［美］彼得·德鲁克（Peter F. Drucker）：《管理的实践》，机械工业出版社 2006 年出版。

5. ［丹麦］理查德·R. 盖斯特兰德著，《跨文化商业行为—40 国商务风格》（李东等译），企业管理出版社 2004 年出版。

6. ［美］Paul A. Herbig：《跨文化营销》，芮建伟等译，机械工业出版社 2000 年出版。

7. ［荷］G. 霍夫斯坦德：《跨越合作的障碍》（尹毅夫等译），科学出版社 1996 年出版。

8. ［日］松本厚治，《企业主义》（王新政等译），企业管理出版社 1997 年出版。

9. 胡军，《跨文化管理》，暨南大学出版社 1996 年出版。

10. 郑春苗，《中西文化比较研究》，北京语言学院出版社 1994 年出版。

11. ［荷］查尔斯·汉普登：《国家竞争力》（徐联恩译），海南出版社 1997 年出版。

12. 赵曙明、等，《国际企业：跨文化管理》，南京大学出版社 1994 年出版。

13. 关世杰，《跨文化交流学》，北京大学出版社 1995 年出版。

14. ［德］马克斯·韦伯：《新教伦理与资本主义精神》（于晓等译），三联书店 1987 年出版。

15. 《关于中央企业履行社会责任的指导意见》，国务院国有资产监督管理委员会文件，国资发研究〔2008〕1 号。

16. 陈英，《中国企业社会责任实践基准报告》，搜狐财经 2008 年 4 月 25 日。

17. 薛文艳，试论我国企业社会责任报告的披露，《生产力研究》，2008 年第 7 期。

18. 吴光芸，利益相关者合作视野下跨国公司社会责任的强化，《广西经济管理干部学院学报》，2008 年第 2 期。

19. 崔新健，跨国公司社会责任的概念框架，中国论文下载中心网，2008 年 6 月 19 日。

20. 周俊，跨国公司的社会责任决策模型及其应用，《重庆工学院学报》，2007 年 2 月。

21. 国家发展和改革委员会，赴瑞典考察企业社会责任连载，2007 年 1 月。

22. 殷格非、李伟阳、吴福顺，中国企业社会责任发展的阶段分析，《WTO 经济导刊》，2007 年第 2 期。

23. 文/Christine Uber Grosse，译/崔岚，迎击跨文化经营的挑战——成功跨国企业的五种战略，《财智》2004 年第 4 期。

24. 王炜，中石油走出去："奉献能源，互利共赢"人民网 2007 年 7 月 13 日。

25. 陈小华，世界企业社会责任运动：现状与启示，《经济研究导刊》2007 年 9 月。

26. 高云才、等，中国企业在海外：寻找当地化钥匙，《人民日报》2007 年 8 月 20 日。

27. 张沈伟、等，中国企业在进行海外并购的文化整合路径，《中国经济网》2007 年 7 月 18 日。

28. 张文，试论跨国公司的社会责任，中国法律网，2007 年 5 月 2 日。

29. 张素芳，褚君，从迪士尼经历，看跨文化管理，《中外企业文化》2007 年第 3 期。

30. 崔新健，跨国公司社会责任的概念框架，《世界经济研究》2007 年第 4 期。

31. 李依然、等，跨国公司社会责任的历史变迁，《辽宁师范大学学报》2007 年第 11 期。

32. 冼国明，跨国公司及其在华社会责任，《2006 中国外商投资报告》，商务部。

33. 孙同超，跨国公司伦理及其决策机制探讨，《商业时代》2006 第 17 期。

34. 杜淑明，华源泰国公司：跨文化管理，《企业文明》2006 年第 9 期。

35. 傅成玉，社会责任，中海油的实践，"中国企业，公司责任与软竞争力"峰会上的发言 2006 年 2 月 17 日。

36. 张汉华，海尔的国际化战略，《企业改革与管理》2003 年第 7 期。

37. 汪连海，当前国际企业社会责任投资发展趋势及对我国的启示，《对外经贸财会》2006 年第 5 期。

38. 陈小华，世界企业社会责任运动：现状与启示，《经济研究导刊》2007 年 11 月 14 日。

39. 袁华、等，美国企业社会责任实践研究，《经济师》2007 年第 2 期。

40. 侯历华，企业社会责任的中西比较及启示，《商业时代》2006 年第 32 期。

41. 朱文忠，跨国公司企业社会责任国别差异性的原因与对策，《国际经贸探索》，2007 年第 5 期。

42. 斌鑫，中国企业在拉丁美洲面对文化壁垒，《中国计算机报》，2005 年 1 月 17 日。

43. 唐炎钊、陆玮，国外跨文化管理研究及启示，《管理现代化》，2005 年第 5 期

44. 彭华岗，央企社会责任报告不是编写材料，《21 世纪经济报道》2013 年 3 月 11 日。

45. 胡大立、邓玉华，中小企业社会责任实现机制探究，《中国流通经济》，2013 年第 27 期。

46. 殷格非、管竹笋，海外运营中的企业社会责任，《WTO 经济导刊》，2013 年 4 月。

47. 罗岩石、兰玉杰，国外跨文化管理研究综述，《安徽工业大学学报（社会科学版）》，2013 年第 5 期。

48. 刘瑛，当代跨国企业跨文化管理的特点与强化措施，《对外经贸》2013 年第 6 期。

49. 陈锋，国有企业社会责任工作期待"四大突破"，《WTO 经济导刊》，2014 年 3 月。

50. 陈锋，国企改革应与推动社会责任相结合，中国新闻网，2014 年 6 月 18 日。

51. 王雲平，对海外经营中跨文化管理对策的探究，《环渤海经济瞭望》，2014 年第 7 期。

52. 李锋、于媛媛，中国中小企业海外社会责任问题初探，《生态经济》2014 年 11 月。

53. 田惠敏、韩乃志，中国企业海外影响力现状、制约因素与对策，《中国市

场》，2014 年第 3 期。

54. 范周、刘京晶，加快"一带一路"文化建设谋篇布局的若干思考，《中外文化交流》，2015 年第 7 期。

55. 王文斌，国资委：央企要谋划好"十三五"社会责任工作，中国新闻网，2015 年 11 期。

56. 张中元，中国海外投资企业社会责任现状、规范与展望，《国际经济合作》2015 年 12 期。

57. 高臣、马成志，"一带一路"战略下中国企业"走出去"的跨文化管理，《中国人力资源开发》，2015 年第 19 期。

58. 澈力木格，中国企业社会责任发展的趋势是什么？《WTO 经济导刊》，2016 年 1 月 6 日。

59. 赵宝柱，中国企业海外社会责任沟通的又一次创举，企业社会责任中国网，2016 年 4 月。

60. 殷格非，国有企业如何更好履行社会责任，《WTO 经济导刊》，2016 年第 8 期。

61. 于志宏，中资企业海外社会责任应重视的几个问题，《WTO 经济导刊》，2016 年第 8 期。

62. 胡钰、卢俊，央企海外形象建设的经验与思考，《对外传播》，2016 年 10 月。

63. 张智远，《跨文化管理案例》，经济科学出版社，2016 年 12 月。

64. 田晖，"一带一路"背景下东西方企业文化差异探源及启示，《低碳世界》，2016 年第 28 期。

65. 鲁文武，国际化背景下的跨文化管理模式——星眼管窥，《齐鲁文化大道》，2016 年 12 月。

66. 赵红波，对石油企业跨文化管理的实践感悟，《北京石油管理干部学院》，2016 年第 23 期。

67. 杜学文，2017 文话两会：努力提升中华文化国际影响力，光明网，2017 年 3 月 7 日。

68. 柳斌杰，中国文化产业八大政策取向，《瞭望中国》2017 年第 7 期。

69. 杜学文，努力提升中华文化国际影响力，光明网，2017 年 3 月 8 日。

70. 童继生，"走出去"利器——跨文化管理，《东方企业文化》，2017 年第 3 期。

71. 高云才、武卫政、欧阳洁、王玮："中国企业在海外——寻找'当地化'钥匙",《人民日报》，2007年8月20日。

72. 赵勇翔、严闻、成卓、邓虹、吴紫萱，从跨文化交际角度看"一带一路"中的文化差异及挑战——并寻求解决措施，《中外文学文化研究》2017年9月。

73. 赵钧，砥砺奋进的五年——中国企业社会责任"五位一体"发展（2012—2017年），《WTO经济导刊》，2017年第10期。

74. 丁帅、李妍，东西方企业管理文化冲突及跨文化融合策略，《河南社会科学》，2017年11月第25卷第11期。

75. 陶立峰，企业社会责任成为国际投资规则风向标，《WTO经济导刊》，2017年第10期。

76. 廖秉宜、李海容，中国企业海外声誉与国家形象建构研究，《对外传播》2017年9期。

77. 李扬、黄群慧、钟宏武、张蒽、汪杰、王志敏、马燕、王梦娟、黄晓娟著《中央企业社会责任蓝皮书（2017）》，社科文献出版社2017年11月。

78. 钟宏武、叶柳红、张蒽、肖玮琪、李思睿：《中资企业海外社会责任研究报告（2016—2017年）》，社会科学文献出版社，2017年1月。

79. 赵可金，尽快打造"一带一路"立体化人才培养体系，人民网—国际频道，2017年5月12日。

80. 刘瑾，关于中国文化"走出去"的思考，光明网—《光明日报》2017年8月16日。

81. 储殷，发挥企业跨文化主导作用，中国石油报，2017年8月29日。

82. 王振、盛胜利、卢媛迪，"四化四促"跨文化管理助力"走出去"，《中国电力企业管理》2017年12月。

83. 宋素东、张金一、于文静，"一带一路"背景下的企业跨文化管理实证研究—以中建八局天津公司海外文化管理为例，《中国集体经济》2017年10月第29期。

84. 王鉴忠、宋嘉良，"一带一路"背景下中国企业　跨文化管理研究，《理论探讨》，2017年6期。

85. 钟宏武，央企担当，国家力量：中央企业社会责任管理与实践，《经济参考报》，2018年1月29日。

86. 商道纵横与财新传媒共同展望，2018年中国CSR十大趋势，财新网，2018年1月25日。

后　记

　　为适应推动形成全面开放新格局，特别是"一带一路"建设的新要求，商务部委托中国服务外包研究中心对 2009 年版"跨国经营管理人才培训教材系列丛书"（共 7 本）进行修订增补。2018 年新修订增补后的"跨国经营管理人才培训教材系列丛书"共 10 本，其中，《中国对外投资合作法规和政策汇编》《中外对外投资合作政策比较》《中外企业国际化战略与管理比较》《中外跨国公司融资理念与方式比较》《中外企业跨国并购与整合比较》《中外企业跨国经营风险管理比较》《中外企业跨文化管理与企业社会责任比较》是对 2009 年版教材的修订，《中外境外经贸合作园区建设比较》《中外基础设施国际合作模式比较》《中外企业跨国经营案例比较》是新增补的教材。2009 年版原创团队对此书的贡献，是我们此次修订的基础，让我们有机会站在巨人的肩膀上担当新使命。

　　在本套教材编写过程中，我们得到中国驻越南大使馆经商参处、中国驻柬埔寨大使馆经商参处、中国驻白俄罗斯大使馆经商参处、中国驻匈牙利大使馆经商参处、中国国际投资促进中心（欧洲）的大力支持，上海市、广东省、深圳市等地方商务主管部门也提供了帮助。中国进出口银行、中国建筑工程总公司、中国长江三峡集团、中国交建集团、TCL 集团、华为技术公司、腾讯公司、中兴通讯股份、富士康科技集团、中国人民保险集团股份有限公司、中国电力技术装备有限公司、中国建设银行、中拉合作基金、深圳市大疆创新科技公司、中白工业园区开发公司、白俄罗斯中资企业商会、北京住总集团白俄罗斯建设公司、华为（白俄罗斯）公司、中欧商贸物流园、宝思德化学公司、中国银行（匈牙利）公司、威斯卡特工业（匈牙利）公司、波鸿集团、华为匈牙利公司、海康威视（匈牙利）公司、彩讯（匈牙利）公司、上海建工集团、中启海外集团、中国中免集团、中国路桥有限公司、东南亚电信、华为柬埔寨公司、中铁六局越南高速公路项目部、农业银行越南分行、越南光伏公司、博爱医疗公司、中国越南（深圳—海防）经济贸易合作区等单位接受了我们的调研访谈。一些中外跨国经营企业的做法，被我们作为典型案例进行剖析，供读者借鉴。在此一并表示由衷的感谢！

本套教材的主创团队群英荟萃，既有我国对外投资合作研究领域的权威专家，也有一批年轻有为的学者。除署名作者外，胡锁锦、杨修敏、李岸、周新建、果凯、苏予、曹文、陈明霞、王沛、朱斌、张亮、杨森、郭智广、梁桂宁、杜奇睿、程晓青、王潜、冯鹏程、施浪、张东芳、刘小溪、袁悦、杨楚笛、吴昀珂、赵泽宇、沈梦溪、李小永、辛灵、何明明、李良雄、张航、李思静、张晨烨、曹佩华、汪莹、曹勤雯、薛晨、徐丽丽（排名不分先后）等同志也以不同方式参与了我们的编写工作。由于对外投资合作事业规模迅速扩大，市场分布广泛，企业主体众多，业务模式多样，加之我们的能力欠缺，本套教材依然无法囊括读者期待看到的所有内容，留待今后修订增补。

最后，特别感谢中国商务出版社的郭周明社长和全体参与此套教材修订增补的团队，他们在较短的时间内高质量地完成了教材的编辑修订工作，为教材顺利出版做出了极大努力。在此表示由衷的感谢！

编著者

2018 年 10 月 15 日